한국외교문서

대일배상요구조서

한일회담
자료총서 1

한국외교문서
대일배상요구조서

동북아역사재단 편

동북아역사재단
NORTHEAST ASIAN HISTORY FOUNDATION

• 이 책은 2020년도 동북아역사재단 기획연구 수행 결과물임(NAHF-2020-기획연구-10).

발간사

한일관계에서 한일협정만큼 민감하고 논쟁적인 주제는 없을 것입니다. 한일 양국은 1951년 10월 국교정상화를 위한 회담을 시작하였습니다. 이후 회담은 13년 8개월에 걸쳐 중단과 재개를 되풀이하였고, 1965년 6월 한일 양국은 협정에 조인하였습니다. 한일회담은 해방 후 한일관계뿐만 아니라 한국현대사의 기본 틀을 만드는 과정이었습니다. 한일 양국이 최근 첨예하게 대립하는 근본 원인도 한일회담에 있다고 할 수 있습니다. 2018년 10월 30일 일제 강제동원 피해자 손해배상소송 판결과 2021년 1월 9일 일본군'위안부' 피해자 손해배상소송 판결은 1965년 한일협정이 지나간 과거가 아닌 현재진행형의 문제라는 사실을 확인시켰습니다.

한국 정부와 법원은 1910년 강제병합조약은 원천 무효이고 반인도적 범죄에 대한 배상 문제는 1965년 한일청구권협정으로 해결되지 않았다고 주장합니다. 하지만 일본 정부와 법원은 강제병합조약은 합법이고 청구권협정으로 모든 배상 문제가 해결되었다고 주장합니다. 한일협정에 대한 평가와 해석을 둘러싸고 이처럼 첨예하게 대립하는 근본 원인은 무엇일까요? 한일협정 해석을 둘러싼 갈등은 해결할 수 있는 것일까요?

이 문제들에 대한 해답을 찾기 위해서는 한일협정 조문 해석뿐만 아니라 협정이 어떤 과정을 거쳐 체결되었는지, 당시 양국 정부가 어떠한 역사인식과 전략을 토대로 협상하였는지를 한일회담 당시 관련 일차 자료에 근거하여 파악할 필요가 있습니다.

한일회담 외교문서가 공개된 것은 강제동원 피해자들이 2002년 한국 정부를 상대로 문서공개요구소송을 한 것이 계기였습니다. 강제동원 피해자들은 일본에서 제소한 소송에서 일본 법원이 1965년 청구권협정으로 모든 배상은 해결되었다는 판결을 내리자, 청구권협정에서 강제동원 피해자 문제가 어떻게 다루어졌는지 공개하라며 한국 정부를 상대로 소송을 하였습니다. 이후 2004년 강제동원 피해자들이 승소하였고, 한국 정부는 2005년 약 3만 5,000장의 문서를 공개하였습니다. 일본에서도 시민단체인 '일한회담문서 전면공개를 요구하는 모임'이 문서 공개를 요구하자, 일본 정부는 2008~2015년까지 약 9만 장의 문서를 공개하였습니다.

동북아역사재단은 한일 양국에서 한일회담 외교문서가 공개된 이후 국민대학교 일본학연구소와 협력하여 방대한 분량의 외교문서를 체계적으로 정리하는 작업을 해왔습니다. 그 첫 작업으로 한국외교문서를 체계적으로 분류·해제한 『한일회담 외교문서 해제집』 5권을 2008년에 발간하였습니다. 이후에는 소송을 통해 추가로 공개된 문서를 포함한 일본외교문서 약 9만 장을 체계적으로 분류하여 그 결과물을 『한일회담 일본외교문서 상세목록』(2021) 5권으로 발간하였습니다. 한국외교문서 원본은 동북아역사재단 〈동북아역사넷〉에 올렸으며, 일본외교문서 원본도 올리는 중입니다. 그 외 미국 국무성 문서도 국사편찬위원회의 협력을 받아 〈동북아역사넷〉에 올렸습니다.

이렇게 외교문서의 원문을 제공하는 작업은 한일회담의 전모를 밝히는 데 크게 기여하고 있지만, 외교문서를 찾아보는 일반 대중과 연구자, 정책 입안자들이 필기체로 된 방대한 문서에서 필요한 자료를 찾아내는 것은 쉬운 일은 아닙니다. 이에 우리 재단은 국민과 학계, 관계 기관에서 한일회담 관련 자료를 폭넓게 활용할 수 있도록 한일회담 관련 핵심 문서를 자료총서로 발간하는 작업을 하고 있습니다. 이 자료총서가 한일회담의 전모를 파악하고 핵심 쟁점이 어떻게 논의되었는지를 이해하고 한일회담에 대한 객관적인 이해를 토대로 한국과 일본이 현재 직면한 문제를 해결하는 데에 기여할 수 있기를 기대합니다. 나아가 앞으로 진행될 북일 국교정상화 관련 대응에도 도움이 될 수 있을 것입니다.

한일회담 자료총서 발간 작업은 연구자들과 활동가들의 열정적인 노력이 있었기에 시작할 수 있었습니다. 외교문서가 공개될 수 있도록 노력하신 많은 분들과 방대한 분량의 외교문서를 한 장 한 장 검토해주신 분들께 감사를 드립니다.

2021년 5월

동북아역사재단 이사장

이영호

책머리에

한국과 일본이 8월 15일을 각각 '광복절'과 '종전기념일'로 부르고 있는 것에서 상징적으로 드러나듯이 일본의 식민지배에 대한 인식 차이는 오늘날도 여전하다. 인식의 차이는 인식의 영역에만 머무르지 않는다. 비근한 예로, 근년 벌어지고 있는 강제동원과 일본군'위안부' 피해자 소송 판결을 둘러싼 한일 간의 외교적 갈등은 1910년 한국병합과 35년간의 식민지배에 대한 불법·합법론 및 합당·부당론적 인식과 평가에 기반을 둔 법적 논쟁이기도 하다. 한일협정의 교섭 과정이나 체결과 연관된 문제들은 여진히 오늘의 한일 관계를 규정하는 중요한 요인이 되고 있다. 따라서 한일회담의 핵심을 이루는 자료와 기록을 면밀히 검토하는 일은 한일협정에서 기인하는 갈등과 마찰을 풀어가는 데 매우 중요한 단서가 될 수 있다.

1965년 6월 22일 한국과 일본은 1951년 10월부터 시작한 약 14년에 걸친 마라톤 교섭을 마무리하고 국교를 정상화했다. 이 교섭은 해방 후 한국이 모든 외교적 역량을 쏟아부었음에도 외교사상 유래를 찾을 수 없을 정도로 힘겨운 싸움이었다. 하지만 한일협정을 체결한 지 56년이 지난 오늘날에도 이를 둘러싼 논란은 여전히 뜨겁다. 냉전하에서 경제 논리를 내세워 과거사 문제를 봉인한 굴욕적인 협정이라는 평가는 협정 체결 당시부터 제기되었다. 최근에는 한일 간 과거사 문제를 둘러싼 갈등은 한일협정에서 이 문제를 제대로 처리하지 못한 것에 기인하기 때문에 협정을 폐기하고 다시 맺어야 한다는 주장마저 제기되고 있다. 현재의 시점에서 과거의 교섭을 보면 부족하고 미흡한 게 많을 수밖에 없다. 한일회담과 한일협정을 객관적으로 평가하기 위해서는 당시 한국 정부가 어떤 국내외적 상황 속에서 교섭을 추진했는지를 기록에 근거하여 실증적으로 파악할 필요가 있다.

2005년 8월 한국 정부는 한일협정과 관련된 외교문서를 전면 공개했다. 2002년 강제동원 피해자 99명이 제기한 문서공개요구소송에서 원고가 승소함에 따라 3만 5,245쪽에 이르는 외교문서를 공개한 것이다. 한국 정부가 공개한 문서에는 정부가 협상을 앞두고 내부적으로 정책을 검토한 자료, 조약 및 협약 초안, 양국의 회담 회의록 등 중요 자료가 대거 포함되어 있다. 하지만 문서의 분량이 워낙 방대하고 가독성이 떨어지는 필사본도 있어 접근하기 어려운 문제가 있다.

이 자료집은 연구자나 일반인들이 자료와 기록에 근거하여 한일회담의 전체상과 주요 쟁점을 상세하고도 구체적으로 살펴볼 수 있도록 발간되었다. 이 자료집의 발간은 세 가지 의미를 지닌다. 첫째, 한일회담은 현대 한국외교사의 대표적인 협상 사례로서 관련 문서와 기록이 비교적 풍부하게 남아 있다. 이 자료들은 한국외교사 연구의 질적 수준을 높이고 연구의 지평을 확대하는 데 크게 기여할 수 있을 것이다. 둘째, 강제동원, 일본군'위안부' 문제 등에서 보듯이 어떤 의미에서 한일회담은 여전히 종결되지 않았다고 할 수 있다. 따라서 한일 과거사 현안을 면밀하게 파악하고 해석하기 위한 토대로서 한일회담 관련 자료는 여전히 의미가 크다. 더 나아가 이 자료집은 대일 외교정책의 수립과 합리적 추진이라는 실천적 차원에서도 중요한 참고자료가 될 수 있을 것이다. 셋째, 이 자료집은 향후 북일 관계의 향방을 전망하고 예측하는 데도 중요한 길라잡이가 될 수 있을 것이다. 북일 관계는 현재 미수교 상태에 놓여 있다. 국교를 정상화하기 위한 북일협상은 1990년대 이래 여러 차례 진행되었으나 중단과 결렬을 거듭하였고 현재는 완전히 중단된 상태이다. 그러나 언젠가는 북일 국교정상화 협상이 재개될 것으로 예상된다. 장차 한일 관계와 북일 관계 및 남북한 관계가 서로 영향을 주고받는 역동적인 국제관계로 진화할 가능성을 배제할 수 없다.

이 자료집의 발간은 많은 연구자들의 엄청난 열정과 노력 덕분에 가능했다. 발간 과정에서는 교정이 허락되는 마지막 순간까지 원문 하나하나를 철저히 검토하며 대조하였다. 그럼에도 입력 과정에서 오류가 있을 수 있다는 점을 고려하여 자료집을 원문과 대조할 수 있도록 본문에 쪽수와 프레임 번호를 명기하여 손쉽게 원문을 찾아갈 수 있도록 했다.

이 자리를 빌려 이 자료집 편집 작업에 참여한 모든 분께 진심으로 감사의 말씀을 전하고 싶다. 작은 사항 하나하나 세세하게 챙기며 검토를 거듭해주었기 때문에 자료집의 완성도가 높아졌다. 마지막으로 흔쾌히 이 자료집의 발간을 허락해주신 이영호 동북아역사재단 이사장님께도 감사의 말씀을 전한다.

2021년 5월

조윤수 씀

일러두기

『대일배상요구조서』의 원문과 편집원칙은 다음과 같다.

1. 원문은 1954년판 국회소장본이며, 동북아역사넷, 국회도서관에서 확인할 수 있다.
2. 본문 왼쪽의 번호는 원문의 쪽번호이다.
3. 명백한 오기와 오류라도 원문 그대로 표기하고, 각주에서 바로잡았다.
4. 표 안의 숫자는 아라비아 숫자로 표기하였다.
5. □는 원문 상태가 좋지 않아 판독이 어려운 경우이다.
6. 책 제목은 겹낫표(『 』)로 표시하였다.
7. 각주에서 고유명사와 보통명사가 결합된 일본어의 경우 고유명사만 일본어 독음으로 표기하였다.
   [예] 蓬左文庫(호사문고), 千葉縣(지바현)

『대일강화조약에 관한 기본태도와 그 법적 근거』의 원문과 편집원칙은 다음과 같다.

1. 이 자료는 『대일배상요구조서』의 법적 근거를 보완하기 위하여 별도로 작성된 것으로, 이해를 돕기 위하여 함께 게재했다.
2. 원문은 2005년 외교부에서 공개한 한일회담 외교문서이며, 동북아역사넷 및 외교부 외교사료관, 국회도서관에서 확인할 수 있다.
3. 본문 왼쪽의 번호는 원문의 마이크로필름 프레임번호이다.
4. 모호한 글자를 유추한 부분에는 밑줄 표시하였다.
5. 해석이 어려운 고어(古語)는 처음에 등장할 때 각주에서 현대어로 바로잡았다.
6. 국명 혹은 지명은 원문 표기를 따르되, 현시점에서 알기 어렵거나 명칭이 변경된 경우 각주에 표기하였다.
7. 그 외 편집원칙은 『대일배상요구조서』 3~7번을 따랐다.

차 례

해제

한국 정부 최초의 배상요구 전략: 식민지 무효론에서 배상 개념 정리까지

김영미 국민대학교 한국역사학과 교수

1. 자료의 이해를 돕기 위하여

이 자료집에 수록된 『대일배상요구조서』와 『대일강화조약에 관한 기본태도와 그 법적 근거』는 한국 정부가 샌프란시스코 강화조약을 앞두고 만든 문서로, 정부의 초기 대일배상 요구전략을 반영한 공식문서이다. 이 두 문서가 만들어진 배경과 의미는 아래와 같다.

1945년 8월 독립 후 수립된 남조선과도정부 때부터 일본의 식민지배로 인한 피해를 청산하는 것은 정책적으로 시급한 과제였다. 1947년 8월 18일 남조선과도입법의원은 제131차 본회의에서 샌프란시스코 강화회의 참석 승인을 요청하는 결의를 제출했다.[1] 독립 이후 정치적 혼란과 사회적 불안정 속에서도 일제강점기 식민지 청산 문제는 온 국민의 관심 이슈였다. 정부는 샌프란시스코 강화조약에 승전국의 일원으로 참여하기 위해 모든 노력을 쏟았다.

국내적으로는 대일배상연구위원회를 설치하고 금융계 종사자들을 중심으로 일제강점기 피해 실태에 관한 자료조사를 시작했다. 1948년 1월 조선은행 금괴, 은급, 징용자 미수임금, 반출된 기계류, 대장성 발행 국채 등을 포함시킨 5항목을 발표했다. 1949년 2월에는 기획처 기획국에 대일배상청구위원회를 설치하여 본격적인 자료조사와 분석을 시작했다. 그 결과가 1949년 3월 15일 발간된 『대일배상요구조서(제1부 현물반환요구)』이다. 그리고 같은 해 9월 1일 『대일배상요구조서(속)(제2부, 제3부, 제4부)』가 발간

1 장박진, 2014, 『미완의 청산』, 역사공간.

되었다. 이 자료는 한국 정부의 대일배상요구를 처음 공식화한 것으로, 대일배상의 개념과 구체적인 내역이 드러나 있다.

1949년 1월 설치된 주일대표부는 대일강화조사위원회를 구성하여 『대일배상요구조서』를 보완하기 위한 자료와 법적 근거를 수집했다. 1949년 7월 20일부터 9월 상순까지 고려대학교 총장 유진오와 조선식산은행 총재 임송본은 주일한국대표부의 법률고문과 경제고문 자격으로 일본을 방문하여 관련 자료를 수집했다. 『대일강화조약에 관한 기본태도와 그 법적 근거』는 1950년 10월 주일대표부에서 작성하여 정부에 보낸 자료이다. 이 자료는 제목에서 알 수 있듯이 제1차, 제2차 세계대전과 관련한 각 나라의 배상 처리 선례 등을 조사하여 대일배상요구의 법적 근거를 보완하는 것이 목적이었다.

두 자료는 1948년 수립된 한국 정부가 대일배상의 법적 근거를 어디서 찾았는지, 배상의 개념을 어떻게 인식하고 그 범위를 어떻게 설정했는지, 미국의 대일배상정책 변화를 어떻게 인식하고 이를 정책에 반영했는지를 보여준다. 독립 후 한국 정부가 구상한 한일 관계의 원점이 이 자료들에 집약되어 있다고 해도 과언이 아니다.

2. 1949년 『대일배상요구조서』(1954년 통합 재발행)

『대일배상요구조서』(이하 『요구조서』로 약칭)는 한일회담 연구의 기초가 되는 자료다. 그런데 매우 간략한 목록만 기록되어 있을 뿐 상세한 설명이나 자료는 첨부되어 있지 않다. 『요구조서』의 여러 곳에서 이 문서를 작성하기 위해 수집한 근거 자료는 책임 부처에서 보관하고 있다고 밝히고 있다.[2] 책임 부처에서 보관하고 있던 근거 자료는 6·25전쟁 중에 상당부분 소실되었다. 따라서 목록의 출처와 근거가 되는 자료 등 산출 내역을 확인하기는 어렵다. 이러한 한계에도 『요구조서』는 1952년 작성한 대

---

2 『요구조서』의 서문에 첨부된 각주 5에는 "被害原因, 賠償要求의 根據, 被害額의 算出基礎, 其他 登錄書類等은 別途 說明書를 添附함. 說明書 號數下 ( ) 內의 文字는 該說明書調製 及 關係證據書類 및 調査書類 一切의 保管의 責任部處를 表示함"이라고 기술되어 있다.

일청구 8항목의 근거로 활용되는 등 한일청구권협상의 기초 자료로 이용되었다.

(1) 1949년 발행본과 1954년 발행본 비교

『요구조서』는 1949년에 발행된 것과 1954년에 발행된 것이 있으며, 대한민국 국회에 소장되어 있다. 1949년의 『요구조서』는 두 차례에 걸쳐 작성되었다. 1949년 3월 15일에 제1부 현물반환요구의 내용이 담긴 『요구조서』가 작성되었고, 9월 1일에 제2부, 제3부, 제4부에 해당하는 『요구조서(속)』이 작성되었다. 『요구조서(속)』 서문에는 앞서 작성한 『요구조서』를 1949년 4월 7일 SCAP(연합군 최고사령관)에 전달했다는 내용이 있다. 『요구조서』의 영어 번역본이 작성되었음을 알 수 있다. 1954년 8월 15일자로 발행된 『요구조서』는 1949년 작성된 『요구조서』와 『요구조서(속)』을 통합한 것이다. 1953년 10월 15일 구보타 간이치로(久保田貫一郎) 발언으로 한일회담이 중단된 시기에 대일청구권협상 준비과정에서 통합해서 발행한 것으로 보인다.

연구자들이 주로 활용하는 자료는 국회에 소장된 1954년 발행본이다. 사료의 가치는 1949년 발행본이 크지만, 1949년 발행본은 보존 및 필사 상태가 좋지 않아서 해독하기 어렵다. 그리고 두 사료는 표기 순서와 표 및 수치의 표현에서 약간 차이가 있을 뿐 요구항목과 액수 등 대부분은 큰 차이가 없다. 이 자료집도 1954년 발행본을 기본으로 하되, 1949년 발행본과 다른 점은 각주를 달아 표시했다. 1949년 발행본에는 오기로 추정되는 부분과 오탈자도 눈에 띈다. 오탈자의 경우 1954년에 발행할 때 일부 수정되기도 했으나, 필사하는 과정에서 1949년 원본을 잘못 필사하기도 했다. 필사본은 말 그대로 사람이 직접 베껴 쓴 것이라 오류가 있을 수밖에 없다. 또한 1954년 발행 당시 필사하는 사람이 한문을 정확히 모르거나 모호한 글자를 공백으로 처리하거나 비슷하게 그려서 무슨 글자인지 판독하기 어려운 경우도 있다.

자료 감수과정에서 확인한 오류는 300건이 넘는데, 대부분 1949년 발행본의 오류다. 급하게 작성하면서 인명, 도서명, 연도 등을 잘못 기록한 경우다. 1954년에 다시 발행하면서 1949년 발행본을 잘못 필사한 경우도 30건 정도 확인된다. 대표적인 사례를 보면 〈자료 1〉과 같다. 1949년 발행본은 32쪽 다음에 33쪽이 나오는 것이 아니라, 29쪽이 다시 시작되어 동일한 내용의 4페이지가 중복된다. 문서 정리과정에서의 실수인지 아니면 필사과정에서의 실수인지는 확인이 어려우나, 1954년 발행본과 비교해

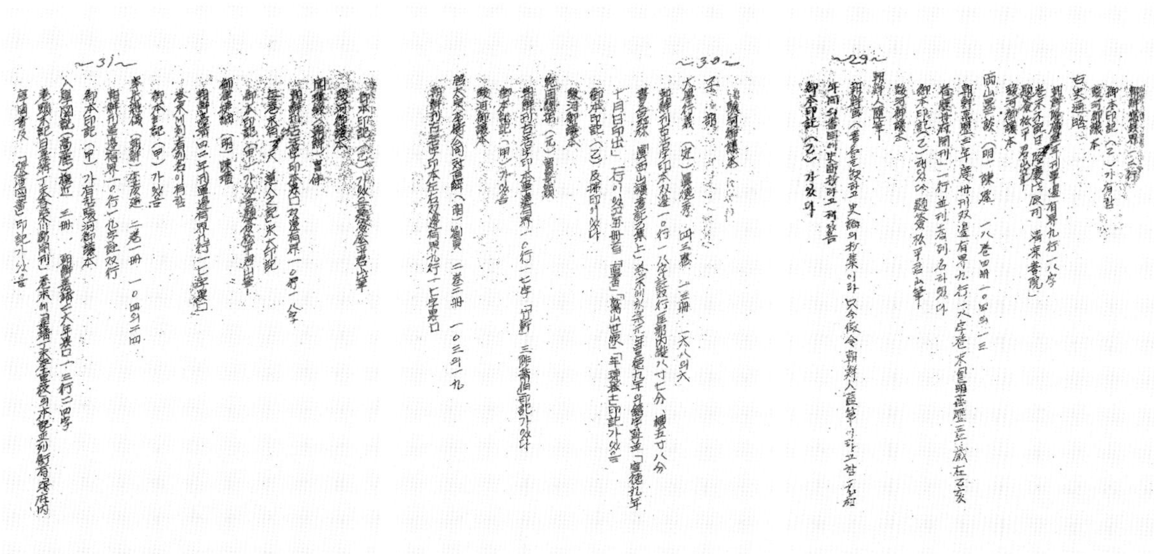

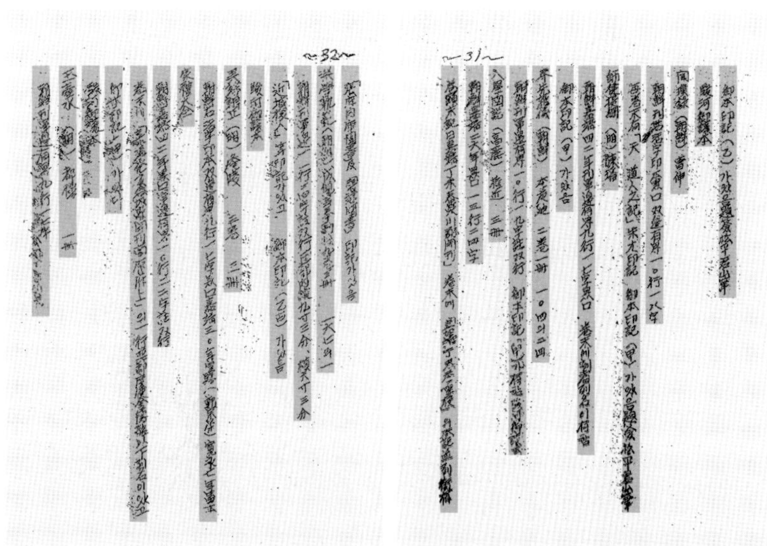

〈자료 1〉

1949년에 발행한

『대일배상요구조서』의 필사 오류

음영 처리한 부분은 앞부분을
중복 필사한 것이다. 결과적으로
29~32쪽 내용이 2번 들어갔다.

보면 1949년 발행본의 문제임을 확인할 수 있다. 1954년 『요구조서』 43쪽의 왼쪽 세 번째 줄 '策文' 바로 앞까지의 내용은 1949년 『요구조서』 32쪽을 필사한 것인데, '策文'부터는 중복되는 29쪽부터의 내용을 그대로 옮겼다. 1954년 발행본은 동일한 내용을 앞부분과 자연스럽게 이어진 것처럼 필사하여, 1949년 발행본에서 내용이 중복된 오류를 알지 못한 것으로 보인다. (이 자료집 70~73쪽 참조)

(2) 구성과 주요 내용

1954년 발행 『요구조서』는 총 520쪽에 달하는 방대한 분량이다. 이 자료는 실물을 보면 수많은 사람들의 노력으로 만들어졌다는 것을 실감할 수 있다. 목차에는 대일배상요구의 대상과 범위가 명확하게 드러나 있다.

서문
1. 대일배상요구의 근거와 요강
2. 제1부 현물반환요구를 제외한 아국의 대일배상요구총액

제1부 현물
(1) 금, 지금(地金), 금화
(2) 지은(地銀)
(3) 서적
(4) 약탈된 미술품, 골동품
(5) 선박
(6) 지도 원판
(7) 기타

제2부 확정채권
(1) 일계통화
(2) 일계유가증권
(3) 상해불화(上海弗貨)
(4) 보험금, 은급, 기타 미수금
(5) 체신 관계 특별 계정

제3부 중일전쟁 및 태평양전쟁에 기인한 인적·물적 피해

(1) 인적 피해

(2) 물적 피해

(3) 8·15 전후 일(본)관리 부정행위에 의한 피해

제4부 일본 정부 저가수탈에 의한 피해

(1) 강제공출에 의한 손해

부록: 대일배상요구 일람표

서문과 부록을 제외하면 『요구조서』는 크게 4부로 구성되어 있다. 각 부는 배상의 대상을 기준으로 구분했는데, 배상 성격에도 차이가 있다. 먼저, 제1부는 현물 배상이다. 『요구조서』에서 가장 많은 지면을 차지한다. 자료를 작성하는 데 가장 많은 공력이 들어갔을 것으로 추정된다. 현물 반환은 원래 한반도에 있었으나 일본으로 반출된 것을 다시 돌려달라는 것이다. 일제강점기 일본으로 반출된 금·은·선박의 반환을 요구했는데, 서적과 미술품·골동품에 대해서는 임진왜란 때 약탈한 것까지 반환하라고 요구했다. 그 이유는 조선이 일본으로부터 두 차례의 침략을 당했는데, 그 첫 번째가 임진왜란이라는 인식에 기반하고 있다. 제국주의적 질서를 청산하는 과정은 두 차례에 걸친 침략의 역사를 정리하는 것이기 때문에 임진왜란 때 약탈당한 문화재들을 반환받는 것은 제국주의 질서의 정당한 청산과정이라는 것이다.

『요구조서』에 수록된 반환대상 문화재 목록은 〈표 1〉에서 확인할 수 있듯이 매우 방대한 범위에 걸쳐서 조사한 것이었다. 한일회담에서 문화재 반환 협상이 시작되었을 때 『요구조서』의 문화재 자료는 한국 정부가 반환 문화재와 관련하여 확보한 유일한 자료였다.

둘째, 제2부 확정채권에 대한 요구이다. 확정채권은 한국이 일본에서 독립함에 따라 생겨난 청구권이다. 일반적인 경제거래에서 한국인이 취득한 채권에 대한 청산 요구였다. 이후에 전개되는 청구권 교섭의 핵심 내용에 해당된다. 『요구조서』 서문에서 제2부에 대해 "단순한 기성 채무 관계이며 배상 문제와는 본질적으로 아무 관련이 없는 것이고 우리가 절대로 관철하여야 할 요구"라고 강조하고 있다. 그리고 맥아더사령부의 요청에 따라 일반배상요구에 포함시켜 제출했다고 밝히고 있다. 제2부 확정채권은

〈표 1〉『대일배상요구조서』 반환 문화재 조사 목록[3]

항목	수량
3. 서적	212종
(1) 호사문고[蓬左文庫] 소장 조선 서목	142종
4. 미술품 및 골동품	827종 외
(1) 일본 제실박물관 소장 한국미술공예품	456종
가) 역사부	349종
나) 미술부	16종
다) 미술공예부	91종
(2) 한국 고미술품 개인 점유 조서	21종
(3) 공주 백제시대 미술품 개인 점유자 조서	다량
(4) 도쿄 제실박물관 소장 한국 미술품 광구감(廣口坩) 기타	94종
(5) 도쿄 오쿠라[大倉]집고 소장 한국 미술품	1종
(6) 일본 각지 소재 한국 종(鐘) 목록	50종
(7) 재도쿄 도다 리헤이[戸田利兵衛] 소지 한국 고미술 골동품	52종
(8) 소노다 준[園田淳] 소장 몽유도원도	9장
(9) 국보 철채자회당초문병(鐵彩自繪唐草文甁)	1개

제3부 인적피해와 함께 대일청구권의 핵심 내용이었다.[4]

셋째, 제3부 중일전쟁 및 태평양전쟁에 기인하는 인적·물적 피해이다. 일반적인 배상에 해당하는 정신적·물적 배상이 포함되어 있다. 한국 정부는 "일본의 과거 36년간의 지배는 비합법적 통치로, 이 기간에 당한 방대하고도 무한한 손실"에 대하여 배상을 요구할 수 있지만 "불문에 부친다"고 주장했다. 인적·물적 피해 조사대상을 1910년이 아닌 1931년 이후 중일전쟁과 태평양전쟁으로 인하여 받은 피해로 한정하고 있다.

---

3 조윤수, 2016, 「한일회담과 문화재 반환 교섭 – 일본정부의 반환 문화재 목록 작성과정을 중심으로」, 『동북아역사논총』 51, 131쪽.

4 「극비 재산청구권 문제에 관한 임송본 대표의 의견서」에는 "이상 4부 내 조사서 중에서 재검토할 것과 또는 대일회담 시에 선후를 구별하여 제안할 필요가 유(有)함. 구체적으로 지적하면 상기 4부 내 중 제2부 확정채권 요구 및 제3부 중일전쟁 및 태평양전쟁에 기인한 인적·물적 피해 요구 등은 우선 제출될 성질로 사료됨."[제4차 한일회담(1958. 4. 15~1960. 4. 19) 청구권 관계자료, 1958(분류번호 723.1JA, 등록번호 105)]이라는 내용이 있다. 한국 정부가 일본과 청구권 교섭을 하면서 『요구조서』의 제2부와 제3부를 우선적으로 요구했음을 알 수 있다.

한국 정부가 1931년 중일전쟁 이후를 대상 기간으로 한 것은 한국의 대일배상요구가 식민지 피해가 아닌 전쟁 피해에 대한 요구라는 것을 부각시키기 위한 것으로 추측된다. 다만, 제3부에는 식민지배로 인한 피해에 대한 보상과 일본인으로 동원되었다가 발생한 '비용의 회복'도 포함되어 있다.

각 항목을 좀 더 살펴보면 인적 피해는 강제동원 피해자와 유족에게 지급해야 할 미수금에 대한 요구이다. 미수금으로 표현되어 있으나 세부 항목에 조위금, 위자료 등이 포함되어 있다. 이것은 일본의 관련 규정을 근거로 한 사망, 부상에 대한 위로금이다. 승전국과 패전국 간에 논의되는 일반적 의미의 정신적·물리적 피해보상의 요구인 '배상'과는 성격이 다르다. 물적 피해 기술은 제3부에서 가장 많은 부분을 차지하는데 170쪽에 달한다. 피해 유형은 ① 일본군 점유 사용에 의한 피해, ② 부정파괴 또는 소모에 의한 피해, ③ 기타 부분으로 나누고 있다.

①은 일본군이 관련 시설을 점유하여 발생한 피해인데, 상세 내역을 살펴보면 학교 건물의 파괴와 비품 파손 및 분실에 대한 보상이 많은 부분을 차지한다. ②는 일본이 전쟁을 위해 각종 군용시설을 건설하고 기존 시설을 철거하여 군수품으로 전용한 것과 각종 불필요한 공사 및 기존 시설 철거 등에 대한 피해보상이다. ②는 ①의 내용과 유사하다. 구체적인 내역을 각 도별로 정리하여 상세히 밝히고 있다. ③ 기타 부분은 개인의 민원에 해당하는 내용이 포함되어 있다. 대표적으로 기업정비령 부분은 군수품 생산을 목적으로 소규모 업체가 합병되면서 발생한 노동자들의 실직 문제와 강제로 폐업당한 기간에 입은 피해에 대한 보상 요구다. 단양광산에 대한 설명도 기타 부분에 포함되어 있다. 단양광산은 원래 주인이 한국인 김동근이었으나, 일제강점기 조선총독부가 광산을 약탈했으므로 약탈 기간에 채굴한 광석 대금을 일본 정부가 배상해야 한다는 요구다. 수산대학 관계는 부산 수산대학을 신축하여 공사를 진행했으나 해방으로 공사를 진행한 일본인이 공사를 멈추고 계약도 이행하지 않은 미완성의 상태에서 돈만 수취하여 돌아갔기 때문에 그 피해를 요구한다는 내용이다. 당시의 복잡하고 어수선한 사회상의 단면을 볼 수 있다.

그리고, 제3부 8·15 전후 일본인 관리 부정행위에 의한 피해는 해방 전후의 혼란기에 일본인 책임자가 각종 명목으로 일본인에게 지급한 부정지출 금액과 물품매각에 대한 대금 요구다. 이 항목은 8월 9일 포츠담선언 수락으로 총독부 권한이 정지되어

재한일본인 재산이 모두 주한미군정에 귀속되었고, 한미협정 체결 결과 한국 정부에 귀속되었다는 것을 전제로 한 것이다. 따라서 8월 9일 이후에 지출한 것은 전부 '부정'으로 규정하고 환불을 요구하는 내용이다.

넷째, 제4부는 일본 정부의 저가 수탈에 의한 피해 배상 요구다. 전시 강제공출이 저가의 수탈에 해당한다며 광범하게 공출된 축우·우피·건초·면화·임산물·유기 등의 공출가액과 당시의 시세 차액에 대한 배상을 요구했다. 식민지 침탈의 상징인 쌀 수탈은 저가 공출 피해에서 제외되었다.

(3) 『요구조서』의 기본 정신: '배상 구상'에서 '요구조서'로, 배상 항목의 후퇴

한국 정부의 대일배상정책은 미국 대일배상정책의 영향을 크게 받았다. 미국이 초기의 엄격한 대일배상정책에서 일본을 재건하는 방향으로 대일배상정책을 전환한 것은 한국의 대일배상요구에 매우 불리하게 작용했다. 미국 대일배상정책의 변화가 결정된 것은 1948년 6월부터 1949년 3월 사이였다.[5] 한국 정부 수립 이후 이승만 대통령은 샌프란시스코 강화조약 대응을 지시했고, 그 일환으로 1949년 『요구조서』를 작성했다. 한국은 일본의 식민지배로 인한 피해를 입증하기 위해 일본 패망 직후부터 광범위하게 자료를 수집하고 도쿄의 주일대표부와 관련 대책을 협의했다. 그런데 이 시기 미국의 대일처리 방향이 최소 배상 또는 무배상으로 결정되었다. 이 때문에 한국은 '배상'이라는 표현을 사용하지 않고 재산상의 손실을 보상받는 데 초점을 두었다. 한국 정부가 식민지배로 인한 피해에 대해 광범위하게 배상을 요구하려 했음에도 1949년 『요구조서』에서 '대일배상' 개념이 '청구권' 개념으로 후퇴한 것도 이러한 미국의 정책 변화를 반영한 것이라 할 수 있다.

1948년 1월 당시 조선은행 업무부 차장이었던 이상덕이 집필한 「대일배상요구의 정당성」에서 밝힌 배상 구상과 『요구조서』의 해당 항목을 비교하면 〈표 2〉와 같다.[6]

---

5 이상호는, 미국이 대일배상정책을 '징벌적 배상'에서 '부흥'으로 전환한다는 내용이 1948년 6월 'NSC 13'에 담겼으며, 1949년 3월 6일 NSC '13/3'이 통과됨으로써 전환이 확정되었다고 보았다. 이상호, 2012, 『맥아더와 한국전쟁』, 푸른역사, 129~132쪽 ; 이상호, 2018, 「『대일배상요구조서』 해제」, 『한일민족문제연구』 35-1.

6 이상덕의 배상 구상에 대해서는 장박진의 다음 논문을 참고했다. 장박진, 2012, 「전후 한국의 대일배상

〈표 2〉 이상덕의 배상 구상과 『대일배상요구조서』 해당 항목 비교

이상덕 배상 구상 항목		『요구조서』 해당 항목
(1) 약탈에 의한 손해	a) 문화재 반환 또는 보상	제1부
	b) 군, 신사 건축 등에 헌납된 금전, 물건의 반환 또는 보상	제3부 (2) 물적 피해
	c) 공출, 금속회수령으로 인한 귀금속 등의 반환 또는 보상	제3부 (2) 물적 피해 및 제4부
(2) 강제로 동원된 금차 전쟁의 결과 피(被)한 손해	a) 군인·군속의 사망, 질병, 불구 등에 대한 수당, 은급 및 보상	제3부 (1) 인적 피해
	b) 직접적인 전투, 군사행위로 인한 사망, 상해 등의 손해	없음
	c) 징용 근로자 등 강제노동으로 인한 손해	제3부 (1) 인적 피해
	d) 군사 목적을 위한 물적 파괴, 몰수, 훼손	제3부 (2) 물적 피해
(3) 학대강폭에 의한 손해	a) 민족 차별로 인한 대우 차별 손해	없음
	b) 가문, 인권, 창씨개명 등으로 인한 손해	없음
	c) 종교, 신앙, 사상, 학문의 자유 억압으로 인한 손해	없음
	d) 언론, 출판, 집회, 결사 등의 억압으로 인한 손해	없음
	e) 이민, 인구 정책에 따른 추방으로 인한 손해	없음
(4) 해방 직후의 시설·공장·부동산·재고품 등의 파괴, 소각, 매장, 훼손. 또 경비의 부정 지출, 급여 과불 손해		제3부 (3) 8·15 전후 일본인 관리 부정행위에 의한 피해
(5) 전시 중 작전 목적으로 사용된 선박·차량·기타 수송기관의 상실, 파괴, 훼손에 대한 보상		제3부 (2) 물적 피해
(6) 미곡 강제 반출의 보상		없음
(7) 일군 100만 명의 양병비		없음
(8) 전시 중 전비 염출 목적으로 강제 징수된 과세, 부금, 벌금 등		없음
(9) 반출 지금의 현물 반환		제1부 현물
(10) 본방인의 해외 재산		제1부 현물

미국의 대일배상정책이 바뀌자 한국은 샌프란시스코 강화조약에서 한국의 배상요구가 그대로 관철될 수 없다고 판단했다. 그리하여 배상의 범위와 법적 근거의 마련을 위해 총력을 기울이는데, 다음에 소개할 『대일강화조약에 관한 기본태도와 그 법적 근

요구의 변용: 미국의 대일배상 정책에 대한 대응과 청구권으로의 수렴」, 『아세아연구』 55(4).

거』는 이러한 노력의 일환으로 작성된 것이다.

3. 1950년『대일강화조약에 관한 기본태도와 그 법적 근거』

이 보고서는 제1차, 제2차 세계대전 후에 패전국과 승전국이 배상 문제를 어떻게 처리했는지를 조사하여 한국이 일본에 요구할 배상의 영역과 범위를 검토했다.『요구조서』의 법적 근거를 보완한 매우 중요한 자료임에도 원문 상태가 좋지 않고 판독이 불가능한 부분이 많아 그동안 제대로 활용되지 못했다. 이 자료집에서는 육안으로 확인 가능한 글자뿐 아니라, 참고한 원 조약문을 확인하여 판독이 어려운 글자를 최대한 복원하고자 노력했다. 그리고 문맥상 유추할 수 있는 내용은 각주를 통해 제시했다.

(1) 표지와 작성자

『대일강화조약에 관한 기본태도와 그 법적 근거』 표지에는 서로 다른 세 개의 필체가 확인된다. 먼저 원문서의 표지는 단정하게 정서한 서체다. '대일강화조약에 관한 기본태도와 그 법적 근거'라는 제목과 '1950년 10월'이라는 작성일, 그리고 '대일강화조사준비위원회'라는 작성자를 기록하고 있다. 이는 일반적인 보고서에 들어가는 사항이다. 오른쪽 하단에는 다른 필체로 '東京都 中央區 京橋 三丁目 大東ビル 國際法律事務所'라는 주소가 적혀 있다. 그리고 왼쪽 상단에는 또 다른 필체의 굵고 큰 글씨로 '駐日代表部案'이라고 기록되어 있다. 서체가 다른 것으로 보아 초안은 대일강화조사준비위원회가 작성한 것을 보완하여 주일대표부안으로 정부에 보낸 것으로 추측된다. 1951년 1월 25일자로 또 부기한 것으로 보아 그 이후에도 보완작업을 한 것으로 추측된다.

(2) 내용 구성

보고서는 원래 작은 책자 형태로 발행되었으며, 다음과 같은 목차와 분량으로 구성되어 있다. 원문을 확인해보면 목차와 본문의 항목번호가 일치하지 않는데, 세 차례에 걸친 수정과정에서 생긴 오류로 판단된다. 이 보고서의 구성은 다음과 같다.

〈자료 2〉
『대일강화조약에 관한 기본태도와 그 법적 근거』 표지

1. 설명서

2. 머릿말

3. 한일합방조약무효론 초

   대강

   1. 강제로 체결된 조약의 효력

   2. 한국합방조약의 무효

   3. 한국합방조약 무효의 효력 발생 (1. 순전한 행정면 2. 사법면 3. 입법면)

4. 대일강화조약 체결 시의 한국의 입장

   1. 제1차 대전 후

   2. 제2차 대전 후

5. 배상

6. 약탈품의 반환

패전국 내의 전승국 및 타국민의 재산 반환

A. 1919년 6월 28일 대독강화조약

B. 1947년 2월 10일 대이강화조약

C. 일본에 있는 연합국 및 국민의 재산

7. 한국 또는 한국인의 재일재산권에 관한 기본 문제

1. 한국인 또는 한국인 단체의 재일재산

2. 구 조선총독부에 예속된 기관으로 직접 또는 간접으로 관리되었던 단체 또는 회사, 법인의 재일재산

3. 특수법인의 재일재산

4. 부당취득 또는 불법유관 된 재일재산

추증. 한국의 대일확정채권

8. 확정채권

9. 기타 특수한 요구권

10. 재일한교의 국적 및 거주이전 문제 초

1. 재일한교의 법적 지위

2. 피정복 피병합 국가의 독립과 구 지배국 내에 거류하던 그 국민의 거주이전에 관한 문제 (a. 포렌드국 b. 유-고스랍국 c. 체코스로바키아국)

3. 재일한교의 국적 문제와 거주이전 문제

11. 영토 문제

12. 대일강화조약의 정치항 '한국장' 및 부속서 (초안) 생략

13. 중심 되는 연합국과 한국 간의 조약 (초안) 생략

이 보고서에는 2개의 서문, 즉 설명서와 머리말[7]이 있다. 설명서는 1951년 7월 25일 이 책의 논리 전개에 대해 논쟁이 있다는 사실을 추가적으로 밝힌 것이다. 따라서 머리말이 이 책자의 서문임을 알 수 있다. 머리말에는 주일대표부가 강화회의에 대처하

7 원문에는 '머릿말'로 되어 있다.

기 위한 일환으로 『요구조서』를 보완하는 법적 근거를 마련하기 위해 주일대표부 정무부 전 직원과 재일교포 대표 4명으로 구성된 대일강화조사준비위원회를 구성하여 이 보고서를 작성했다는 내용이 명기되어 있다. 주일대표부는 1949년 1월 14일 설립되었는데, 약 3년 사이에 대사가 5번 교체될 정도로 불안정했다.[8] 1949년 7월 20일부터 9월 초까지 고려대학교 총장 유진오와 조선식산은행 총재 임송본도 각각 주일대표부의 법률고문과 경제고문의 자격으로 일본을 방문했다. 이들도 대일강화조사준비위원회에 참여했다고 추측할 수 있다. 대일강화조사준비위원회의 자료조사와 수집·분석에 일본에 거주하는 재일한국인의 역할이 컸다는 것도 짐작할 수 있다.

설명서는 주일대표부가 1951년 7월 25일에 작성한 것으로 보인다. 당시 한국은 6·25전쟁 중으로 수도를 부산으로 옮긴 상태였기 때문에 한일회담에 대한 준비를 제대로 할 수 없었다. 따라서 도쿄의 주일대표부가 실질적인 한일회담을 준비한 것으로 추측된다. 이 설명서에는 대일강화조약 참여가 사실상 불가능해지고 한일 과거사 처리가 양국 간 교섭으로 진행될 경우 한일 사이에 발생할 수 있는 현안을 다루었다.

설명서의 첫 줄에 "이 자료잡기는 장래 할 대일강화 문제에 관계되는 자료를 수집한 것"이지만 "제반 자료의 불비" 혹은 "참가한 위원 간의 견해 상위 등으로 인하여 차 잡기의 각 항목의 골사와 선문의 이론이 혼연일치되지 않고 오류가 많아 약간의 보충 설명을 한다"고 서술되어 있다. 여기서 자료잡기는 이 보고서를 말한다. 보충 설명의 첫 번째 이유로 일본의 한일병합조약 무효론이 지닌 논리 구성의 불안정성을 제기했다. 즉 한일병합조약 무효론은 조선총독을 '무권대리'라며 그 자격을 원칙적으로 부인하면서도 총독부의 행정에 한해서는 시인함으로써 제국주의 질서를 인정하는 이념적 모순이 발생한다는 것이다. 주일대표부는 한일병합조약이 무효라는 이 "입론(立論)의 불명성" 때문에 한국이 샌프란시스코 대일강화조약 조인국의 지위를 얻지 못하면, 한일 간의 귀속재산을 비롯하여 한국인의 재일재산 처리 문제도 영향을 받을 수 있다고 지적했다. 한국이 제기할 약탈품 반환 요구, 영토 문제, 재일한국인 문제의 해결을 위해 가장 중요한 것은 일본의 침략으로 말미암아 상실된 "한국의 모든 민족적·역사적·문

8 초기 주일대표부에 대해서는 다음 책을 참조했다. 강노향, 1966, 『논픽션 주일대표부』, 동아PR연구소 출판부.

화적 각 부문의 원상회복"이며, 이 "회복권에 대한 기초와 범위"를 명확히해야 한다고 주장했다.

『요구조서』는 대일배상을 요구하는 범위를 1931년 이후 시기로 한정한 반면, 『대일강화조약에 관한 기본태도와 그 법적 근거』는 식민지 관계의 불법성에 기초하여 대일배상을 요구할 수 있는 법적 근거를 마련하였다. 이 보고서는 일본의 한국병합이 무효임을 강조한다는 점에서 주목할 만하다. 조약 체결의 불법성을 강조하기 위한 법적 근거로 국제사법재판소 규정 제38조, 국제연맹규약 제10조를 제시했고, 1905년 한일협약이 황제와 대신을 직접 협박하여 기계적으로 서명하게 한 사실을 일본 측 인사 아리가 나가오(有賀長雄)가 인정하고 있다는 사실을 강조했다. 또한 강제에 의한 조약 무효라는 해석은 1943년 10월 30일 미국과 영국 정부가 1939년 3월 13일 독일에 의한 오스트리아 강제병합을 무효로 인정하고 있다는 사실 등을 사례로 들면서 한국의 독립이 병합조약 무효의 실천적인 결과라는 결론을 도출해냈다.

이 보고서는 강제병합의 불법성을 국제법적인 논리로 입증하고 이를 통해 식민지 배상 문제를 제기하려 한 첫 번째 시도였다. 현재 한국과 일본에서 제기되고 있는 강제병합 무효론의 출발점이라 할 수 있다.

4. 결론

한국의 대일과거사 처리는 연합국 대일정책의 영향을 많이 받을 수밖에 없었다. 한국은 한일병합조약의 원천무효론을 주장하여 대일배상의 영역을 넓히는 시도를 했다. 이 자료집에서 소개한 한국 정부가 대일강화조약을 대비해서 만든 두 자료는 동일한 역사인식을 기반으로 하고 있다. 『요구조서』가 일본으로부터 받아야 할 배상의 구체적인 내용을 치밀하게 추적하여 작성한 것이라면, 『대일강화조약에 관한 기본태도와 그 법적 근거』는 1910년 강제병합 무효론을 토대로 한국과 한국인들이 확보해야 할 권리를 국제법과 세계사적인 사례를 통해 입증하려 했다. 일본이 원상회복시켜야 할 시점이 1905년이라는 논리를 만들어냈다.

이 두 자료는 한일회담을 시작할 때 한국 측 참가자들에게 중요한 역사적·법적 이

론과 자료를 제공했다. 예비회담과 제1차 한일회담 참가자들은 전쟁 중인 상태에서 한일회담에 대한 기초 지식도 없이 회담에 참가했다고 밝혔다. 이들이 회담에서 의지할 수 있었던 것은 이 두 자료였다고 추측할 수 있다. 분명한 것은 1951년 당시 식민지배에 대한 불법성이 받아들여질 가능성은 제로에 가까웠다는 것이다. 이러한 한계 속에서 1910년 강제병합이 불법이었음을 입증하고 이를 토대로 식민지배 피해에 대한 배상을 요구하려는 시도를 했다는 사실은 재조명이 필요하다. 한국 정부가 감정적인 호소가 아닌 철저한 실증과 논리를 토대로 대일배상 문제를 풀어나가고자 노력했다는 점은 높이 평가받아 마땅할 것이다.

대일배상요구조서

檀紀 四二八七年
八月 十五日

對日賠償要求調書

大韓民國政府

目次1

目次[1]

第一部 現物

1 목차의 쪽수는 혼동을 피하기 위해 원문의 쪽번호를 옮기지 않고 이 자료집의 쪽수로 바꾸었음.

第二部 確定債權

2 '園田淳(소노다 준)'의 오기

第三部 中日戰爭 및 太平洋戰에 基因한 人的物的被害

第四部 日本政府 低價收奪에 依한 被害

附錄

1 # 序文

一. 對日賠償要求의 根據와 要綱

(一) 一九一〇年부터 一九四五年 八月 一五日까지의 日本의 韓國支配는 韓國國民의 自由意思에 反한 日本單獨의 强制的 行爲로서 正義, 公平, 互惠의 原則에 立脚치 않고 暴力과 貪慾의 支配이였던 結果 韓國 及 韓國人은 日本에 對한 如何한 國家보다 最大의 犧牲을 當한 被害者인 것이며 「韓國人民의 奴隸狀態에 留意하여 韓國을 自主獨立시킬 決意를 表明한 「카이로」宣言이나 또는 이 「宣言의 條項을 履行할 것」을 再確言한 「포쓰탐」宣言에 依하여 韓國에 對한 日本人의 支配의 非人道性과 非合法性은 全世界에 宣布된 事實인 것이다.

(二) 大韓民國의 對日賠償의 應當性은 다시 疑心할 餘地가 없는 바 이미 (一) 「포쓰탐」宣言과 (二) 聯合國日本管理政策 및 (三) 포레 賠償使節報告에 明示되어 있다는
2 것을 明白히 하는 바이다. 그러나 우리 大韓民國 對日賠償要求의 基本精神은 日本을 懲罰하기 爲한 報復의 賦課가 아니고 犧牲과 恢復을 爲한 公正한 權利의 理性的 要求에 있는 것이다.

(三) 이 基本精神에 立脚하여 政府로서는 愼重한 態度로서 對日賠償에 必要한 基本調査를 實施하여 우리나라로서의 正當한 要求를 四部에 나누어 玆에 請求하는 바이다.

第一部는 現物返還要求之部로서 金, 銀, 美術品, 骨董品, 船舶 等 特殊物品의 返還要求인 바 이 部分에 限하여는 이미 一九四九年 四月 七日 「맥아더」司令部에 傳達되었다.

第二部는 確定債權之部로서 此는 日本의 敗戰을 契機로 하여 生成한 어떤 要求條件
이 아니라 戰爭의 勝負와는 何等關聯이 없는 單純한 旣成債權債務關係이며 따라서
賠償問題와는 本質的으로 아무 關聯이 없는 것이고 우리가 絶對로 貫徹하여야 할 要
求이며 權利인 것을 强調하는 바이다. 다만 「맥아더」司令部 側이 此等 確定債權乃至
3 는 韓日間清算關係를 一般賠償要求에 包含시켜 此와 同時에 提出請求할 것을 主張
하여 왔으므로 玆에 提出하는 同時에 優先的으로 迅速히 償還 또는 決濟될 것을 要
求하는 바이다.

第三部는 中日戰爭 및 太平洋戰爭에 基因한 人的物的被害之部로 우리는 乙巳條約의 無效性을 國際法的으로 辨明할 수도 있고 또는 「카이로」, 「포쓰탐」의 兩宣言의 眞義를 闡明하여 韓國에 對한 日本의 過去 三六年間의 支配를 非合法的 統治로 烙印하는 同時에 其間에 被害입은 尨大하고도 無限한 損失에 對하여 賠償을 要求할 수도 있다. 그러나 우리의 對日賠償要求 基本精神에 비추어 此는 玆에 全然不問에 부치는 바이다. 다만 中日戰爭 및 太平洋戰爭 其間中에 限하여 直接戰爭으로 因하여 우리가 받은 人的物的被害만을 調査하여 玆에 그 賠償을 强力히 要求하는 바이다.

第四部는 日政府의 低價收奪之部로서 日本統治中 그들이 經濟的으로 韓國의 資源,
勞動力, 生産物을 壟斷搾取한 바는 이루 測量키 不可能할 만치 莫大한 것으로 玆에
4 其中 一端을 調査하야 提出함으로써 우리의 賠償要求를 最小限度로 補强하는 同時
에 韓國人의 全民族的인 要求인 点을 밝혀 玆에 充分한 賠償을 要求하는 바이다.

註

1. 本 調書는 一九四九年 九月 一日 現在 調査된 것이며 調査되는 대로 追加할 豫定임.
2. 調査의 地域的 範圍는 第二部 四款 二項 恩給關係는 除外하고 全部 三八以南에 限定함.
3. 被害調査는 韓日合邦 當時로부터 八·一五 解放 時까지를 原則으로 하나 八·一五 以後라도 日人이 繼續하여 實權을 掌握한 時日 中의 被害를 包含함.
4. 被害評價는 被害 當時의 價格이며 圓 以下는 略捨함. (除 第三部 第二款 中日戰爭 及 太平洋戰爭에 基因한 物的被害 中一部)
5. 被害原因, 賠償要求의 根據, 被害額의 算出基礎, 其他 登錄書類 等은 別途 說明書를 添附함.

   說明書 號數下 ( ) 內의 文字는 該說明書調製 及 關係證據書類 및 調査書類 一切의 保管의 責任部處를 表示함.

『대일배상요구조서』 1949년 3월 15일 발행본의 서문

對日賠償要求의 根據 (前文)

一. 大韓國民國의 自由意思에 反한 日本 單獨의 强制的 行爲로서 그의 長久한 大韓民國 支配는 正義, 公平, 互惠의 原則에 立脚치 않고, 暴力과 貪慾의 支配이었던 結果 韓國 及 韓國人은 日本에 對한 如何한 國家보다 最大의 犧牲을 當한 被害者이다.

二. 그러나 우리 大韓民國 對日賠償請求의 基本精神은 日本을 懲罰하기 爲한 報復의 賦課가 아니고 犧牲과 恢復을 爲한 理性的 權利의 要求이다.

三. 對日賠償의 應當性은 이미 (一) 「포스담」宣言과 (二) 聯合國 日本管理政策및 (三) 포레 賠償使節報告에 明示되어 있다는 것을 明白히 하는 바이다.

四. 上述한 基本精神에 立脚하여, 政府로서는 愼重한 態度로서, 對日賠償에 必要한 基本調査를 實施하여 政府로서의 正當한 要求를 別紙와 如히 請求하는 바이다.

註

1. 本 調書는 四二八二年 三月 一日 現在 調査된 分이며, 調査되는 대로 追加할 豫定이다.
2. 被害調査는 韓國日合併 當時로부터 八·一五解放 時까지를 原則으로 하나 八·一五以後라도 日本人이 繼續하여 實權을 掌握한 時日 中의 被害를 包含함.
3. 被害評價는 被害 當時의 價格이며 圓 以下는 略捨함.
4. 被害原因, 賠償請求의 根據, 被害額의 算出基礎, 其他 證據書類 等은 別途 說明書를 添附함.

   說明書 號數下 ( ) 內의 文字는 該說明書調整 及 原書類 保管의 責任部處를 表示함.

5

二. 第一部 現物送還要求[3]를 除外한 我國의 對日賠償要求總額

要求總額(第一部部 除外)	31,400,975,303円 $ 4,000,000
第二部 確定債權	17,429,362,305
一. 日系通貨	1,514,134,098
二. 日系有價證卷	7,435,103,942
三. 上海弗貨	$ 4,000,000
四. 保險金, 恩給, 其他未收金	6,436,617,521
五. 遞信關係 特別計定	2,043,506,744
第三部 中日戰爭 및 太平洋戰爭에 基因한 人的物的被害	12,122,732,561
一. 人的被害	565,125,241
6 二. 物的被害	11,326,022,105
三. 八·一五 前後 日官吏 不正行爲에 依한 損害	231,585,215
第四部 日政府의 低價收奪에 依한 損害	
一. 强制供出에 依한 損害	1,848,880,437

3 목차에는 '現物返還要求(현물반환요구)'로 표기되어 있음.

第一部

現物

7 # 一. 現物返還要求調書

項目	數量	備考
一. 地金	249,633,198.61	國債 等으로 低價買上
二. 地銀	89,112,205.12	〃
三. 書籍	212種	冊數는 說明書에 表示
一. 蓬左文庫 所藏 朝鮮書目	142〃	〃
四. 美術品 及 骨董品	827〃 外	
(一) 日本 帝室博物館 所藏 韓國美術工藝品	456〃	
(가) 歷史部	349〃	
(나) 美術部	16〃	
(다) 美術工藝部	91〃	
(二) 韓國古美術品 個人占有調書	21〃	
(三) 公州百濟時代美術品 個人占有者調書	多量	
8 (四) 東京 帝室博物館 所藏 韓國美術品 廣口坩[4] 其他	94種	
(五) 東京 大倉集古[5] 所藏 韓國美術品	1〃	
(六) 日本 各地 所在 韓國鐘 目錄	50〃	
(七) 在東京 戶田利兵衛 所持 韓國古美術骨董品	52〃	
(八) 園田裕[6] 所藏 夢遊桃源圖	9枚	
(九) 國寶 鉄彩自繪唐草文甁	1個	
五. 船舶	268隻 8,184,617,000円	價格換算은 帳簿價格
(一) 在日韓籍船舶	91隻	
(二) 一般漁船	20〃 19,731,000円	全部 沈沒함.

4 廣口坩(광구감): '입구가 넓은 항아리'라는 뜻

5 '大倉集古館(오쿠라슈코칸)'. '大倉集古' 뒤에 '館'자가 누락됨. 오쿠라슈코칸은 19세기에서 20세기 전반에 걸쳐 활약한 실업가 오쿠라 기하치로(大倉喜八郎, 1837~1928)가 설립한 일본 최초의 사립미술관을 말한다. 경복궁의 자선당을 통째로 옮겨 '조선관'으로 삼아 1917년 일반에 공개하기도 했다. 1923년 관동대지진 당시 소실되었다가 1995년 자선당 기단과 주춧돌은 환수되었다. 현재 오쿠라 슈코칸 뒤뜰에 한국에서 가져간 이천 향교방5층석탑이 존재한다.

6 '園田淳(소노다 준)'의 오기

項目	數量	備考
(三) 特殊魚船	108隻 308,705,000円	
(四) 海事貨物船	48隻 7,856,200,000円	大部分 沈沒
(五) 韓國軍艦	3隻	强奪함.
六. 地圖原版		
9 (一) 百万分之一 韓國全土 白版 原版	1枚	
(二) 韓國全土 百万分之一 地質圖 原版	1枚	
(三) 同 二十万分之一 原版	65 〃	
(四) 同 萬分之一 地質圖 原版	61 〃	
(五) 朝鮮 各地 五万分之一 地形圖 原版		枚數 未詳
(六) 同 二万五十分之一[7] 原版	144枚	
(七) 同 万分之一 原版	52 〃	
七. 其他		
(一) 朝鮮側銀行 海外店鋪 動產 不動産	8,103,707円	帳簿價格 動産은 金庫임.
(二) 朝鮮電業會社 東京支店 舍宅關係	194,000円	〃
(三) 同 蟾津江發電所 第二号發電機	1台	
(四) 京城電氣會社 東京支店 備品	23,039円	

7 '二万五千分之一(2만5천분지1)'의 오기로 보임.

11 # 二. 說明書

(一) 金, 地金 及 金貨

二四九,六三三,一九八.六一瓦[8] 決濟代金 五六三,二七二,八八一.三二

說明

自 一九〇九年 至 一九四五年間 朝鮮에서 産出한 地金의 總數量은 四〇六,九二六,〇七九瓦인 바 그 中 朝鮮銀行을 經由하여 日本에 搬出한 것이 前記 數量임.

그 代金으로 受取한 五六三,二七二,八八一円 三三錢은 日本에 返還하고 地金의 現物返還을 받어야 한다.

12 **對日本 金輸出量(朝鮮銀行經由)**

年度	數量	金額	對一瓦 價格	對一匁[9] 價格
1909	367,307.7 瓦	430,020.85円	1.334円	5.00 円
1910	5,695,036.1	7,893,381.50	1.333	5.00
1911	5,895,216.7	1,808,228.75	〃	
1912	5,432,926.2	7,243,981.65	〃	
1913	6,525,933.0	8,701,244.10	〃	
1914	6,804,660.0	9,072,880.10	〃	
1915	7,935,055.3	10,580,073.75	〃	
1916	7,026,996.8	12,035,995.80	〃	
1917	13,163,414.0	17,551,218.70	〃	
1918	2,144,105.5	2,858,887.45	〃	
1919	318,803.5	425,071.31	〃	

8 瓦(와): 일본의 중량 단위로, '그램(g)'이다.

9 匁(문): 일본의 중량 단위로, '돈', '돈쭝'. 관(貫)의 1000분의 1로서 3.75g이다.

年度	數量	金額	對一瓦 價格	對一匁[9] 價格
1920	27,415,293.5	36,553,724.75	〃	
1921	7,368,974.8	9,825,299.80	〃	
1922	1,032,054.3	1,456,076.50	〃	
1923	2,787,148.9	3,716,198.60	〃	
1924	933,618.7	1,244,825.00	〃	
1925	(30,290.7)	(45,362.40)	(1.477)	(5.61)
1926	(57,372.48)	(79,946.76)	(1.393)	(5.22)
1927	1,171,985.91	159,342.50	1.35	5.06
1927	150,322.95	206,605.47	1.374	5.15
1928	156,134.77	264,253.64	1.419	5.32
1928	(525,628.83)	(724,332.20)	(1.378)	(5.16)
1929	120,480.25	168,731.64	1.400	5.025
1930	16,574,598.32	22,099,693.39	1.339	5.00
1931	26,471,178.93	35,294,095.25	〃	
1932	9,794,302.5	21,694,377.81	2.214	8.30
1933	5,126,753.75	7,683,056.86	2.451	9.02
1934	934,827.0	987,741.00	2.95	11.06
1935	3,904,019.9	12,063,419.99	3.089	11.58
1936	4,598,384.2	15,891,471.06	3.455	12.95
1937	10,857,449.2	49,725,620.46	3.751	14.06
1938	9,381,913.5	36,480,416.35	3.827	14.35
1939	10,168,062.3	39,147,537.86	3.849	14.40
1940	14,142,123.4	54,447,175.12	3.850	14.43
1941	14,671,912.9	56,486,864.93	〃	
1942	12,127,164.57	46,525,072.32	3.836	14.38
1943	3,027,211.6	30,904,764.66	3.849	14.43
1944	768,369.25	2,358,221.61	〃	
1945	440,618.0	1,696,379.27	〃	
計	249,633,198.61	563,272,881.32	2.256	8.46

13 註 1. 無括弧 數字는 日本 造幣廠에 賣分

2. 括弧內 數字는 日本 市場에 賣却分

(二) 地銀

地銀 六七,五七七,七七一.二의 決濟代金 二,八七七,〇一五.三二

說明

朝鮮銀行이 北支聯合準備銀行에 對하여 借款을 貸與한 擔保로서 目下 日本 大阪 日本銀行이 保管하고 있는 地銀 二一,五三四,四三三瓦九二의 返還은 勿論이고 自 一九〇九年 至一九四五年間 朝鮮에서 産出한 地銀을 朝鮮銀行을 經由하여 日本에 搬出한 地銀 六七,五七七,七九一瓦二도 決濟代金인 日本國債를 日本에 返戾하고 現物返還을 받어야 한다.

14 **對日本 銀輸出量(朝鮮銀行經由分)**

年度	數量	金額	對一瓦 價格	對一匁[10] 價格
1909	216,968.9瓦	7,539.20円	0.0347円	0.1303円
1910	2,665,030.3	38,890.30	0.0335	0.1251
1911	2,845,609.8	99,375.83	0.0349	0.1308
1912	2,898,620.5	115,856.94	0.0399	0.1496
1913	5,583,482.6	139,159.99	0.0389	0.1458
1914	3,348,701.6	117,674.54	0.0351	0.1316
1915	3,664,397.4	121,999.38	0.0332	0.0245
1916	3,614,583.9	141,395.99	0.0413	0.1548
1917	2,751,393.9	150,426.79	0.0546	0.2047
1918	1,342,365.2	84,384.63	0.0628	0.2355
1919	278,946.2	22,042.29	0.079	0.2962
1920	1,481,188.6	76,785.88	0.058	0.1942
1921	290,346.7	12,614.98	0.0433	0.1623
1922	397,355.0	18,267.82	0.0459	0.1721

10 匁(문): 일본의 중량 단위로, '돈', '돈쭝'. 관(貫)의 1000분의 1로서 3.75g이다.

年度	數量	金額	對一瓦 價格	對一匁[10] 價格
1923	1,211,190.5	52,199.75	0.043	0.612
1924	270,013.2	13,503.69	0.050	0.1875
1925	(20,658.9)	(1,055.14)	(0.051)	0.1912
	(30,656.4)	(1,055.14)	(0.045)	0.1687
1926	51,788.5	1,940.71	0.0374	0.1902
1927	142,834.1	4,500.3	0.028	0.0105
1928	149,497.7	5,966.1	0.0368	0.1492
	(514,712.3)	(21,107.46)	0.0354	0.1327
1929	96,473.5	2,234.53	0.0336	0.1260
1930	1,420,725.7	32,983.75	0.0232	0.8700
1931	2,281,984.4	41,788.32	0.0183	0.6862
1932	515,485.3	6,772.62	0.031	0.4912
1933	904,515.8	36,750.34	0.0406	0.1512
1934	46,634.4	2,114.09	0.0453	0.1698
1935	322,038.0	26,192.42	0.0913	0.3433
1936	3,977,145.7	188,725.61	0.0474	0.1777
1937	3,705,564.4	177,455.22	0.0478	0.1792
1938	4,295,381.7	205,230.42	0.0477	0.1788
1939	(2,994,523.6)	(148,451.34)	0.0495	0.1850
1940	(2,388,671.6)	(120,381.96)	0.5003	0.1880
1941	6,609,115.9	296,137.53	0.045	0.1691
1942	1,968,350.7	88,561.74	0.044	0.1683
1943	3,290,212.6	153,981.94	0.0467	0.1751
1944	496,617.7	22,347.79	0.0499	0.1871
1945	407,342.0	18,841.76	0.0462	0.1732
計	67,577,771.2	2,877,015.32	0.0425	0.1592

15 (三) 書籍

우리는 過去 日本人에게 非合法的으로 掠奪되었던 書籍과 美術工藝品 全部의 返還을 期하고 여기에 第一次로서 書籍의 返還을 要求하는 것이다.

有史以來 日本이 文化的으로 또는 經濟的으로 우리 朝鮮의 惠澤을 입어온 것은 다 같이 아는 事實이다.

그럼에도 不拘하고 日本은 그 恩惠를 도리어 侵略과 强奪로써 갚아왔으니 이는 매우 遺憾된 일이라 할 것이다.

過去 日本의 朝鮮에 對한 侵略은 가장 큰 것이 두 번 있었다. 하나는 一五九二年으로부터 一五九八年에 이르는 壬辰倭亂이었고, 또 하나는 一九一〇年으로부터 一九四五年에 이르는 所謂 日韓合併에 依한 日本總督政治가 그것이다.

그러나 지금의 帝國主義的 侵略은 完全히 消滅하고 말았다. 우리는 새로운 自由와
16 獨立을 맞이하였다. 우리는 이제부터 日本人에게 破壞되었던 우리의 文化를 다시 建設하기로 決心하였다.

一五九二年 四月에 日本의 政權을 掌握한 豊臣秀吉[11]은 突然히 十九万 大兵을 動員하여 朝鮮을 侵略하였으니 이것은 아무런 理由도 없는 强盜的 行爲이었다. 朝鮮은 明軍과 聯合하여 前後 七年間 日本軍을 擊退하기에 勇敢히 싸웠다.

多幸히 秀吉은 病死하고 말았으므로 日本軍은 朝鮮으로부터 全部 撤退하였으나 이 正當防衛戰에 있어서 朝鮮이 받은 打擊은 實로 莫大한 바 있었으니 朝鮮의 文化的, 經濟的 施設은 到處에서 破壞되었으며 許多한 朝鮮 사람은 日本으로 捕虜가 되어 갔다. 日本의 捕虜가 된 朝鮮 사람 中에는 學者와 技術家도 많았다. 數많은 書籍과 活字의[12] 美術品, 其他도 掠奪되었다.

이 日本의 强盜的 侵略이 끝난 後 日本의 政權을 代表한 德川家康[13]은 朝鮮과의

---

11 豊臣秀吉(도요토미 히데요시, 1537~1598): 일본 아즈치(安土)모모야마(桃山) 시대의 무장. 초명은 기노시타 도키치로(木下藤吉郎). 오다 노부나가(織田信長)의 휘하에서 점차 두각을 나타내다 오다 노부나가의 뒤를 이어 일본 통일을 달성하였다. 1596년 임진왜란을 일으켰다.

12 '활자와'의 오기

13 德川家康(도쿠가와 이에야스, 1543~1616): 일본 에도 시대의 초대 쇼군. 도요토미 히데요시와 손을 잡

平和를 希望하고 大部分의 捕虜를 돌려보내게 되었으나 日本人이 掠奪하여 간 物品과 書籍은 하나도 내놓지 않았던 것이다.

十九世紀 末에 駐日本 淸國 外交官 楊守敬은 그 著書『日本訪書志』「序論」中에서
17 當時 日本에 있는 朝鮮 古書籍의 大部分이 壬辰亂 때 日本人의[14] 掠奪해 온 것이라
는 点을 指摘하였거니와 日本의 國粹主義 學者인 德富猪一郎[15]도 이것을 是認하여 「余 京城에 往來함이 每年 數次 틈을 타서 古書를 物色하매 明代 萬曆[16] 以前의 것이라고 할 만한 朝鮮版 또는 支那版[17]의 書籍은 거진 볼 수 없었다. 그런 書籍은 오히려 東京에서 求할 수밖에 없는데 그 理由는 文祿慶長役,[18] 卽 壬辰亂 때 日本軍에게 掠奪 殄滅당한 때문이다.

日本에 있는 朝鮮의 古書는 大概 養安院藏書라는 印이 찍혀 있는 바, 이는 當時 日本 總師浮田秀家[19]가 書籍을 배에 滿載하여 가지고 돌아와 그 醫師 曲直瀨正琳[20]에게 내준 때문이다.」(德富猪一郎『蘇峰[21]隨筆』二〇二~二〇三頁,[22] 一九二五年 東京 喜友社[23]

고 천하통일에 협력하였다. 세키가하라(関ヶ原) 전투의 승리로 패권을 장악하여 250년 동안 일본을 통치한 에도 막부를 열었다.

14 '일본인이'의 오기

15 德富猪一郎(도쿠토미 이이치로, 1863~1957): 일본의 평론가, 역사가. 1887년에 언론단체인 '민유샤(民友社)'를 설립하고 잡지『국민의 벗(国民之友)』과『국민신문』을 창간. 이후 40년에 걸쳐 자유평등, 평민주의의 논진을 펴며 활동하였다. 청일전쟁 이후 국수주의에 경도되어 2차 세계대전 중에는 대일본언론보국회 회장을 역임하였다.

16 萬曆(만력): 중국 명나라 신종 때의 연호로, 1573~1619년이다.

17 支那(지나): 중국을 가리키는 호칭 중의 하나이나 중일전쟁 당시 중국을 멸시하는 용어로 사용하였다.

18 文祿慶長(분로쿠케이초) 役(역): '文祿(분로쿠)'와 '慶長(케이초)'는 일본의 연호이다. 일본 역사에서 '文祿(분로쿠)의 役(역)'은 임진왜란을, '慶長(케이초)의 役(역)'은 정유재란을 말한다.

19 總師浮田秀家(우키타 히데이에, 1573~1655): 일본 아즈치모모야마 시대의 무장. 어린 시절부터 도요토미 히데요시에게 중용되었다. 임진왜란 당시 왜군 제8진 1만의 병력을 이끌고 침입한 뒤 행주산성에서 대패해 철수하였다. 그 후 세키가하라 전투에서 서군의 총수를 맡으나 패전하고 하치조(八丈) 섬에 유배되었다가 그곳에서 사망하였다.

20 曲直賴正琳,(마나세 쇼린, 1565~1611): 일본 아즈치모모야 시대부터 에도 시대 초기까지의 명의. 도요토미 가문을 섬기면서 1595년 히데요시의 명령으로 우키타 히데이에 정실의 병을 치료한 보상으로 임진왜란 당시 왜군이 입수한 서적을 하사받았다. 그 후 도쿠가와 이에야스를 따라 에도로 옮겨 쇼군을 치료하는 오쿠이시(奥医師)로 임명되었다. 호(號)는 '요안인(養安院)'이다.

21 蘇峰(소호): 德富猪一郎(도쿠토미 이이치로)의 필명

22 頁(엽): 책의 면(페이지), 쪽을 의미한다.

23 '民友社(민유샤)'의 오기. 1949년 발행본에는 '民友社'로 표기되어 있음.

冊)라고 하였다. 德富猪一郎은 다시 말하되「朝鮮冊을 누가 가장 많이 掠奪하여 왔는지는 모르나 그것을 또다시 빼앗아 많이 蒐集한 사람은 德川家康인데 家康이 가지고 있던 朝鮮 書籍의 豊富함은 實로 놀랠만 하였다.

그 다음은 毛利輝元[24]이다. 毛利輝元이 가졌던 朝鮮 書籍은 대개는 萩市 洞春寺에 두었던 것 같으며 그 書籍은 現在에도 傳하고 있다.

18 그 다음이 曲直瀨養安院[25]이다. 이밖에 仙台의 伊達家,[26] 米澤의 上杉家,[27] 加州의 前田家,[28] 其他에도 이때 掠奪해 온 書籍이 많이 있는 것이다.」(德富猪一郎 著『文 慶長[29] 以後 日本에 있어서의 朝鮮의 感化』[30] 三〇~三二頁, 一九三〇年 東京中央朝鮮協會刊)라고 하였다.

『日本 古印刷文化史』의 著者 木宮泰彦[31]도 壬辰亂 때 日本人의[32] 掠奪한 朝鮮書籍이 매우 많았다는 것을 說明하여 다음과 같이 말하였다.

豊臣秀吉의 朝鮮 侵略이 日本에 끼친 文化的 影響은 자못 多方面에 미쳤지만 그中에서도 顯著한 것은 許多한 朝鮮本의 輸入과 活字版이 一五九二年 봄에 浮田秀家가 出征에 臨하여 秀吉과 만났을 때 名醫 曲直瀨正琳이 凱旋 선물로서 朝鮮本을 가져다 주기를 請하였으므로 秀家는 凱旋함에 미처 많은 朝鮮本을 가져다가 全部 正琳에게

---

24 毛利輝元(모리 데루모토, 1553~1625): 일본 아즈치모모야마 시대의 무장. 도요토미 히데요시와 손을 잡고 천하통일에 협력하였다. 임진왜란 당시 3만 병력을 이끌고 직접 참전하였고 부산진성을 파괴하였다. 그 후 세키가하라 전투에서 서군의 총대장을 맡았으나 대패하였다.

25 曲直瀨正琳(마나세 쇼린)의 원호(院号)가 '養安院(요안인)'이기 때문에 요안인장서라는 인이 찍혔다.

26 伊達家(다테가): 일본 가마쿠라 시대부터 에도 시대에 걸쳐 도호쿠 지방 남부를 본거지로 삼았던 가문. 17대 당주인 다테 마사무네(伊達政宗)는 임진왜란 당시 1593년 4월에 부산에 상륙했고, 6월에 진주성을 공격하였다.

27 上杉家(우에스기가): 일본 가마쿠라 시대부터 번영한 무사 집안. 우에스기라는 성은 교토부 아야베시 우에스기정에서 따온 것이다.

28 마에다가(前田家): 일본 센고쿠 시대에 오와리국(지금의 아이치현 서부)에서 대두하여 에도 시대에는 가가번(加賀藩)의 번주가 되었다. 메이지유신 이후에 후작 작위를 받았다.

29 '文祿慶長(분로쿠케이초)'. '文'과 '慶長' 사이에 '祿'자가 누락됨.

30 저서의 원제목은『文祿慶長以後日本に於ける朝鮮の感化』임.

31 木宮泰彦(기미야 야스히코, 1887~1969): 일본의 역사학자, 교육자. 1946년 시즈오카에 시즈오카여자고등학원을 설립, 1959년에 이사장에 취임하였다. 1966년에는 도코하(常葉)여자단기대학을 설립, 학장을 역임하였다. 중일관계사 연구로 유명하다. 저서로는『일지교통사(日支交通史)』『일화문화교류사(日華文化交流史)』등이 있다.

32 '일본인이'의 오기

보냈다고 하며, 또 出征 諸將들의 陣中에는 學問을 理解하는 五山[33]의 僧徒가 대개는 섞어 있었으므로 그들이 朝鮮本에 着眼하였음은 至極히 可能한 일로서 諸將이 戰利品으로서 가져온 典籍은 대단한 數에 올랐던 것이다. 그런 故로 德川家康 같은 사람
19 은 朝鮮本을 所藏함이 매우 많았고 家康가 一六一二年에 駿府[34]에 있을 때 第二代 將軍 秀次[35]에게 준 書籍 三十部 中에서 二十二部는 지금도 傳하고 있는 바 그中十九部는 朝鮮本이다. 또 家康의 死後 所謂 御三家[36]에 分配한 書籍 中에도 朝鮮本은 자못 많아서 尾州家[37]에 分配된 것만도 朝鮮 活字本 及 寫本은 四十二部 八百三十三冊에 達하고 있다.

米澤의 上杉家에 傳한 朝鮮 活字本을[38] 現在 米澤圖書館에 所藏되어 있는데 그 數는 十六部 百五十冊에 達하고 있다. (木宮泰彦 著『日本 古印刷文化史』三八四~三八五頁, 一九三二年 東京 富山房[39] 刊)

이와 같이 最近 日本人 學者가 말한 것으로만 보더라도 壬辰亂 때 日本人이 掠奪하여 간 朝鮮의 書籍 其他는 莫大한 數에 達하고 있는 바 이 書籍들은 그 後 大部分 散逸되어 現在 日本人 個人의 所有된 것도 많으며 多幸히 一部分식 集團的으로 文庫 또는 圖書館에 保管되어 있는 것이다.

우리는 이러한 來歷을 가진 우리의 書籍을 하루바삐 日本人의 손으로부터 찾아올 權利를 主張하는 바이다. 우리는 잃어버렸던 우리의 文化를 도로 찾음으로써 새로운
20 朝鮮 文化를 建設하여 世界 文化에 貢獻치 않으면 안 될 義務를 느끼는 까닭이다.

---

33 五山(고잔): 일본 불교 가운데 선(禪)을 중시하는 임제종(臨濟宗)의 대표적인 사원

34 駿府(순푸): 지금의 시즈오카현이다.

35 '秀忠(히데타다)'의 오기. 도쿠가와 히데타다(德川秀忠, 1579~1632)는 에도 막부 제2대 쇼군으로, 도쿠가와 이에야스의 삼남이다.

36 御三家(고산케): 도쿠가와 이에야스의 후손 가문인 오와리번(尾張藩), 미토번(水戶藩), 기슈번(紀州藩)의 번주 가문을 이르는 말. 쇼군의 후계자를 정할 수 없을 때에는 세 가문 중에서 후계자를 낼 수 있다.

37 尾州家(비슈가): 오와리가(尾張家)라고도 부른다. 도쿠가와 이에야스의 후손 가문인 고산케(御三家) 중 하나로 도쿠가와 이에야스의 아홉째 아들인 도쿠가와 요시나오(德川義直)가 시조. 나고야성을 축조해 그곳을 거성으로 삼았다.

38 '活字本(활자본)은'의 오기

39 富山房(후잔보): 1886년에 설립된 일본의 출판사. 2차 세계대전 이전에는 '하쿠분칸(博文館)'과 함께 대형 출판사 중 한 곳이었다. 근래에는 주로 아동서를 출판하고 있다.

過去 日本帝國主義에 依하여 破壞되었던 모든 朝鮮의 文化를 再建할 時期라고 믿는다.

우리는 日本人에게 掠奪되었던 모든 文化的 遺産을 도로 찾지 않으면 안 될 것이다.

德川家康이 掠奪하여 가졌던 朝鮮 書籍은 그 後 어떠한 徑路를 거쳐서 現在에 達하고 있는가? 우리는 日本人 書誌學者 川瀨一馬[40](壬辰亂 때 朝鮮으로부터 배워간 日本古活字版의 研究로 一九三九年에 日本帝國學者院의 學術賞을 받었음)의 研究調査(川瀨一馬 著『日本書誌學의 研究』[41] 五七二~六七四頁, 一九四二年[42] 東京 大日本雄辯會 講談社[43] 刊)를 通하여 그 徑路의 大略을 알고 있는 것이다. 家康은 壬辰亂에 掠奪한 朝鮮 書籍과 支那 書籍을 비롯하여 在來 日本에 傳하던 支那 日本의 書籍을 많이 所有하였었는데 一六〇一年에 家康은 僧 三要元佶[44]에게 二百部의 朝鮮 書籍을 내주고 그 나머지는 一六〇二年에 江戶(今 東京)의 富士見亭文庫[45](一名 金澤文庫[46])에 藏置하게 되었다. 僧 三要가 가졌던 朝鮮 書籍은 그 後 圓光寺에 收藏되었다가 大部分은 散逸되고 그中 部分만이 現在 帝國圖書館[47]에 남아있게 된 것이다.

---

40 川瀨一馬(가와세 가즈마, 1906~1999): 일본의 서지학자, 국문학자. 1974년까지 아오야마학원여자단기대학 교수로 재직. 문화재보호심의회 전문위원. 판본, 사본 등에 관한 조사와 고활자판 연구로 유명하다. 주요 저서로는『일본서지학 연구(日本書誌学の研究)』,『고활자판 연구(古活字版の研究)』등이 있다.

41 저서의 원제목은『日本書誌学の研究』임.

42『日本書誌学の研究』는 1943년에 출판되었음.

43 講談社(고단샤): 1909년에 노마 세이지(野間清治)가 설립한 일본의 대형 종합출판사. 전신은 '대일본웅변회'이며 1911년에 대중문화잡지『고단구락부(講談倶楽部)』의 창간과 함께 고단샤라는 이름을 병용하다 이후 1958년에 지금의 사명으로 변경하였다. 평론가 도쿠토미 이이치로는 2차 세계대전 이전 청소년들에게 큰 영향을 미친 고단샤를 '사설 문부성(우리의 교육부)'이라 평가하였다.

44 三要元佶(산요 겐키쓰, 1548~1612): 일본 아즈치모모야마 시대부터 에도 시대 초기에 활동한 임제종의 승려. 중세의 고등교육기관인 아시카가학교(足利學校)의 9대 교장을 역임. 세키가하라 전투에서 도쿠가와 이에야스 편에 섰으며 이후 에도 막부에서 도쿠가와 이에야스의 참모로 활약했다. 도쿠가와 이에야스의 명령으로 목활자판인 '후시미판(伏見版)' 출판 사업을 담당하였다.

45 富士見亭文庫(후지미테이문고): 1602년 도쿠가와 이에야스가 에도성 후지미테이에 가나자와(金沢)문고의 책을 옮겨 설립한 문고. 문고는 도서관을 말한다. 훗날 스루가(駿河)문고의 도서류도 소장한다. 1639년에 모미지야마(紅葉山)로 옮기면서 모미지야마문고로 불리었다. 메이지 유신 이후 장서는 정부에 귀속되어 지금은 일본 국립공문서관에 소장되어 있다.

46 金澤文庫(가나자와문고): 1275년경 가네사와 사네토키(金沢実時)가 영지인 가나자와향(金沢郷)에 설립한 일본 최고(最古)의 문고. 일본과 중국의 서적을 수집했으며, 장서 수는 정확하지 않으나 상당량에 달했다고 추정된다. 현재 국보와 중요문화재로 지정된 것은 54건 380책이다.

47 帝國圖書館(데이코쿠도서관): 2차 세계대전 이전 일본의 유일한 국립도서관. 국립국회도서관 지부 우

21 一六〇七年 家康은 江戸로부터 駿府(今 靜岡)에 隱退하여 있었는데 그때 家康은 富士見亭文庫에 藏置하였던 書籍의 一部分을 駿府로 옮기고 새로 駿河文庫[48]를 設立하였으므로 家康의 藏書는 江戸와 駿府에 兩分하게 된 것이다.

一六一六年에 家康이 駿府에서 病死하자 그 遺命으로 駿河文庫의 藏書를 五, 五, 三의 比率로서 그 三子 義直[49](尾州家), 賴宣(水戸家),[50] 賴房(紀川家[51])에게 分與하게 되었다. 이때 그 分配 事務를 맡아 보게 된 것이 江戸幕府의 儒學者 林道春[52]으로서 道春은 駿河文庫 藏書 中에서 比較的 重要타고 생각하는 書籍 五一部를 江戸로 옮기고 그 남어지를 家康의 三子에게 分配하였다. 道春이 江戸에 옮긴 書籍은 江戸 富士見亭文庫 藏書와 合쳐서 江戸城 內(今 宮城)에 藏置하였는데 이 書籍들은 明治維新 때 宮內省圖書寮[53]로 넘어가 現在에 이르고 있다.

尾州家 義直에게 分配된 書籍은 比較的 完全히 明治維新 때까지 保管되어 왔었으나 一八七〇年頃에 그 一部分이 民間에 賣却 整理되어 散佚의 運命을 보게 되었다.
22 그러나 그 大部分은 現在 東京 蓬左文庫에 남아있는 것이다. 그 다음 水戸家 賴宣에게 分配된 書籍은 中間에 散逸된 것도 있으나 대개는 現在 水戸 彰考舘文庫와 水戸家의 宗敎[54]인 東京 德川 爵家에 兩分되어 傳하고 있다.

그 다음 紀州家 賴房에게 分配된 書籍은 어떤 때인지 모르나 和歌山市의 聖堂에 移管하였다가 明治維新 때에 이르러 거진 다 民間에 放賣되고 極少數의 一部分만이

에노도서관의 전신이다. 1872년에 설립된 서적관을 모체로 1897년에 설립되었다. 1880년에 도쿄도서관, 1897년에 데이코쿠도서관으로 개칭. 1949년에 국립국회도서관으로 합병되었다.

48 駿河文庫(스루가문고): 도쿠가와 이에야스가 1607년 순푸(駿府)성에 은거한 당시, 장서의 일부를 지참해 이 성 안에 설립한 문고를 말한다.

49 德川義直(도쿠가와 요시나오, 1601~1650): 일본 에도 시대 초기의 다이묘(大名). 도쿠가와 이에야스의 아홉째 아들로 비슈가의 시조이다. 학문을 사랑하고 유교를 장려해 성 안에 공자묘를 설치하였다.

50 원문의 착오로 보임. 요리노부(賴宣)는 '미토가(水戸家)'가 아니라 '기슈가(紀州家)'임.

51 '紀州家(기슈가)'의 오기. 또한 요리후사(賴房)는 '기슈가(紀州家)'가 아니라 '미토가(水戸家)'임.

52 林道春(하야시 도슌, 1583~1657): 일본 에도 시대 초기의 주자학파 유학자. 도쿠가와 이에야스부터 4대 쇼군인 이에쓰나(家綱)까지 쇼군의 시강(侍講)을 맡아 봉건 교학과 제도 수립에 힘썼다. 주요 저서로는 『라잔문집(羅山文集)』, 『본조통감(本朝通鑑)』 등이 있다.

53 宮內省圖書寮(구나이쇼도서료): 도서료는 일본 율령제 아래에서 중무성(천황의 보좌, 조정 관련 직무)에 속하는 기관이다. 도서료의 가장 큰 역할은 국가의 장서를 관리하는 것이었다. 메이지 시대 이후에는 구나이쇼(宮內省)에도 설치되었다.

54 '宗家(종가)'의 오기

和歌山師範學校에 收藏되어 現在하지만 一九三〇年 川瀨一馬의 調査에 依하면 壬辰亂 以前의 書籍이라고 認定할 만한 것은 하나도 보이지 않는다고 하였다.

德川家康이 所有하였던 書籍의 分散과 傳來는 大略 이와 같거니와 이밖에 德富猪一郎 著『蘇峰隨筆』에「내 藏書 中에 養安院藏書라는 印記가 있는 書籍은 十指를 屈할 만하다.」(二〇三頁)라고 하고,「壬辰亂 戰利品의 하나로 생각되는 것에 東京 本鄕 前田 侯爵家 所藏인『重廣会史[55]』가 있다. 云云」(二〇四頁)한 것을 보면 우리는 東京 前田 侯爵家 尊經閣文庫[56]와 東京 德富猪一郎 成簣堂文庫[57]를 調査하여 壬辰亂에 掠奪된 朝鮮 書籍을 選出할 必要를 느끼는 바이다.

23 要컨대 우리는 第一次로서 여기에 壬辰亂 때 日本人에게 掠奪된 朝鮮 傳來의 書籍의 返還을 要求하는 것이니 現在 日本人 自身의 調査에 依하여 우리가 알고 있는 範圍에 있어서 이를[58] 書籍이 지금 保管되어 있는 곳은 左記[59] 九處[60]이다.

(1) 東京市 宮內省圖書寮 – 宮內省圖書寮 漢籍善本 目錄 中에서 朝鮮本만을 抄하여 參考目錄을 添附하였음.

(2) 東京市 蓬左文庫[61] – 蓬左文庫 朝鮮本 目錄을 參考目錄으로 添附하였음.

---

55 '고려국장서(高麗國藏書)'라는 직인이 찍혀 있는 것으로 보아 고려왕실도서관의 소장품을 보관하고 있는 것으로 추정된다.

56 尊經閣文庫(손케이카쿠문고): 가가번의 마에다 가문이 수집, 보존해 온 것으로 일본 에도 시대에 번주가 형성한 대표적인 문고이다. 명칭은 마에다가의 5대 번주인 마에다 쓰나노리(前田綱紀)가 수집한『손케이카쿠장서』에서 유래한다. 소장 문서 중 국보는 22건, 지정문화재는 76건에 달한다.

57 成簣堂文庫(세이키도문고): 이시카와다케요시미술관의 설립자 이시카와 다케요시(石川武美)가 도쿠토미 이이치로에게서 1940년에 사들인 문고. 소장 고서적, 고문서는 약 10만 점에 달하며 그 종류는 일본의 나라·헤이안 시대부터 에도 시대까지의 일서, 한서, 불서를 비롯해 중국의 송나라·원나라·명나라판, 조선본 등 다양한 분야에 걸쳐 있다.

58 '이들'의 오기

59 『대일배상요구조서』 원문이 세로쓰기로 작성되었기 때문에 '左記(좌기)' 혹은 '右記(우기)'라는 표현이 사용되었다. '아래'의 뜻으로 읽힌다.

60 '十處(10처)'의 오기로 보임.

61 蓬左文庫(호사문고): 도쿠가와 이에야스의 후손 가문 고산케(御三家) 중 하나인 비슈가의 옛 문헌자료를 소장 중인 문고. 1616년에 호사성(나고야성의 별칭) 내에 설치된 비슈가의 서고가 기원으로 1912년경에 19대 당주인 도쿠가와 요시치카(德川義親)가 호사문고라는 이름을 붙였다. 2016년 기준 장서 수는 약 11만 점이다.

東京都 豊島區 目白町 四丁目四二番地

(3) 東京市 帝國圖書館

(4) 東京市 前田 侯爵家 尊經閣文庫

(5) 東京市 徳富猪一郎 成簣堂文庫

(6) 東京市 徳川田順[62] 侯爵家

(7) 水戸市 彰考舘文庫

(8) 萩市 洞春寺

(9) 和歌山市 和歌山師範學校

24 (10) 內閣文庫 東京

번호 없음 1. 蓬左文庫 所藏 朝鮮書目[63]

25 經部

『易學啓蒙要解』(朝鮮) 世祖 崔恒 等 補 四卷 二冊 一〇三의 三四

朝鮮 嘉靖[64] 三九年 刊

卷末「皇明 嘉靖 庚申 李秋 寧邊府 重刊」一行 及 刊刻關係者 列各[65]해 있다.

御本印記[66](乙)가 有함.

駿河御讓本[67]

62 '徳川圀順(도쿠가와 구니유키)'(1886~1969)의 오기로 보임.

63 서목의 서지정보는 대체로 다음 순서로 정리되어 있다. ①서명, ②원저작 정보(발행지, 저작자, 저작 관련 정보, 권책수, 기타 사항), ③소장본 간행정보(간행지, 간행연도, 간행형태, 간행자, 소장 관련 정보 등 기타 사항)

64 嘉靖(가정): 중국 명나라의 제11대 황제인 가정제 때의 연호로, 1522~1566년이다.

65 '列名(열명)'의 오기. 원문의 뒷부분에는 '列名'으로 표기되어 있음.

66 御本印記(어본인기): 도쿠가와가의 소장본이라는 표시인 '어본(御本)'이라는 글자가 새겨진 도장이 찍혀있다는 뜻

67 駿河御讓本(스루가오유즈리본): 에도(江戶) 막부를 연 도쿠가와 이에야스가 3곳에 나누어 자손들에게 분양한 서적을 말한다. 조선의 인쇄역사를 알 수 있는 서적이 포함되어 있다.

『詩傳大全』(明) 胡廣 等 奉勅撰[68] 二十卷, 四一卷 九冊 一〇四의 二七

朝鮮刊 双邊有界[69] 一〇行 二二字 注 双行 黑口.[70] 第一冊 書皮에「嘉請[71] 四十年 辛酉 正月日 自京 印頒 詩傳 春秋 論語, 中庸, 大學」이라고 黑書하여「靈山縣之印」方朱印을 捺하고 每冊首尾에 同 印記가 有함. 每冊首其上에「靈山」이라 書入함.

御本印記(甲)

駿河御讓本

『書傳大全』(明) 胡廣 等 奉勅撰 一〇卷, 四一卷 九冊 一六七의 五

26 朝鮮刊 双邊有界 一〇行 二二字 注 双行 黑口. 第一冊 書皮의「嘉請[72] 四十三年 八月日 禮曺米」의 朝鮮人 手識[73] 並「全羅道觀察使之印」이 있음. 每冊首「光州鄕校上」五字 並 方形官印이 있고 又 卷末에 圓光寺 常住 元佶(花押[74])이라고 手識가 있음. 御本印記(甲) 題簽[75] 松平君山 筆

駿河御讓本

『書傳大文』

朝鮮刊, 双邊有界 一〇行 二一字

御本印記(乙)가 有함.

駿河御讓本

---

68 奉勅撰(봉칙찬): 임금의 명을 받들어 편찬했다는 뜻

69 책의 네 변에 둘러진 검은 테두리 선을 변란(邊欄) 또는 광곽(匡廓)이라고 하는데, 선이 하나인 경우를 단변(單邊)이라 하고 두 개인 경우를 쌍변(雙邊)이라 한다. 계선(界線)은 본문의 각 줄 사이를 구분하기 위해서 그은 선으로 계선이 있으면 유계(有界), 없으면 무계(無界)라고 한다.

70 지면(紙面)의 접힌 부분을 판구(版口) 또는 판심(版心)이라 하는데, 판구의 중앙에 묵선(墨線)이 있으면 흑구(黑口)라 하고 없으면 백구(白口)라 한다.

71 '嘉靖(가정)'의 오기

72 '嘉靖(가정)'의 오기

73 본문이나 서문·발문의 처음과 끝, 또는 전·후의 표지 안팎에 후인(後人)이 보탠 단문(短文)을 '지어(識語)'라고 하는데, 본인 필적에 의하여 이루어진 것을 '수지(手識)'라고 한다.

74 花押(화압): 문서 끝에 자기 이름을 쓰고 그 밑에 자필(自筆)로 쓴 표지(標識)로 인장(印章) 대신 독특한 자체(字體)로 쓰는 것

75 題簽(제첨): 표지에 직접 쓰지 아니하고 다른 종이 쪽지에 써서 앞표지에 붙인 외제(外題)를 말한다.

『書傳』

朝鮮刊, 双邊有界 一〇行 一八字

萬曆 一五年 宣賜本(尹毅中)

御本印記(甲)가 有함.

駿河御讓本

27 『纂圖互註周禮』(漢) 鄭玄 註 一二卷, 四二卷 六冊 一六七의 一三

朝鮮刊 黑口 單邊有界 九行 一五字 注 双行 御本印記(甲)가 있음. 題簽 松平君山[76] 筆

駿河御讓本

『儀禮圖』(宋) 楊復 一七卷, 帝通圖[77] 一卷, 一〇冊 一二二의 五

朝鮮刊, 双邊 一〇行 一七字

『音註全文春秋括例始末左傳句讀直解』二〇卷 二三冊 一六七의 一一

(宋) 林堯叟

朝鮮 景泰[78] 五年 刊 左右双邊有界 八行 七字 注 双行

景泰 甲戌 李塏의 刊語 並 各官例衝[79]이 有함.

全羅南道 錦山郡 所刊

御本印記(甲乙混用)

駿河御讓本

76 松平君山(마쓰다이라 군잔, 1697~1783): 일본 에도 시대 중기의 한학자, 지리학자. 어린 시절 부모에게서 학문을 배운 이래 독학했으나 제자백가, 지리학, 본초에 이르기까지 갖가지 분야에 정통하였고, 군잔 학파를 이루었다. 주요 저서로는 1764년에 나고야의 사찰 쇼코인(性高院)에 머물던 조선통신사 일행과 교환한 시를 수록한 『삼세창화(三世唱和)』 등이 있다.

77 '旁通圖(방통도)'의 오기

78 景泰(경태): 중국 명나라의 제7대 황제인 경태제 때의 연호로, 1450~1457년이다.

79 '各官列銜(각관열함)'의 오기. 원문 88쪽 등에는 '各官列銜'으로 표기되어 있음.

『五經大全』(明) 胡廣 等 奉勅撰 一二一卷 七二冊 一二二의 四 朝鮮刊 双邊有界

28 一〇行 二二字 注 双行「尾陽內庫[80]」印記가 있음.

『四書章圖重訂輯釋通義大成』

(元) 倪士毅 輯釋 趙汸 訂

王逢 通義

朝鮮古活字印本 双邊有界, 一二行 二〇字 注 双行 匡郭內 縱 七寸 四分 橫 五寸 一分 白口 小形活字印本

隆慶[81] 四年 宣賜本(尹眉壽)

「尾陽內庫」印記가 있음.

(寬永[82] 七年 買本)

『讀晦菴論語集解行義』八卷 一冊 一〇三의 三四

朝鮮 寫 無界 一〇行

御本印記(乙)가 있음.

駿河御讓本

29 『大學章句大全』

朝鮮刊 單界 六行 一六字 注 双行 二一字 匡郭內 縱 七寸 七分 橫 六寸 四分

題簽 松平君山 筆

御本印記(乙) 及 拂印이 있다.

駿河御讓本

---

80 尾陽(비요): 나고야(名古屋)의 옛 명칭

81 隆慶(융경): 중국 명나라의 제12대 황제인 융경제 때의 연호로, 1567~1572년이다.

82 寬永(간에이): 일본 에도시대 고미즈노오(後水尾) 천황, 메이쇼(明正) 천황, 고코묘(後光明) 천황 때의 연호로, 1624~1644년이다.

『中庸章句大全』一冊 一〇三의 四二

朝鮮刊 單邊有界 一〇行 一七字 註 双行

御本印記(甲)가 있다.

駿河御讓本

『中庸九經行義』(朝鮮) 李彦迪 一二卷 別集 一四卷 一二二의 二

朝鮮刊 双邊有界 一〇行 一八字 註 双行

『家禮考證』(朝鮮) 曺好益 七卷 八冊 五九의 一八

朝鮮刊 双邊 一一行 二一字 匡郭內 縱 六寸 七分 橫 五寸 六分

30 『家禮大全』

朝鮮 嘉請[83] 四二年 刊黑口 單邊有界 一〇行 二二字 註 双行

卷末에 「嘉請[84] 發[85] 谷城縣 開刊 南原府 移上」의 一行 並 節度使 金德龍 以下 列名해 있음.

御本印記(甲)해 있다.

史部

『資治通鑑綱目』(宋) 朱熹 等 著 五九卷 一五〇冊 一〇二의 三七

(朝鮮) 李季旬 等 訓義 序目一卷

朝鮮古活字印本 双邊有界 一〇行 一八字 註 双行 匡郭內 縱 八寸 九分, 橫 五寸 八分. 目錄末에 榮樂 宣德 鑄字跋[86] 及 「正統[87] 三年 一一月日 印出」이라고 써 있다.

---

83 '嘉靖(가정)'의 오기

84 '嘉靖(가정)'의 오기

85 '癸亥(계해)'의 오기

86 鑄字跋(주자발): 발문의 일종으로 활자의 주조에 관한 사실이나 사용에 관한 사실들을 적은 기록을 말한다.

大形活字印本

御本印記(甲) 及「松堂寶藏」印記

駿河御譲本

31 『少微通鑑輯釋』

朝鮮刊古活字印本 双邊有界 一〇行 小字 双行

御本印記(甲)가 있다.

題簽 松平君山 筆

駿河御譲本

『宋鑑節要』(朝鮮) 李峋 七卷 二冊 一〇三의 二二

朝鮮 嘉靖 三四三年[88] 黑口 双邊有界 一〇行 一六字

卷末에 嘉靖 乙卯 平壤 開刊 木記[89] 並 刊刻關係者 列名해 있음.

御本印記(甲)해 있다. 題簽 松平君山 筆

駿河御譲本

『東萊先生十七史祥節』[90](宋) 呂祖謙 二七三卷 六〇冊 車漢 卷 一, 六, 一七 缺 一六八의 三

朝鮮刊古活字印本 單本有界[91] 一二行 一九字 註 双行 匡郭內 縱 六寸 九分, 横 四寸 八分

白口 小形活字印本

御本印記(乙)해 있다.

32 駿河御譲本

---

87 正統(정통): 중국 명나라의 제6대 황제인 정통제 때의 연호로, 1436~1449년이다.

88 '三四年(34년)'의 오기

89 木記(목기): 사각 모양의 틀 안에 간행기록을 표기한 것을 말한다.

90 '『東萊先生十七史詳節(동래선생십칠사상절)』'의 오기

91 '單邊有界(단변유계)'의 오기

『古今標題歷代註釋十九史略通放』[92] 八卷 七冊 一〇四의 三〇

(元) 曾先之 著 (明) 余進 放[93]

朝鮮刊 双邊有界 一〇行 一八字 註 双行

御本印記(甲)해 있음.

駿河御譲本

『漢書傳抄』(朝鮮) 安瑋 二卷 二冊 一〇四의 五

朝鮮 嘉靖 四五年 刊 黒口 單邊有界 一〇行 一七字 註 双行

卷末에 嘉請[94] 丙寅 夏 安瑋의 刊語가 있음.

御本印語[95](乙)가 있고 題簽 松平君山 筆

駿河御譲本

『北史』(唐) 李延壽 八八卷, 目 一卷, 五一冊

朝鮮刊古活字印本 双邊有界 一〇行 一七字 匡郭內 縱 八寸 四分, 横 五寸 七分 黒[96]

33 御本印記(甲)가 있음.

駿河御譲本

『晉書』(唐) 房喬 等 奉勅撰 一三〇卷 音義 三卷, 四七冊 一六六의 四

朝鮮刊古活字印本 双邊有界 一〇行 一七字

御本印記(甲乙混用)가 有함.

駿河御譲本

---

92 '『古今歷代標題註釋十九史略通攷(고금역대표제주석십구사략통고)』'의 오기

93 '攷(고)'의 오기

94 '嘉靖(가정)'의 오기

95 '御本印記(어본인기)'의 오기

96 '黑口(흑구)'의 오기

『高麗史節要』(朝鮮) 金宗瑞 等 奉勅撰 三五卷 三三冊 一二一의 四

朝鮮 景泰 四年 刊 古活字印本 單邊 一〇行 一七字 匡郭內 縱 八寸 五分, 橫 五寸 三分

每卷首「經筵」印記가 있음.

『經國大典』(朝鮮) 崔恒 等 殘存 二卷 卷 一 及 卷 二 零葉 一〇三의 六

朝鮮刊古活字印本 黑口 單邊有界 一〇行 一七字

「宣賜之記[97]」印記 及 御本印記(甲)

題簽 松平君山 筆

駿河御讓本

34 **『大明會典』(明) 李東陽 等 奉勅撰 一八〇卷 序目 一卷 三一冊 一六八의 四**

朝鮮刊古活字印本 單邊有界 一二行 二二字 匡郭內 縱 六寸 四分 橫 五寸 七分 黑口

嘉請[98] 三一年 宣賜本(南應龍)

御本印記(甲)기 有함.

駿河御讓本

『大明一統賦』(明) 莫旦 三卷 一〇三의 三

朝鮮刊古活字印本 單邊有界 九行 一七字 註 双行 黑口

御本印記(乙)가 有함.

駿河御讓本

---

97 宣賜之記(선사지기): 조선시대 내사본(內賜本) 서적에 사용된 어보(御寶). 왕명으로 서적을 반사(頒賜)할 때 표지 뒷면에 내사기(內賜記)를 작성하고 이를 증명하기 위한 인장으로 어보를 사용하였다.

98 '嘉靖(가정)'의 오기

『通典』(庸[99]) 社佑[100] 二〇〇卷 目 一卷 七五冊 一六七의 一〇

朝鮮刊古活字印本 双邊有界 九行 一七字 匡郭內 縱 七寸 分 横 五寸 黑口 嘉請[101]
三九年 宣賜本(李)

『經籍訪古誌』著錄

35 御本印記(乙)가 有함.

駿河御讓本

『治平要覽』(朝鮮) 鄭麟趾 一五〇卷 一二九冊 一六六의 一

朝鮮刊古活字印本 双 缺卷 六, 一, 四, 一九, 五, 八, 六, 九, 八, 三 九, 二, 九七, 一〇八, 一一三, 一一六, 一二〇一, 二四, 一二八, 一三四, 一三七, 一三九, 一四一, 一四五, 一四六 一四七[102]

匡郭內 縱 七寸 六分 横 四寸 九分 黑口

正德[103] 一一年 宣賜本(成金銓)

御本印記(甲乙混用)가 有함.

駿河御讓本

『大明律』(明) 劉惟謙 等 奉顯撰[104](朝鮮)

朝鮮刊 黑口, 双邊有界 一〇行 趙浚 等 解 三〇卷 四冊 一〇三의 四四

二四字 註 双行

御本印記(甲)가 有함.

---

99 '唐(당)'의 오기

100 '杜佑(두우)'의 오기. 1949년 발행본에는 '杜佑'로 표기되어 있음.

101 '嘉靖(가정)'의 오기

102 결권의 호수로, 점의 위치 오류로 추정됨. 순서대로 적었다면 다음과 같이 판독될 수 있다. '六, 一四, 一九, 五八, 六九, 八三, 九二, 九七, 一〇八, 一一三, 一一六, 一二〇, 一二四, 一二八, 一三四, 一三七, 一三九, 一四一, 一四五, 一四六, 一四七'

103 正德(정덕): 중국 명나라 무종 때의 연호로, 1506~1521년이다.

104 '奉勅撰(봉칙찬)'의 오기로 보임.

36 駿河御譲本

『國朝御禮儀』(朝鮮) 申叔舟 等 奉勅撰 八卷 八冊 序例(整版) 五卷 一六七의 一四

朝鮮刊古活字印本 黒口 單邊有界 一〇行 一七字

嘉靖 三一年 宣賜本(宋孟璟)

御本印記(乙)가 有함.

駿河御譲本

『國朝五禮儀』(朝鮮) 申叔舟 等 奉勅 八卷 八冊 序例(整版) 五卷 一二三의 五

朝鮮刊古活字印本 黒口 双邊有界 一〇行 一七字

朝鮮補寫가 有함.

「尾府內庫圖書[105] 印記가 有함.

『敢訟提綱』

朝鮮寫 無界 一〇行

御本印記 有함.

37 駿河御譲本

『歴代君臣圖像』

朝鮮刊 陰刻

嘉靖 五年 宣賜本

「張府內庫圖書」及「張藩圖書」印記가 有함.

『三國遺事』(高麗) 釋 一然五卷 二冊

朝鮮 正德 七年 刊 黒口

御本印記(乙)가 有함.

105 인용부호 '」'가 누락됨. 비후(尾府)란 오와리번청(尾張藩廳)을 가리키며 번청 안의 서고(書庫)를 이름.

駿河御讓本

『桂洲奏議』(明) 夏言 著 薛應校 左鎰 編 二一卷 一六冊 一六七의 一二

朝鮮刊古活字印本 黑口 單邊有界 一二行 二〇字

小形活字印本

嘉靖 二八年 宣賜本(輔臣)

38 御本印記(甲)가 有함.

駿河御讓本

『少保于公奏議』(明) 于謙 一〇卷 一二冊 一〇三의 一四

朝鮮刊古活字印本 單邊有界 一〇行 一八字 黑口

正德 一五年 宣賜本(任樞)

御本印記(甲)가 有함.

駿河御讓本

『二程封事』

朝鮮刊古活字印本 双邊 一〇行 一八字 黑口 匡郭內 縱 七寸 橫 五寸 一分

御本印記(甲)가 有함.

駿河御讓本

『策文』

朝鮮寫 無界 一二行

39 御本印記(乙)가 有함.

駿河御讓本

『古史通略』

朝鮮 隆慶 二年 刊 單邊有界 九行 一八字

卷末 不記日[106]「隆慶 戊辰 刊 淸凉書院」

題簽 松平君山 筆

駿河御譲本

『兩山墨談』(明) 陳霆 一八卷 四冊 一〇四의 一三

朝鮮 萬曆 三年 慶州 刊 双邊有界 九行 一八字. 卷末「皇明 萬曆 三年 歲在 乙亥 春 慶州府 開刊」一行 並 刊者 列名하였다.

御本印記(乙)해 있다. 題簽 松平君山 筆

駿河御譲本

『朝鮮人隨筆』

40 朝鮮寫(書名을 缺하고 史論의 抄集이라 只今 假令『朝鮮人隨筆』이라고 함) 元和[107]年間의 書目에 史斷抄라고 해 있음.

御本印記(乙)가 있다.

駿河御譲本

子部

『大學行義』[108](定) 眞德秀[109] 四三卷 一三冊 一六八의 六

朝鮮刊古活字印本 双邊 一〇行 一八字 註 双行 匡郭內 縱 八寸 七分, 橫 五寸 八分 書名冠稱「眞西山讀書記乙集上」. 卷末에 永樂[110] 元年 宣德[111] 九年의 鑄字趾[112] 並

---

106 '木記日(목기왈)'의 오기로 추정됨. 원문 56쪽에는 '木記曰'로 표기되었고 목기에 기록된 내용이라는 의미가 더 자연스러움.

107 元和(겐나): 일본의 연호로, 1615~1624년이다.

108 '『大學衍義(대학연의)』'의 오기

109 眞德秀(진덕수): 송나라의 학자로 호(號)는 서산(西山)이다.

110 永樂(영락): 중국 명나라의 제3대 황제인 영락제 때의 연호로, 1403~1424년이다.

111 宣德(선덕): 중국 명나라 선종 때의 연호로, 1426~1435년이다.

112 '鑄字跋(주자발)'의 오기

「宣德 九年 十月日 印出」一行이 있고 每冊首「直齊[113]」「鷲山世家」「辛璉器士[114]」印記가 있음.

御本印記(乙) 及 拂印이 있다.

駿河御讓本

41 『範圍總括』(元) 賈景顥

朝鮮刊古活字印本 單邊有界 一〇行 一七字

「竹軒」「三陟康伯」印記가 있다.

御本印記(甲)가 있음.

駿河御讓本

『唐太宗李衛公問對直解』(明) 劉寅 二卷 二冊 一〇三의 一九

朝鮮刊古活字印本 左右双邊有界 九行 一七字 黑口

御本印記(乙)가 있음. 題簽 松平君山 筆

駿河御讓本

『聞瑣錄』(朝鮮) 曺伸

朝鮮刊古活字印本 黑口 双邊有界 一〇行 一八字

每卷末 有「天道印之記」朱大印記

御本印記(甲)가 있음. 題簽 松平君山 筆

『御律提綱』(明) 陳璠

42 朝鮮 嘉靖 四二年 刊 單邊有界 九行 一七字 黑口

卷末에 刻者 列名이 有함.

御本印記(甲)가 있음.

---

113 '直齋(직재)'의 오기. '직재'는 조선 후기의 학자 이기홍(李箕洪, 1641~1708)의 호(號)이다.

114 '辛璉器之(신련기지)'의 오기로 보임. '신련'은 조선 중기의 인물로 자(字)는 '기지'이다.

『奉先雜儀』(朝鮮) 李彦迪 二卷 一冊 一〇四의 二四

朝鮮刊 單邊有界 一〇行 一九字 註 双行

御本印記(甲)가 有함. 駿河御讓本

『入學圖說』(高麗) 權近 三冊 朝鮮 嘉靖 二六年 黑口 一三行 二四字

卷頭末 記曰 嘉靖 丁未 春 榮川郡 開刊」[115] 卷末에「嘉靖 丁未 李重校」의 本記 並 列衛[116] 有함.

張府內庫圖書 及「張藩圖書」印記가 있음.

『樂學軌範』(朝鮮) 成俔 等 奉勅撰 九卷 三冊 一六七의 一

朝鮮刊 單邊 一一行 二四字 註 双行 匡郭內 縱 九寸 三分, 横 六寸 三分

「近城後人」等 印記가 있고 御本印記(乙古)가 있음.

43 駿河御讓本

『異端辨正』(明) 詹陵 三卷 三冊

朝鮮古活字印本 双邊有界 九行 一七字 黑口

嘉靖 三〇年 宣賜(鄭宗榮) 寬永 七年 買本

『家禮大全』[117]

朝鮮 嘉靖 四二年 黑口 單邊有界 一〇行 二二字 註 双行

卷末에「嘉靖 発亥[118] 谷城縣 開刊 南原府 上」의 一行 並 節度使 金德龍 以下 列名이 있고 御本印記(甲)가 있다.

駿河御讓本

---

115 1949년 발행본과 1954년 발행본 모두 원문에 인용부호 '「'가 없음. '記曰(기왈)「嘉靖 丁未 春 榮川郡 開刊」'으로 추정됨.

116 '列銜(열함)'의 오기

117 『家禮大全(가례대전)』은 원문 30쪽 '經部(경부)'에서 이미 기술한 바 있다.

118 '癸亥(계해)'의 오기

『玉壺氷』(明) 都穆 一冊

朝鮮刊 單邊有界 九行 一七字

『策文』[119]

朝鮮寫 無界 一二行

御本印記(乙)가 有함.

44 駿河御讓本

『古史通路』[120]

朝鮮 隆慶 一年[121] 刊 單邊有界 九行 一八字

卷末 不記日[122]「隆慶 戊辰 刊 淸凉書院」

題簽 松平君山 筆

駿河御讓本

『兩山墨談』(明) 陳遷[123] 一八卷 四冊 一〇四의 一三

朝鮮 萬曆 三年 慶州 刊 双邊有界 九行 一八字

卷末「皇明 萬曆 三年 歲在 乙亥 春 慶州府 開刊」一行 並 刊者 別名[124]하였다.

駿河御讓本

---

119 『策文(책문)』에서부터 원문 48쪽 『玉壺氷(옥호빙)』까지의 내용은 앞의 원문 38쪽 『策文(책문)』에서 원문 43쪽 『玉壺氷(옥호빙)』까지의 내용이 반복 기술된 것이다. 반복된 부분은 음영 처리하였다. 1949년 발행본에는 32쪽 다음에 29쪽부터 31쪽까지가 중복 첨가되어 있고, 쪽번호도 중복되어 있어 필사 오류가 분명하다. 중복된 내용은 앞의 것과 동일하나 몇몇 글자의 필사 오기가 있다.

120 '『古史通略(고사통략)』'의 오기. 1949년 발행본에는 '『古史通略』'으로 표기되어 있음.

121 '二年'의 오기

122 '木記曰(목기왈)'의 오기로 추정됨. 원문 56쪽에는 '木記曰'로 표기되어 있고 목기에 기록된 내용이라는 의미가 더 자연스러움.

123 '陳霆(진정)'의 오기

124 '列名(열명)'의 오기

『朝鮮人隨筆』

朝鮮寫(書名을 缺하고 史論의 抄集이라 只今 假令『朝鮮人隨筆』이라고 함) 元和年間의 書目에 史斷抄라고 해 있음.

御本印記(乙)가 있다.

駿河御譲本

45 子部

『大學行義』[125](定) 眞德秀 四三卷 一三冊 一六八의 六

朝鮮刊古活字印本 双邊 一〇行 一八字 註 双行 匡郭內 縱 八寸 七分, 橫 五寸 八分 書名冠稱「眞西山讀書記乙集上」. 卷末에 永樂 元年 宣德 九年의 鑄字趾[126] 並「宣德九年 十月日 印出」一行이 있고 每冊首「直齊[127]」「鷲山世家」「辛璉器士[128]」印記가 있음.

御本印記(乙) 及 拂印이 있다.

駿河御譲本

『範圍總括』(元) 賈景顥

朝鮮刊古活字印本 單邊有界 一〇行 一七字

「竹軒」三陟蕭伯」[129] 印記가 있다.

御本印記(甲)가 있음.

駿河御譲本

---

125 '『大學衍義(대학연의)』'의 오기

126 '鑄字跋(주자발)'의 오기

127 '直齋(직재)'의 오기

128 '辛璉器之(신련기지)'의 오기

129 '三陟康伯(삼척강백)'의 오기. 1949년 발행본과 1954년 발행본 모두 원문에 인용부호 '「'가 없음. '「三陟康伯」'으로 추정됨.

『唐太宗李衛公問對直解』(明) 劉寅 二卷 二冊 一〇三의 一九

朝鮮刊古活字印本 左右双邊有界 九行 一七字 黑口

46 御本印記(乙)가 있음. 題簽 松平君山 筆

駿河御讓本

『聞瑣錄』(朝鮮) 曺伸

朝鮮刊古活字印本 黑口 双邊有界 一〇行 一八字

每卷末 有「天道印之記」朱方印記

御本印記(甲)가 있음. 題簽 松平君山 筆

『御律提綱』(明) 陳蕃

朝鮮 嘉靖 四二年 刊 單邊有界 九行 一七字 黑口. 卷末에 該者[130] 列名이 有함.

御本印記(甲)가 있음.

『奉先雜儀』(朝鮮 李彦迪 二卷 一冊 一〇四의 二四

朝鮮刊 單邊有界 一〇行 一九字 註 双行

御本印記(甲)가 有함.

駿河御讓本

『入學圖說』(高麗) 權近 三冊

朝鮮 嘉靖 二六年 黑口 一三行 二四字

卷頭末 記曰 嘉靖 丁未 春 榮川郡 開刊」.[131] 卷末에「嘉靖 丁未 李重校」의 本紀 竝 列銜 有

47 「張府內庫圖書」及「張藩圖書」印記가 있음.

---

130 '刻者(각자)'의 오기. 1949년 발행본에는 '刻者'로 표기되어 있음.

131 1949년 발행본과 1954년 발행본 모두 원문에 인용부호 '「'가 없음. '記曰「嘉靖 丁未 春 榮川郡 開刊」'으로 추정됨.

『樂學軌範』(朝鮮) 成俔 等 奉勅撰 九卷 二冊 一六七의 一

朝鮮刊 單邊 一行 二四字 註 双行 匡郭內 縱 9寸 3分, 橫 6寸 3分

「近城後人」等 印記가 있고 御本印記(乙古)가 있음.

駿河御讓本

『異端辨正』(明) 詹陵 三卷 三冊

朝鮮刊古活字印本 双邊有界 九行 一七字 黑口

嘉靖 三〇年宣賜(鄭宗榮) 寛永 七年 買本

『家禮大全』

朝鮮 嘉靖 四二年 黑口 單邊有界 一〇行 二二字 註 双行

卷末에「嘉靖 發亥[132] 谷城縣 開刊 南原府 上」의 一行 並 節度使 金德龍 以下 列名이 있고 御本印記(甲)가 있다.

駿河御讓本

『玉壺氷』(明) 都穆 一冊

48 朝鮮刊 單邊有界 九行 一七字

御本印記(乙)가 있다. 題簽 松平君山 筆

駿河御讓本

『內訓』(朝鮮) 昭惠王后 三卷 四冊

朝鮮刊古活字印本 黑口 双邊有界 八行 一七字 諺文入

萬曆 元年 宣賜本(沈忠謙)

御本印記(乙)가 있음.

駿河御讓本

132 '癸亥(계해)'의 오기

『童蒙先習』(朝鮮) 朴世茂 一卷 一冊

朝鮮刊 匡郭內 縱 七寸, 橫 五寸 七分 原裝 單邊 七行 一五字 註 双行

『啓蒙編』

朝鮮古活字印本 原裝 單邊 一〇行 一八字 匡郭內 縱 八寸 三分, 橫 五寸 二分

『讀書錄』(明) 薛瑄

49 朝鮮古活字印本 黑口 双邊有界 一〇行 一八字

御本印記(乙)가 있음.

駿河御讓本

『求仁錄』(朝鮮)

朝鮮刊 双邊有界 一〇行 一七字

御本印記(乙)가 있음. 題簽 松平君山 筆

駿河御讓本

『學部通辯』[133](明) 陳建 一二卷 二冊 一〇四의 三二

朝鮮刊 單邊有界 一〇行 二二字 黑口

御本印記(乙)가 있다. 題簽 松平君山 筆

駿河御讓本

『二程先生傳道粹言』(宋) 張[134] 編 一〇卷 二冊 一〇四의 二二

朝鮮 嘉靖 四一年 刊 黑口 單邊有界 一〇行 二二字

50 御本印記(乙)가 있다. 題簽 松平君山 筆

駿河御讓本

---

133 '『學蔀通辯(학부통변)』'의 오기

134 '張栻(장식)'의 오기로 추정됨.

『理學通錄』(朝鮮) 李滉 一〇卷 五冊 一二三의 一

朝鮮刊 黑口 双邊 一三行 二二字 双行

補寫가 있음.

『新編音点性理群書句解』(字[135]) 熊節 編 熊剛大 解 二二卷 一〇冊 一〇四의 二九

朝鮮刊 双邊有界 一〇 行 一八字 註双行

御本印記(乙)가 有함.

駿河御譲本

『心經附註』(宋) 眞德香[136] 著, (明) 程敏政 註. 四卷 一冊 一〇四의 二六

朝鮮刊 双邊有界 一〇行 二三字 註 双行 黑口.「直齊[137]」「辛璉器士[138]」等 朝鮮 印記가 有함.

御本印記(乙)가 있다. 題簽 松平君山 筆

駿河御譲本

51 『天原發徵』(宋) 鮑雲 五卷 首 一卷 一〇冊 一〇三의 一

朝鮮 嘉靖 中刊 古活字印本 左右双邊有界 九行 一七字

嘉靖 三二年 宣賜本

末에 天原發徵 □仇川黃文善文永富 刊」[139]이라고 써 있음.

成簣堂文庫에 異版一式을 藏함.

御本印記(甲)가 有함.

駿河御譲本

---

135 '宋(송)'의 오기

136 '眞德秀(진덕수)'의 오기

137 '直齋(직재)'의 오기

138 '辛璉器之(신련기지)'의 오기

139 '天原發徵' 앞에 인용부호 '「'가 누락됨.

『新增圖像 小學日記故事大全』(明) 庐昭[140] 編 一〇卷 二冊 一〇三의 四〇

朝鮮 嘉靖 四五年 四字堂 錦溪 刊 單邊有界 一二行 帶圖本

卷末에 「勤有書堂新刊」의 原刊記가 有함.

嘉靖 丙寅 李義臣의 拔 及 「四字堂 錦溪 刊」의 木記 並 節度使 柳昌門 以下의 列名해 있음.

每冊 中 「直齊[141]」「辛璉器士[142]」等 印記가 있음.

52 御本印記(甲) 有 題簽 松平君山 筆

駿河御讓本

『前燈新話句解』[143](明) 瞿佐[144] 著 垂胡子 集解 滄洲 計 二卷 二冊 一〇四의 一五

朝鮮刊 双邊有界 一一行 二〇字

御本印記(甲)가 有함.

駿河御讓本

『進修楷範』(明) 柳[145] 三卷 三冊 一〇四의 一二

朝鮮刊 双邊有界 一〇行 二〇字

黑口

御本印記(乙)가 있다.

駿河御讓本

---

140 '虞韶(우소)'의 오기

141 '直齋(직재)'의 오기

142 '辛璉器之(신련기지)'의 오기

143 '『前燈新話句解(전등신화구해)』'의 오기

144 '瞿佑(구우)'의 오기

145 '柳雲(유운)'의 오기. 원문에는 뒤의 '雲'자가 누락되었음.

『聖訓演』(明) 許讚

53 朝鮮刊古活字印本 單邊有界 一二行 二〇字 小形活字印本

駿河御讓本

『訓世評評』[146](朝鮮) 李邊 一一卷 一冊 一〇三의 三六

朝鮮 正德 十三年 刊 單邊有界 一〇行 一七字

卷末「天은 道人之記」大朱印記가 있음.

御本印記(甲)가 有함.

駿河御讓本

『浮休子談論』

朝鮮刊 双邊有界 一一行 一八字 黑口

「延城後人」等 印記가 있고

御本印記(甲)가 있음.

『諺解救急方』二卷 二冊 一二二의 六

54 朝鮮刊 單邊有界 八行 一七字 註 双行 諺 文人 匡郭內 縱 七寸 一分, 橫 四寸 八分

「尾府內庫圖書」印記 及「總持寺什物」黑印 幷「當山 一八世 眞空和尙 寄進」識語가 있음.

『嘉親養老新書』[147](元) 鄒鉉 編 四卷 四冊 一二二의 三

朝鮮刊 黑口 單邊有界 一〇行 一九字

「尾陽內庫」印記가 있음. 題簽 松平君山 筆

(寬永 一二年 稲村肖推寺[148] 差上本)

146 '『訓世評話(훈세평화)』'의 오기

147 '『壽親養老新書(수친양로신서)』'의 오기

148 '種村肖推寺(다네무라 쇼스지)'의 오기

『新刊通眞子補註 王叔和脈訣』三卷 一冊 一二二의 五

朝鮮刊 單邊有界 一〇行 一八字 匡郭內 縱 七寸 五分 強, 横 五寸 四分

「張府內庫圖書」及「張藩圖書」印記가 있음.

集部

『楚辭』(宋) 朱熹 集註 八卷 後語 六卷 四冊 一二三의 四

55 朝鮮古活字印本 双邊 九十七字 註 双行 田安家 旧蔵

『迂齊先生標註崇古文訣』[149] (宋) 樓昉 編 三五卷 一〇冊 一〇三의 二

朝鮮 嘉靖 中古活字印本 双邊有界 一〇行 一九字 白口

嘉靖 十四年 宣賜本(君懷)

御本印記(甲)가 있음.

駿河御譲本

『奎律髓』[150] (元) 方[151] 編 四九卷 一〇冊 一二一의 二

朝鮮 成化[152] 一一年 刊 古活字印本 双邊 一〇行 二〇字 註 双行 二二卷 至 二四卷 四〇卷 至 四六卷 補寫

『選文綴英』二卷 二冊 一〇三의 四八

朝鮮刊 双邊有界 一〇行 二一字 御本印記(甲)가 있음. 題簽 松平君山 筆

駿河御譲本

---

149 '『迂齋先生標註崇古文訣(우재선생표주숭고문결)』'의 오기. '우재'는 송나라 학자 누방(樓昉)의 호(號)이다.

150 '『瀛奎律髓(영규율수)』'의 오기. 원문에는 앞의 '瀛'자가 누락되었음.

151 '方回(방회)'의 오기. 원문에는 뒤의 '回'자가 누락되었음.

152 成化(성화): 중국 명나라의 제8대 황제인 성화제 때의 연호로, 1465~1487년이다.

『古論選』一冊 一〇三의 一五

56 朝鮮刊古活字印本 單邊有界 一〇行 一九木活字 古拙의 趣가 있음.

御本印記(甲)가 있음.

駿河御譲本

『濂洛風雅』(宋) 金履祥 著 (元) 唐良瑞 編 七卷 一冊一〇四의 二一

朝鮮 嘉靖 四四年 順天府 刊 單邊有界 一一行 二〇字. 卷末 木記曰「嘉靖 乙丑 春 順天府 開刊」

御本印記(乙)가 있음.

駿河御譲本

『唐詩正音』(元) 楊士弘 六冊 一〇一의 五三

朝鮮 覆 明 洪武[153] 刊 黑口 双邊有界 一〇行 一八字 匡郭內 縱五寸 五分, 橫 四寸 一分 補寫 及 落丁[154] 數葉이 있다.

第一冊 表紙裏 有 嘉靖 二一年 識語

御本印記(乙)가 있음. 駿河御譲本

『香山三體法』(唐) 白居易 一冊 一〇四의 二三

朝鮮 嘉靖 四四年 刊 双邊有界 九行 一五字 黑口 匡郭內 縱 七寸 一分, 橫 五寸 一
57 分. 御本印記(乙古)가 있음.

『詩家一指』(明) 懷悅 一冊 一〇三의 三七

朝鮮刊 黑口 双邊有界 八行 一四字. 御本印記(甲)가 있음. 駿河御譲本

---

153 洪武(홍무): 중국 명나라의 초대 왕인 홍무제 주원장 때의 연호로, 1368~1398년이다.

154 落丁(낙정): 책을 제본하거나 옛 책이 전해지는 과정에서 책장이 빠지는 일. 또는 그 책장

『詩學蹊徑』(朝鮮) 魚叔權 一冊 一〇三의 五

朝鮮刊古活字印本 黑口 双邊有界 九行 一六字.「蕭眉」「竹軒」「三陟康伯」等 印記가 있음. 御本印記(甲)도 有함. 駿河御讓本

『選詩』[155](元) 劉履 八卷 一〇冊 一〇三의 一〇

朝鮮古活字印本 双邊有界 九行 一八字

卷末에 永樂 宣德의 鑄字拔 並「正統 七年 六月日 印出」의 一行이 있다.

嘉靖 三二年宣賜本(安方慶) 駿河御讓本

『選詩演義』(宋) 曽原一 二卷 二冊 一〇三의 九

朝鮮古活字印本 双邊有界 一一行 二一字 匡郭內 縱 七寸 六分, 橫 四寸 九分 黑口.
卷末에 宣德 三年 下季良[156] 鑄字拔 及「宣德 九年 七月日 印」의 一行이 있다.「松
58 堂」等 印記가 있고 御本印記(甲)가 있다. 駿河御讓本

『文章辨體』(明) 吳訥 五〇卷 外集 五卷 二二冊 一六七의 六

朝鮮刊古活字印本 双邊有界 一三行 二二字 黑口(卷 三六, 三七卷 補寫) 嘉靖 三四年 宣賜本(任虎臣). 御本印記(甲)가 있음. 駿河御讓本

『西山先生 眞文忠公 文章正宗』(宋) 眞德秀 二四卷 二二冊 一六六의 六

朝鮮古活字印本 双邊有界 一二行 二〇字 註 双行 美口小形活字印下

嘉靖 三五 宣賜本(洪天民). 御本印記(乙)가 있음.

駿河御讓本

『古今文章精義』(宋) 李途 著 (元) 于欽 編 一冊 一〇二의 三六

朝鮮寫 御本印記(乙)가 있음. 題簽 松平君山 筆 駿河御讓本

---

155 ‘『選詩補注(선시보주)』’의 오기. 뒤의 ‘補注’자가 누락되었음.

156 ‘卞季良(변계량)’의 오기. 변계량(1369~1430)은 고려 말, 조선 초의 문신이다.

『古文軌範』(宋) 謝枋得 編 四卷 三冊 一〇三의 四五

朝鮮 嘉靖 八年 刊 双邊有界 一〇行 二〇字

卷末에 「皇明 嘉靖 乙酉 杆城郡 開刊」의 本記 竝 刊者 列名이 있고 御本印記(甲)가 있음. 駿河御譲本

『分類補註太白詩』[157](楊齊賢 集註 二五卷 一五冊 一六六의 五

59 (元) 蕭士贇 補註 序目 一卷 附文集 一卷

朝鮮古活字印本 双邊 一〇行 一八字 註 双行 匡郭內 縱 八寸 八分, 横 五寸 五分. 每冊首에 「伯珍」鼎形朱印, 尾에 「安伯珍」印記가 있음.

御本印記(甲)(乙) 混用 題簽 松平君山 筆

『王荊文公詩』(宋) 王安石 著 李壁 註 五〇卷 二〇冊 一〇三의 二 劉辰 評点

朝鮮刊古活字印本 双邊有界 九行 一七字 註 双行 匡郭內 縱 八寸 三分, 横 五寸 五分白口

御本印記(乙)이 있음. 駿河御譲本

『箋註靖節先生集』(晋) 陶潜 一〇卷 二冊 一六七의 六 附 一卷

朝鮮 萬曆 一一年 刊 双邊 一〇行 一八字 註 双行 一一年 宣賜本(萬正) 御本印記(乙)에[158] 있음. 駿河御譲本

『箋註靖節先生集』(晋) 陶潜 一〇卷 附 一卷 二冊 一二三의 三

朝鮮刊 萬曆 一一年 刊

『讀杜詩愚得』(明) 單複 一八卷 序目 一卷 一六冊 一〇四의 三四

60 朝鮮古活字印本 單邊有界 九行 一七字 註 双 黑口

---

157 '『分類補註李太白詩(분류보주이태백시)』'의 오기. '太白' 앞의 '李'자가 누락되었음.

158 '御本印記(어본인기)[乙(을)]가'의 오기

嘉靖 二八年 宣賜本(鄭大年) 御本印記(甲 顚例함)가 있음. 駿河御讓本

『鼓吹續編』(明) 朱紹, 朱積 共編 一〇卷 二冊 一〇三의 七 摟宏校

朝鮮 成化 一九年 刊 活字印本 單邊有界 一九行 一七字 匡郭內 縦 八寸 三分, 横 五寸 六分. 目錄末 有「永樂 甲辰 新錄 成化 癸卯 印[159] 一行 小形活字印本

御本印記(乙)가 있음.

駿河御讓本

『東槎續集』(朝鮮) 蘇世讓 編 二卷 後集 一卷 三冊 一〇四의 一八

朝鮮刊 單邊有界 一〇行 一七字 黑口

「直齊[160]」「辛璉器士[161]」等 朝鮮人 印記가 있음. (後集) 御本印記(乙)가 있다.

駿河御讓本

『三峰先生集』(高麗) 鄭道傳 七卷 四冊 一六七의 三

朝鮮 成化 元年 刊 双邊有界 一一行 二〇字匡郭內 縦 五寸 四分, 横 四寸 二分. 每冊首「延俊人」等 朝鮮人 印記가 있고 駿河御本[162] 卷末 二列 銜附刻이 있다.

61 『應堂集附懶庵雜著』[163](朝鮮) 太均 編 二卷 附 一卷 一冊 一〇四의 二

朝鮮 萬曆 元年 刊 双邊有界 黑口 一二行 二二字

御本印記(甲)가 있음. 題簽 松平君山 筆 駿河御讓本

---

159 인용부호 '」'가 누락됨.

160 '直齋(직재)'의 오기

161 '辛璉器之(신련기지)'의 오기

162 '駿河御讓本(스루가오유즈리본)'의 오기. '讓'자가 누락되었음. 1949년 발행본에서는 '駿河御讓本'으로 표기되어 있다.

163 '『虛應堂集附懶庵雜著(허응당집부나암잡저)』'의 오기. '虛'자가 누락되었음. 『허응당집』은 보우(普雨, 1515~1565)의 시문집으로, 앞의 두 권은 상하로 나누어져 시가 수록되어 있고 뒤의 한 권은 『나암잡저(懶庵雜著)』라는 이름으로 게송과 잡문이 수록되어 있다.

『大觀齊亂稿』[164](朝鮮) 沈義 著 權應仁 編 四卷 二冊 一〇四의 一

朝鮮 萬曆 五年 刊双邊有界 一〇行 一七字

卷末「萬曆 五年 丁丑 外孫 生員 尹大承 刊, 星州」의 一行이 있고 御本印記(乙)가 있음. 駿河御讓本

『仁川世稿』(朝鮮) 蔡壽 等 著 蔡有隣 編 六卷 三冊 一〇四의 二〇

朝鮮刊 單邊有界 一三行 二〇字. 御本印記(印)가 있음. 駿河御讓本

『養心堂詩集』(朝鮮) 趙晟 一冊 一〇四의 六

朝鮮刊 單邊有界 一〇行 一六字. 書背에「萬曆 乙亥 仲秋 俛仰晛 梁千頃 孫」이라 書入하여 있음. 御本印記(甲)가 有함. 駿河御讓本

『睡軒先生詩集』(朝鮮) 權五福

朝鮮 萬曆 一三年 刊 双邊有界 一〇行 一八字. 御本印記(乙)가 有함.

62 駿河御讓本

『湖陰雜稿』(朝鮮) 鄭士龍 八卷 八冊 一六六의 七

朝鮮刊古活字印本 双邊有界 一〇行 二一字 黑口. 御本印記(乙)이 있음.

駿河御讓本

『陶隱先生詩集』(朝鮮) 卞季良 編 五卷 二冊 一〇三의 一七 (高麗) 李崇仁 著

朝鮮 永樂中刊 單邊有界 一一行 一九字 匡郭內 縱 六寸 七分, 橫 四寸 三分

御本印記(乙)이 있음. 駿河御讓本

『昌黎先生碑誌』(唐) 韓愈

朝鮮古活字印本 單邊有界 一〇行 一八字 匡郭內 縱 八寸 八分, 橫 五寸 七分, 白口,

---

164 '『大觀齋亂稿(대관재난고)』'의 오기

御本印記(乙)가 있음. 駿河御譲本

『梅月堂集』(朝鮮) 金時習 二三卷 序目 一卷 九冊 一六七의 二

朝鮮 萬曆 一一年 刊 古活字印本 双邊有界 一〇行 一八字 匡郭內 縱 八寸 七分, 橫 五寸 六分

御本印記(甲)가 있음. 駿河御譲本

63 『菊磵集』(朝鮮) 尹鉉 三卷 一冊 一〇三의 八

朝鮮刊 黑口 双邊有界 九行 一八字. 御本印記(甲)가 있음.

駿河御譲本

『止止堂詩集』(朝鮮) 金孟性

朝鮮刊 双邊有界 一一行 一七字. 御本印記(甲)가 있음. 駿河御譲本

『眞逸遺藁』(朝鮮) 成侃 四卷 一冊 一〇三의 二九

朝鮮 成化 三年 刊 左右双邊有界 一一行 二〇字 匡郭內 縱 六寸 四分, 橫 四寸 四分 黑口. 卷末에 「歲 丁卯 仲春 金漢仁 包之所贈」이라고 黑書識語가 있음.

御本印記(甲)가 있음.

駿河御譲本

『益齋亂藁』(朝鮮) 李齊賢 一〇卷 四冊 一〇三의 三〇

朝鮮 宣德 三年 刊 双邊有界 一〇行 一七字 黑口 匡郭內 縱 三寸 七分, 橫 四寸 三分. 御本印記(乙)가 있음. 駿河御譲本

『圃隱詩藁』(高麗) 鄭夢周 二卷 附 一卷 二冊 一〇三의 三六

64 朝鮮 正統 四年 刊 黑口本 双邊有界 一〇行 一八字. 補寫가 有함.

御本印記(乙)이 있음. 駿河御譲本

『四兩亭集』(朝鮮) 李湜 二卷 二冊 一〇三의 三二

朝鮮 弘治[165] 一三年 刊 双邊有界 一一行 二一字 黑口. 御本印記(乙)이 있음. 駿河御讓本

『獨谷先生集』(朝鮮) 成石璘 二卷 二冊 一〇三의 二五

朝鮮 景泰 七年 刊 双邊有界 九行 一七字 匡郭內 縱 七寸 七分, 橫 五寸 一分. 卷末에 刻關係者[166] 列名 並「景泰 七年 丙子 六月日 平壤府 開刊」의 一行이 있고 御本印記(甲)가 있음. 駿河御讓本

『私淑齊集』[167](朝鮮) 姜希孟 一七卷 四冊 一六六의 八

朝鮮古活字印本 双邊有界 一二行 一九字 黑口 匡郭內 縱 六寸 八分, 橫 四寸 八分. 御本印記(甲)가 있음. 駿河御讓本

『陳思王集』(魏) 曹植 著 八卷 二冊 一〇三의 一八(明) 李延相 編

65 朝鮮古活字印本 双邊有界 九行 一五字 匡郭內 縱 七寸 四分, 橫 五寸 二分 黑口. 御本印記(甲)가 있음. 題簽 松平君山 筆 駿河御讓本

『宛陵梅先生詩集』(宋) 梅堯臣 著 二卷 一冊 一〇三의 二四 (朝鮮) 李瑢 編

朝鮮 正統 一二年 刊 單邊有界 九行 十五字 黑口 匡郭內 縱 七寸, 橫 五寸 三分. 首 正統 十一年 申叔舟 序가 있음. 末에「正統 十二年 丁卯 七月日 全羅道 錦山郡 開刊」一行 並 列名해 있고 御本印記(乙)가 있음. 題簽 松平君山 筆 駿河御讓本

---

165 弘治(홍치): 중국 명나라의 제9대 황제인 홍치제 때의 연호로, 1488~1505년이다.

166 '刊刻關係者(간각관계자)'의 오기. 앞의 '刊'자가 누락되었음. 1949년 발행본에서는 '刊刻關係者'로 표기되어 있음.

167 '『私淑齋集(사숙재집)』'의 오기. '사숙재'는 조선 세조 때의 문신 강희맹(姜希孟, 1424~1483)의 호(號)이다.

『須溪先生評點簡齊詩集』[168] 一五卷 四冊 一六七의 七 (宋) 陳與義 著 劉辰翁 評

朝鮮 嘉靖 二三年 刊 黑口本 單邊 八行 一六字 註 双行 匡郭內縱 七寸 七分, 橫 四寸 七分. 卷末에 「嘉靖 二三年 柳希春의 刊語 並 全羅道 使察使[169] 宋麟壽 以下 列銜이 有함.

御本印記(乙)가 있음. 駿河御讓本

『韓文正宗』(唐) 韓愈 二冊 一〇三의 四九

朝鮮 嘉靖 一一年 刊 双邊有界 一〇行 一九字 註 双行 黑口. 卷末에 「嘉靖 壬辰 平壤 開刊」의 本記 및 平壤府尹 申公濟 以下 各官 列銜 有함. 御本印記(甲)가 있음. 題簽 松平君山 筆 駿河御讓本

66 『徐花潭先生』(朝鮮) 徐敬德 二卷 一冊 一〇四의 一九

朝鮮刊 黑口, 双邊有界 一〇行 二〇字. 御本印記(乙)가 있음. 駿河御讓本

『西河先生集』(金) 林椿 六卷 二冊 一〇四의 一一一

朝鮮刊 黑口, 双邊有界 一〇行 一九字. 御本印記(乙) 及 敬庵家藏 印記가 있음. 駿河御讓本

『醫閭先生集』(明) 賀欽 九卷 三冊 一〇三의 四六

朝鮮 嘉靖 四〇年 刊 單邊有界一〇行 二〇字. 御本印記(乙)가 있음.
駿河御讓本

『新刊類編歷擧 三場文選古賦』(元) 劉貞 編 八卷 二冊 一〇三의 三一

朝鮮 景泰 五年 刊 双邊有界 一一行 二一字 匡郭內 縱 七寸, 橫 四寸 九分. 卷末에 景泰 甲戌[170] 八月日 陽府 開刊의 刊語 列名이 있음. 御本印記(乙)가 有함. 駿河御讓本

---

168 '『須溪先生評點簡齋詩集(수계선생평점간재시집)』'의 오기

169 '觀察使(관찰사)'의 오기로 추정됨.

『東文粹』 一〇卷 二冊 一〇三의 三八

朝鮮刊 單邊有界 九行 一字. 御本印記(乙)가 있음. 駿河御讓本

『東文選』(朝鮮) 盧思愼 等 奉勅撰 一三〇卷 六四冊 一〇三의 一二 目 三卷

67 朝鮮刊古活字印本 双邊有界 一〇行 一九字 匡郭內 縱 八寸 一分, 橫 五寸 五分 黑口. 御本印記(甲)(乙) 混用 及「敬庵家藏」「竹軒」印記가 있음. 駿河御讓本

『續東文選』(朝鮮) 申用漑 等 奉勅撰 二一卷 一〇冊 一〇三의 一三

朝鮮古活字刊本 双邊有界 一〇行 一九字 匡郭內 縱 八寸 一分, 橫 五寸 一分 黑口. 附 明治[171] 四四年 寫 目 一冊. 御本印記(乙)가 있음.
駿河御讓本

『東文選啓抄』 一冊 一〇四의 一七

朝鮮刊「竹軒」等 朝鮮人 鈴印이 있고 御本印記(甲)가 있음. 駿河御讓本

『劉隨州文集』(唐) 劉張卿 一一卷 二冊 一〇四의 七 外集 一卷

朝鮮刊 黑口 單邊 一〇行 一八字 匡郭內 縱 七寸 七分, 橫 五寸 七分. 缺脫 數葉이 있고 御本印記(乙古)가 있음. 駿河御讓本

『朱子大全文集』(宋) 朱熹 一〇〇卷 目 二卷 九五冊 一六六의 二 續集 一二卷 別集 一〇卷

朝鮮刊古活字印本 單邊有界 一〇行 一八字 白曰[172] 匡郭內 縱 七寸 八分 橫 五寸 四分
嘉靖 二二年 宣賜本(模應挺). 御本印記(甲)가 있음. 駿河御讓本

---

170 '甲戌(갑술)'의 오기. 1949년 발행본에서는 '甲戌'로 표기되어 있음.
171 明治(메이지): 일본 메이지 천황의 연호로, 1868~1912년이다.
172 '白口(백구)'의 오기

68 『紫陽文集』(宋) 朱熹 一〇卷 一〇冊 一〇四의 二五

朝鮮刊 單邊有界 一〇行 二二字 匡郭內 縱 七寸 八分, 橫 五寸 七分 御本印記(甲乙混用)가 있음. 題簽 松平君山 筆 駿河御讓本

『南軒先生文集』(宋) 張栻 四四卷 一三冊 一〇三의 二三 序目 一卷

朝鮮刊古活字印本 双邊有界 一〇行 一八字 匡郭內 縱 七寸 八分, 橫 五寸 五分 黑口 「宣賜之記」印記 及 御本印記(甲乙混用)가 있음.

駿河御讓本

『補閑集』(高麗) 崔滋 三卷 一冊 一〇四의 二五

朝鮮刊 双邊有界 一一行 二一字 匡郭內 縱 六寸, 橫 四寸 四分 黑口. 御本印記(甲)가 있고 又 「敬齊[173]」「德水李印」等 鈐印이 있음. 駿河御讓本

『濯纓集』(朝鮮) 金馹孫 三卷 一冊 一〇四의 一〇

朝鮮刊 御本印記(甲)가 있음. 駿河御讓本

『晦齊先生』[174](朝鮮) 李彦迪 一〇卷 附 一卷 四冊 一〇四의 九

朝鮮 萬曆 二年 刊 双邊有界 一〇行 二〇字

萬曆 六年 宣賜本(鄭大年). 御本印記(乙)가 있음.

69 駿河御讓本

『牧隱文藁』(高麗) 李穡 一八卷 四冊 一〇四의 三

朝鮮 萬曆 一一年 刊 單邊有界 一一行 二〇字 黑口. 卷末에 李增의 刊語를 附함.

御本印記(乙)가 있음. 駿河御讓本

---

173 '敬齋(경재)'의 오기로 추정됨.

174 '『晦齋先生(회재선생)』'의 오기. '회재'는 조선 중기 중종 때의 문신 이언적(李彦迪, 1491~1553)의 호(號)이다.

『效集』[175](明) 趙弼 三卷 一冊 一〇三의 二七

朝鮮刊 單邊有界 一二行 二〇字. 御本印記(甲)가 있음. 駿河御讓本

『御製文集』(明) 太祖 二〇卷 六冊 一六八의 五

朝鮮古活字印本 双邊 一〇行 一七字 黑口 匡郭內 縱 八寸 二分, 横 五寸 七分 嘉靖 二五年 宣賜本(任輔臣). 御本印記(甲)가 있음. 駿河御讓本

『川文集夾註』[176] (唐) 杜收[177] 四卷 外集 一卷 四卷 一六七의 五

朝鮮刊 双邊有界 八行 一七字 註 双行 匡郭內 縱 五寸 九分 至 六寸 七分 不等, 横 四寸 五分 卷一 首 二葉 及 黑口. 御本印記(乙)가 있음. 駿河御讓本

(佛典)

70 『鎮江府大聖普照禪寺運庵和尚語錄』一冊 一〇四의 四六 (宋) 釋元靖 編

朝鮮刊 左右双邊有界 一〇行 一八字 匡郭內 縱 六寸 三分, 横 四寸 一, 六寸 三分 白口. 御本印記(乙)가 있음. 駿河御讓本

『大顚和尚注心經』釋了通 注 一卷 一冊 一〇四의 四三

朝鮮 永樂 九年 刊 双邊有界 一〇行 一八字 匡郭內 縱 六寸 八分, 横 四寸 三分 白口. 御本印記(乙)가 있음. 駿河御讓本

『禪源諸詮集都序』一名『釋那理行諸詮集』[178] 二卷 一冊 一〇四 의 五七 (宋) 釋宗密

朝鮮 嘉靖 三二年 刊 單邊有界 一〇行 二〇字 匡郭內 縱 六寸 一分, 横 四寸

---

175 ‘『效顰集(효빈집)』’의 오기. 앞의 ‘顰’자가 누락되었음.

176 ‘『樊川文集夾註(번천문집협주)』’의 오기. 앞의 ‘樊’자가 누락되었음.

177 ‘杜牧(두목)’의 오기

178 ‘『禪那理行諸詮集(선나리행제전집)』’의 오기. 1949년 발행본에서는 ‘禪那理行諸詮集’으로 표기되어 있음.

「嘉靖 三二年 發丑[179] 夏 金剛山 ○岾寺[180] 開刊 云云」의 刊語 並 施主 等의 列名이 있고 御本印記(乙)가 있음. 駿河御讓本

『賢首諸乘法數』

朝鮮 弘治 一三年 刊 四周双邊 又 單邊不等無界 匡郭內 縱 六寸 二分, 橫 四寸 三分 白口. 御本印記(乙)가 있음. 駿河御讓本

번호 없음 2. 圖書寮 所藏 朝鮮書目

71 卷一 經部

易類

『周易傳義大全』二十四卷 十三冊

明 永樂 中 胡廣 等 奉勅撰 朝鮮 刊行 卷二十一 末 有 慶長[181] 四年 僧 文之 識語 蓋 僧 正圓 所抄[182] 又 卷二十四 末 有 寬永 四年 正圓 手識 及 印記 舊藏 楓山文庫 每 冊首尾 有「丁好德希迪章」「秘閣圖書之章」兩 印記『御書籍來歷志』所載本

『周易傳義大全』二十四卷 九冊

朝鮮刊 本欄尾 有 注附吐 卷中 記 卷一十六 首, 卷十七 末 口[183]「三樂」「九思」. 卷十六 首 曰「文鄕」「宋氏洗光」「洛浪出家」. 卷二十七十一[184] 首 曰「西汚後學」盧古 誨啓時一. 卷二十三 二十四 末「隆守」

179 '癸丑(계축)'의 오기. 1949년 발행본에서는 '癸丑'으로 표기되어 있음.
180 '楡岾寺(유점사)'로 추정됨.
181 慶長(케이초): 일본의 연호로, 1596~1615년이다.
182 1949년 발행본에서는 '所鈔'로 표기되어 있음.
183 '曰(왈)'의 오기로 추정됨.
184 '卷(권) 二十(20), 二十一(21)'의 오기로 추정됨.

『周易傳義口訣』二十四卷 十二冊

朝鮮刊本 每卷首行題 周易傳義 卷之幾 次行題 康寧殿 口訣 卷中間 有 諺文書解 每冊首 有 秘閣圖書之章」印記

72 詩類

『詩傳』二十卷 首 一卷 十冊

朱熹 集傳 朝鮮銅活字印出[185] 封面大書[186]「萬曆 十五年 二月日 內賜行 同知中樞附事 尹卓然 詩集 一件 名弥謝思[187] 右承旨 臣鄭 押字」[188] 首鈐 有 宣賜之記」[189] 一大方印 又 每冊首 有「秘閣圖書之章」印記『御書籍來歷志』所載本

『詩傳大全』二十卷 十冊

明 永樂 中 胡廣 等 奉勅 朝鮮刊本

禮類

『纂圖互詿周禮』[190] 十二卷 七冊

朝鮮刊本 每半葉[191] 九行 行 十五字 尾有 成化 十四年 三月 通訓大夫 行善山都護府使 尙州鎭管長馬同簽節制使[192] 金宗直 跋 慶長 十九年 德川家康 在駿府 所貽其子

185 '朝鮮銅活字印本(조선동활자인본)'의 오기

186 封面(봉면): 속표지를 뜻함.

187 '命除謝恩(명제사은)'의 오기

188 內賜記(내사기). 내사기란 임금이 책을 내려주면서 날짜와 받는 이의 직함 성명을 묵서한 것을 말한다. 형식은 다음과 같은데, 첫째 줄에 내사연월일, 둘째 줄에 내사를 쓴 다음 받는 이의 직함 성명에 이어 책명 1건임을 적고, 셋째와 넷째 줄에 '命除謝恩', 끝줄의 아래에 임금의 명을 받들어 내사하는 부처의 관리 직함과 성을 쓰고 서명한다.

189 인용부호 '「'가 '누락됨. '「宣賜之記(선사지기)」'로 표기되어야 함.

190 '『纂圖互註周禮(찬도호주주례)』'의 오기

191 책장을 접었을 때의 한 면을 '반엽(半葉)'이라고 함.

192 '尙州鎭管兵馬同僉節制使(상주진관병마동첨절제사)'의 오기

秀忠[193] 云 每冊 有「秘閣圖書之章」印記『御書籍來歷志』所載本

『家禮』七卷 二冊

73 朝鮮刊本 每卷首 有「秘閣圖書之章」印記

『文公家禮儀節』八卷 四冊

明 丘濬 撰 朝鮮刊本 尾有 嘉靖 乙卯 朝鮮 金忠甲 拔 又有 嘉靖 乙卯 夏 清州版 開刊本記 舊 楓山文庫[194] 葢 慶長 十九年 德川家康 在駿府 所貽其子 秀忠 云『御書籍來歷志』所載本

『新刊詳增補註東萊先生左民博義』[195] 二十五卷 十冊

劉氏 安正堂 刊行記 又 目錄 末, 卷二十五 末 竝有 汝水文峰胡獄英錄正 一行. 則知純明本 飜印也. 尾有 正德 己巳 張偉後 序. 是書 通行本 不全, 此本 雖非[196] 呂氏原秩, 猶是 最完之本 可貴也. 每冊首 有「秘閣圖書之章」印記『古文旧書考』所載本

『春秋胡氏傳』三十卷 十冊

朝鮮刊本 前有 春秋胡氏傳序 次 諸圖與廢圖說 每卷首題 春秋胡氏傳卷之幾 下來 書增 林堯叟 音註括例始末 每冊首 有「秘閣圖書之章」印記『經籍訪古志』所載本

---

193 에도 막부 제2대 쇼군(將軍)인 도쿠가와 히데타다(德川秀忠)를 말한다. 도쿠가와 이에야스의 삼남이다.

194 楓山文庫(모미지야마문고): 일본 에도 시대에 막부가 에도성 안 모미지야마(紅葉山)에 설치해 장서를 보관한 문고. 도쿠가와 이에야스가 1602년 6월에 성 안 후지미테이(富士見亭)에 고서, 고기록을 수장한 것이 기원으로, 훗날 순푸문고본이 이관되었다.

195 '『新刊詳增補註東萊先生左氏博義(신간상증보주동래선생좌씨박의)』'의 오기

196 '雖非(수비)'의 오기로 추정됨.

卷二 史部

74 正史類

『晉書』一百三十卷 音義 三卷 五十四冊

朝鮮銅活字印本 每半葉 十行 行 十七字 文政[197] 中 毛利 出雲守 高翰[198] 所獻幕府 首有「佐伯候[199] 毛利高標[200] 字 培松 藏書畫之印」印 又 每冊首 捺「順興世家安騰伯高章」「秘閣圖書之章」兩印

『唐書』二百五十卷 三十二冊

朝鮮銅活字印本 尾有 嘉祐 五 修史官 銜名 疑 原出宋刻 闕 序 一卷 表 十五篇 二十二卷 及 列傳 第百三十九 至 百四十一 五卷 舊 楓山文庫 每冊首 有「秘閣圖書之章」印記『經方古志』[201]『御書籍籍來歷志』[202] 所載本 別

史類

『古今歷代標題註釋十九史略通政』[203] 八卷 七冊

朝鮮刊本 題前 進士 盧隆[204] 曾先之[205] 編次 松塢門人 番陽竹窩[206] 余進京海[207] 通考

197 文政(분세이): 일본 에도시대 닌코(仁孝) 천황 때의 연호로, 1818~1830년이다.

198 毛利高翰(모리 다카나카, 1795~1852): 일본 에도막부 후기의 다이묘. 분고 사이키번 모리가의 10대 당주로 조부 모리 다카스에와 아버지의 뒤를 이어 문교정책에 힘을 쏟았다. 그 결과 많은 문인이 배출되어 문학 분야에서 크게 융성하였다. 관위(官位)는 이즈모노카미(出雲守)

199 '佐伯侯'의 오기. 1949년 발행본에서는 '佐伯侯'로 표기되어 있음.

200 毛利高標(모리 다카스에, 1755~1801): 일본 에도 시대 중기의 다이묘. 분고 사이키번 모리가의 8대 당주로 자(字)는 배송(培松)이다. 금·은 광산을 개발하고 제지업, 양초제조업 등의 신산업을 창출하였다. 장서가로도 유명해 1781년에 사이키문고를 설립, 서적 8만 권을 소장하였다. 일부 장서는 훗날 막부에 헌상되어 모미지야마문고에 수장되었다.

201 '『經籍訪古志(게이세키호우시)』'의 오기. 『게이세키호우시』는 1856년 일본이 편찬한 문헌목록임.

202 '『御書籍來歷志(어서적내역지)』'의 오기. '籍'자가 중복되어 있음.

203 '『古今歷代標題註釋十九史略通攷(고금역대표제주석십구사략통고)』'의 오기

204 '廬陵(여릉)'의 오기

每半葉 十行 行 十八字 卷尾 陸以劉其瑞麥頌 竝 平西蜀頌文政 中 毛利 出擊守[208] 高翰 所獻幕府 首有「佐伯候[209] 毛利高標 字 培松 藏書畫之印」印 又 每冊首 有「子峋」「伯嶙之印」「讀耕齊之家藏」[210] 兩中記傳記類

『宋名臣言行錄』 七十五卷 十三冊

75 朝鮮刊本 前集 十卷 後集 十四卷 宋 朱熹 撰 續集 八卷 別集 十七卷 李幼武 所補 題太平老圃 李衡 校正 疑依宋刊刻也 卷之至 十三 補寫 文政 中 毛利 出擊守[211] 高翰所獻幕府 首有「毛利高標 字 培松 印 又 每冊首 有「彥迪」「秘閣圖書之章」印 每冊末「白雲書庫」印記

史鈔類

『東萊先生十七史詳節』 二百七十三卷 百十冊

朝鮮銅活字印本 前有 正德 丙子 鄭京 序 次 東萊先生史記詳節序 序首行題 建陽 水右山人[212] 劉弘毅 刊行 則知從 慎獨齊[213] 飜印也『史記』卷九 至 十一,『四漢書』[214] 卷一 至 四, 八, 九, 十二, 十三, 卄二, 卄三,『東漢書』卷一十一 至 十七, 卄, 卄一, 二十五 至 三十三,『國史』卷六 至 十一,『晋書』卷九 至 十, 卄四 至 三十,『南齊書』卷一, 二, 六 至 八, 二十四, 二十五,『北史』卷二十三 至 二十五,『隋書』卷一 至 八,

---

205 曾先之(증선지): 원나라 여릉(廬陵) 사람으로 자(字)는 종야(從野)이다.
206 '鄱陽竹窩(파양죽와)'의 오기
207 '余進宗海(여진종해)'의 오기. 여진종해는 명나라 사람으로 증선지의 『古今歷代十八史略(고금역대십팔사략』에 원사(元史)를 덧붙여 『古今歷代標題註釋十九史略通攷(고금역대표제주석십구사략통고)』를 저술했다고 알려진 인물이다.
208 '出雲守(이즈모노카미)'의 오기
209 '佐伯侯(사이키후)'의 오기
210 '讀耕齋之家藏(독경재지가장)'의 오기
211 '出雲守(이즈모노카미)'의 오기
212 '木石山人(목석산인)'의 오기. 1949년 발행본에서는 '木石山人'으로 표기되어 있음.
213 '愼獨齋(신독재)'의 오기. '신독재'는 김집(金集, 1574~1656)의 호(號)이다.
214 '『西漢書(서한서)』'의 오기. 1949년 발행본에서는 '西漢書'로 표기되어 있음.

『唐書』二, 二十八 至 卅, 卅四 至 三十六, 五十二 至 六十,『五代史』卷一, 二, 五, 六 竝 係補鈔 第一冊 封面大書「嘉靖 十四年 內賜 吏曺參判 許洽 十七史詳節 一件 命除謝恩 左承旨 申尹」首葉鈐 有「宣賜之記」一大方印 又 每冊首 有「秘閣圖書之章」印記 舊藏 楓山文庫『御書籍來歷志』所載本

76 政書類

『文獻通考』三百四十八卷 首 一卷 七十冊

朝鮮銅活字印本 前 至大[215] 戊申 李謹思 序 次 馬端臨 自序 次 目錄 次 至元[216] 五年 金謙 叙 次 延祐[217] 六年 至壽材造書表 次 至治[218] 二年 饒州路 總督府下 樂平州 刊印 通考 指揮 每半葉 十二行 行 十九字 尾題 至元 又二年 十一月 江浙 等處 儒學 提學 金謙 重修 蓋從 元利本[219] 飜印者 惜 此書亦闕卷 一 至至 四 計 四卷 首葉鈐 有「宣賜之記」一大方印文 每冊首 有「洪忍齊章[220]」印記 舊藏 楓山文庫『御書籍來歷志』所載本

卷三 子部

懦家類[221]

『重刊二程全書』六十二卷 十六冊

朝鮮銅活字 覆 明刊本 題 河南布政司 左參議 武定 康給宗[222] 編 河南按察司 僉事 淸

---

215 至大(지대): 중국 원나라 무종의 연호로, 1308~1311년이다.
216 至元(지원): 중국 원나라 순제 때의 두 번째 연호로, 1335~1340년이다.
217 延祐(연우): 중국 원나라 인종 때의 연호로, 1314~1320년이다.
218 至治(지치): 중국 원나라의 제5대 황제인 영종 때의 연호로, 1321~1323년이다.
219 '元刊本(원간본)'의 오기. 1949년 발행본에서는 '元刊本'으로 표기되어 있음.
220 '洪忍齋章(홍인재장)'의 오기. '인재'는 조선 전기 홍문관대제학, 좌의정, 영의정 등을 역임한 홍섬(洪暹, 1504~1585)의 호(號)이다.
221 '儒家類(유가류)'의 오기

江 彭綱 校正 河南府 知府 平陽 陳宣 刊行 同有 弘治 戊午 李翰[223] 嘉靖 三年 余祐 兩序 每冊首 有「書齊[224]」「鷲山世家」「辛璉器士[225]」諸印記

77 『延平答問』一卷 後錄 一卷 補錄 一卷 二冊

朝鮮刊本 題 門人 朱熹 元晦[226] 編 後學 問木[227] 校正 前後 有 弘治 乙卯 周木 序 成化 二十一年 周木 題奏 正德 癸酉 李習 跋 嘉靖 三十三年 朝鮮 李滉 跋 卷尾 木記 云 嘉靖 申寅 冬 清州牧 開刊 又有 列銜 文政 中 毛利 出雲守 高翰 所獻幕府 首有「義答」「坡下後學」「尹邦彦士美章」「佐伯候[228] 毛利高標 字 培松 藏書畫之印」印 兩冊首尾 有 讀耕齊之家藏」[229] 印記

『近思錄集解』十四卷 四冊

朝鮮刊本 前有 淳祜[230] 戊申 葉末 序 次 目錄 次 朱嘉 呂祖謙 題識 次 淳祐 十二年 葉采 進表 每半葉 九行 行 十八字 注文双行 尾有 嘉靖 丙寅 郡守 安瑠 刊莊 中和 清凉書院 下記 每冊首 有「完山後人」「二克仁德」「醉琴堂」諸印記

『朱子語類大全』百四十卷 七十四冊

朝鮮銅活字印本 封面墨書「萬歷 三年 內賜行知 中樞府事 鄭大年 朱子語類 一件 命除謝恩 左承旨 臣鄭 每半葉 十三行 行 二十二字 卷百二十七 至 百二十九 共 三卷 係鈔補 首葉鈐 有「宣賜之記」一大方印 又 每冊首 有「蓬原鄭氏」「純復字式」黑印記

---

222 '康紹宗(강소종)'의 오기
223 '李瀚(이한)'의 오기. 1949년 발행본에서는 '李瀚'으로 표기되어 있음.
224 '書齋(서재)'의 오기로 추정됨.
225 '辛璉器之(신련기지)'의 오기
226 '원회(元晦)'는 주희(朱熹)의 자(字)이다.
227 '周木(주목)'의 오기로 추정됨.
228 '佐伯侯(사이키후)'의 오기
229 '「讀耕齋之家藏(독경재지가장)」'의 오기. 앞에 인용부호 '「'가 누락되었음.
230 淳祐(순우): 중국 남송(南宋) 이종(理宗) 때의 연호로 1241~1252년이다.

78 『大學術義』[231] 四十三卷 十五冊

朝鮮銅活字印本 題 眞西山讀書記 宣拙印也 後有 宣德 九年 十月 印出 一行 又有 宣德 九年 朝鮮 金鑌 跋 舊藏 楓山文庫 慶長 十九年 德川家康 在駿府 所貽其子 秀忠 卷十二 鈔補係 市河三亥[232] 手筆 及 依幕命所書 精楷 端嚴 亦 可寶貴也 首有「秘閣圖書之章」印記『御書籍來歷志』所載本

『心經揮』[233] 四卷 附錄 一卷 一冊

朝鮮 鄭逑 撰 朝鮮銅活字印本 前有 萬曆 癸卯 鄭逑 序 稱皇朝 程篁墩 爲之附註[234] 而 吾 退溪 李先生 最愛 此書 至 係後論 於 篁墩之書 而引 魯齊[235] 神明父母之喩 西山之後 唯 先生 爲深知 此書之味 而之[236] 亦 未爲 不遇 後世之子雲矣 附錄『大極圖說』[237] 程伯子『定性書』程叔子『好學論』張子『西銘』朱子『仁說』『誠名義』首 及 第二冊 首有「天下無双」「讀社草堂」印 又 兩冊首尾 有「東京 溜池 靈南衢 第六號 讀社草堂 主人 寺田盛業[238] 印記

兵家類

『孫子大文』三冊

朝鮮刊本 大版 大字 尾有 祭己[239] 羅州牧使 李用淳 跋 按是誌 李氏 萬曆 二十年 赴

---

231 '『大學衍義(대학연의)』'의 오기. 1949년 발행본에서는 '大學衍義'로 표기되어 있음.

232 市河三亥(이치카와 미쓰이, 1779~1858): 일본 에도 시대 후기의 서예가, 시인. 나가사키 유학 시절, 청나라의 호조신(胡兆新)에게 서예를 사사하였다. 제자가 총 5천 명에 달했다고 전해진다. 오와리 가문과 모리 가문 등 다이묘들의 스승이었다.

233 '『心經發揮(심경발휘)』'의 오기. '發'자가 누락되었음.

234 '爲之附註(위지부주)'의 오기

235 '魯齋(노재)'의 오기. '노재'는 중국 원나라의 유학자 허형(許衡)의 호(號)이다.

236 『心經發揮(심경발휘)』 원문에는 '而自西山而言之'로 표기되어 있음.

237 중국 북송(北宋)의 유학자 주돈이(周敦頤)의 저서

238 '寺田盛業' 뒤에 인용부호 '」'가 누락됨. 데라다 세이교(1849~1929)는 메이지 시대의 관료로, 장서가로 유명한 인물임. 데라다 보난(寺田望南)이라고도 하며 호(號)는 '독사초당(讀社草堂)'임.

239 '癸巳(계사)'의 오기

79 任 羅州牧 乃知 其翌年所刊 卷首 拊載[240]『孫子本傳』首有「家在九峰高處」「王業浩印」「內府藏書」諸印記

『十一家註孫子』六卷 三冊

朝鮮銅活字印本 尾有 永樂 元年 權近 跋 詳具此本所用 銅活字鑄造始末 跋後 有 永樂 七年 四月日 印 一行 文政 中 毛利 出雲守 高翰 所獻幕府 首葉鈴 有「宣賜之記」一大方印 及「惠林」「佐伯候[241] 毛利高標 字 培松 藏書畫之印」印 又 每冊首 有「秘閣圖書之章」印記『經籍訪古志』『御書籍來歷志』所載本

『十一家註孫子』六卷 三冊

朝鮮銅活字印本 封面墨書「萬曆 年[242] 十月日 內賜 京畿觀察使 尹根壽 孫子 一件 命除謝恩 都承旨 臣尹 首葉鈴 有「宣賜之記」一大方印 又 每冊首 有「秘閣圖書之章」印記 旧藏 楓山文庫『經籍訪古志』『御書籍來歷志』所載本

『司馬法集解』二卷 二冊

朝鮮銅活字印本 題 閔禹錫[243] 撰 封面墨書「萬曆 五年 內賜 司憲府持平 金瓚 司馬法 一件 命除謝恩 都承旨 臣尹」首葉鈴 有「宣賜之記」一大方印 旧藏 楓山文庫『御書籍來歷志』所載本

80 『七書直解』二十三卷 十二冊

明 劉寅 撰 朝鮮銅活字印本 封書「萬曆 五年 十月日 內賜 司憲府持平 金瓚 吳子 一件 命除謝恩 都承旨 臣尹」又 同書 首葉鈐 有「宣賜之記」一大方印 旧藏 楓山文庫『御書籍來歷志』所載本

---

240 '附載(부재)'의 오기. 1949년 발행본에서는 '拊載'로 표기되어 있음.

241 '佐伯侯(사이키후)'의 오기

242 '五年(5년)'의 오기. '五'자가 누락되었음.

243 '閻禹錫(염우석)'의 오기

醫家類

『素問入式運氣論奧』 三卷 二冊

朝鮮銅活字印本 此本 據 元刊本 而 擺版者

『新刊黃帝內經靈樞集註』 十二卷

朝鮮 活字印本 前有 紹興[244] 乙亥 史崧 序 首有「東井文庫[245]」印 又 每冊首 有「多紀氏藏書印」「躋壽殿書籍記」「醫學圖書」諸印記

『經史證類大觀本首』[246]三十一卷 十四冊

朝鮮 覆 元 大德[247] 壬寅 宗文書院刊本 每冊首「堀本文庫」印記

『增注太平惠民和劑局方』 十卷 附錄 一卷 六冊

朝鮮 覆 元本 前有 嘉定[248] 戊辰 許洪進 表 尾有 大德 甲辰 勤有堂 刊 一行 首冊 至
81 第四冊 首有「牙城魚民」「慕山齊藏」兩印記

『增注太平惠民和劑局方』 十卷 六冊

朝鮮 覆 元利[249] 尾有 大德 甲辰 金志安 利於[250] 勤有堂 一行 每半葉 十二行 十九字 每冊首 有「岡山藏之裕記」「多紀氏藏書印」「江戸醫學藏書之印」「大學東校典籍局之印」印 又 尾有「與住藏書」印記

---

244 紹興(소흥): 중국 남송의 제1대 황제인 고종이 사용한 두 번째 연호로, 1131~1162년이다.

245 東井文庫(도이문고): '도이(東井)'는 마나세 겐사쿠(曲直瀨玄朔)의 호(號)이다. 마나세 겐사쿠는 아즈치모모야마 시대부터 에도 시대 전기에 활동했던 의사로 오기마치(正親町) 천황, 도요토미 히데요시의 조카인 도요토미 히데쓰구(豊臣秀次)를 진찰하였다. 1608년에 2대 쇼군인 도쿠가와 히데타다의 치료를 위해 에도로 초빙되었다.

246 '『經史證類大觀本草(경사증류대관본초)』'의 오기

247 大德(대덕): 중국 원나라 성종 때의 연호로, 1297~1307년이다.

248 '嘉靖(가정)'의 오기

249 '元刊(원간)'의 오기. 1949년 발행본에서는 '元刊'으로 표기되어 있음.

250 '刊於(간어)'의 오기

『溫氏隱居助道方服藥須知』一卷 一冊

朝鮮 覆 宋利本 前有 嘉定[251] 丙子 溫大明 序 次 目錄 錄後 題右 杭州 德大[252] 刊 首有「經筵」印記 與『宋本通典』所鈐同 別有「良靜藏書」印記

『東垣先生處方用藥指掌珍珠囊』二卷 一冊

李果 撰 朝鮮刊本 前有 成化 戊子 邪讓 序 尾題 弘治 發丑[253] 歲秋 八月 朔 桂堂 重刊 蓋從 明本 翻雕也 文收[254] 中 毛利 出雲守 高翰 所獻幕府 首有「佐伯候[255] 毛利高標 字 培松 藏書畵之印」「淺草文庫[256]」印記

『東垣先生處方用藥指掌珍珠囊』二卷 附錄 一卷 一冊

82 朝鮮刊本 拊載[257]『脉訣理玄秘要』一卷 尾有 嘉靖 丁未 春 洪州牧使 宋之翰 重刊跋 首有「梅溪醉翁」「多紀氏藏書印」「躋壽殿書籍記」「醫學圖書」諸印記

『世醫得效方』二十卷 九冊

元 危亦林 撰 朝鮮銅活字 覆 元刊本 闕卷 二 三 旧藏 楓山文庫 第一 至 八冊 首有「賀洛許氏」印 又 末冊首 有「恩貽」印記『御書籍來歷志』所載本

『極急遺方』二卷 一冊

明 葉尹賢 撰 朝鮮銅活字印本 前有 宣德 三年 汪賓 序 旧藏 楓山文庫 首有「德川李有中章」印 尾有「竹素」印記『御書籍來歷志』所載本

---

251 '嘉靖(가정)'의 오기

252 '大德(대덕)'의 오기

253 '癸丑(계축)'의 오기. 1949년 발행본에서는 '癸丑'으로 표기되어 있음.

254 '文政(분세이)'의 오기

255 '佐伯侯(사이키후)'의 오기

256 淺草文庫(아사쿠사문고): 일본 에도 막부의 교육기관과 모미지야마문고의 서적을 가지고 메이지 시대 초기 도쿄에 개설된 공립도서관. 아사쿠사라 불린 문고는 에도 시대 이후 다섯 곳이 있었는데, 관립은 1874년부터 1881년까지 7년간 아사쿠사구(淺草區)에 소재했던 곳뿐이다.

257 '坿載(부재)'의 오기. 1949년 발행본에서는 '坿載'로 표기되어 있음.

『救急易方』一卷 一冊

朝鮮刊本 題 吳郡 趙李敷[258] 編集 前後 有 王統 六年 趙忠 序 成化 二十年 崔議 跋 文政 中 毛利 出雲守 高翰 所獻幕府 首有「佐伯候[259] 毛利高標 字 培松 藏書畵之印」「躋壽殿書籍記」「醫學圖書局文庫」「大學東校典籍局之印」印 又 尾有「玄益」「圖書局文庫」印記

『円漢先生醫書纂要』[260] 二卷 二冊

83 明 盧和 撰 朝鮮刊本 前有 成化 甲辰 盧和 自序 兩冊首 有「群仙堂藏圖書」「江戶醫學藏書之印」諸印記

『醫林類證集要』十卷 七冊

朝鮮銅活字印本 有 孤竹 王璽 集 前有 正德 乙亥 鄭善天[261] 序 成化 壬寅 王璽 自序 但 鄭序 係 後人補鈔 有 成化 壬寅 春德堂 木記 則 朝鮮人 翻印 成化本也 每冊首 有「養心齊[262]」「烟玄宿」「能鄙子印」「廣壽院架藏記」「多紀代藏書印[263]」「烟道意家藏書」印記

『新編醫學正傳』八卷 七冊

明 虞博[264] 撰 朝鮮刊本 闕卷 三 前有 正德 乙亥 虞博[265] 自序 嘉靖 辛卯 史語 序 卷尾 硃筆記「天文[266] 一三 小野家室」八字 每冊首 有「退村居士」「多紀氏藏書印」「聿

---

258 '趙季敷(조계부)'의 오기. '계부'는 명나라 사람 조숙문(趙叔文)의 자(字)이다.

259 '佐伯侯(사이키후)'의 오기

260 '『丹谿先生醫書纂要(단계선생의서찬요)』'의 오기. '단계'는 중국 금·원나라의 의원 주진형(朱震亨)의 호(號)이다.

261 '鄭善夫(정선부)'의 오기

262 '養心齋(양심재)'의 오기

263 '多紀氏藏書印(다기씨장서인)'의 오기

264 '虞摶(우단)'의 오기

265 '虞摶(우단)'의 오기

266 天文(덴분): 일본의 연호로, 1532~1555년이다.

修堂」「江戶醫學藏書之記」印 又 第一冊 尾「柳原」第七冊 尾「聿修堂[267]」兩印記 有之

『簡易辟瘟方』一卷 附錄 一卷 一冊

朝鮮銅活字印本 附『牛馬羊猪染疫治療方』一卷 前有 嘉靖 四年 朝鮮 金希壽 序 附載 諺文譯 文政 中 毛利 出雲守 高翰 所獻幕府 首有「養松」「佐伯候[268] 毛利高標 字培松 藏書畵之印」兩印記

84 『新刊醫家必用』一卷 一冊

朝鮮活字印本 題 洛陽 孫應奎 纂集 前有 嘉靖 辛丑 孫應奎 自序 同 戊甲 張玭 序 尾有 尹春年 跋 首有「久昌院藏書」「多紀氏藏書印」「躋壽殿書籍記」「醫學圖書」諸印記

『治瞳秘方』[269] 一卷 附錄 二卷 二冊

明[270] 任彦國[271] 撰 推載『救急良方』一卷 朝鮮刊本 治瞳秘方[272] 前有 嘉定[273] 三十八年 朝鮮 安瑋 序『救急良方』後有 己未[274] 孟春[275] 安瑋 跋 旧藏 昌平党[276] 首有「吉家氏藏[277]」印 尾有「昌平坂覺問所[278]」印記

---

267 聿修堂(잇슈도): 일본 에도 시대 중기부터 후기에 걸쳐 11대 쇼군인 도쿠나가 이에나리(徳川家斉)의 어의였던 다키 모토야스(多紀元簡)가 자신의 서재에 붙인 명칭. 다키 모토야스는 의서의 수집, 교정, 복간에 힘써 고증파의 학풍을 확립했다.

268 '佐伯侯(사이키후)'의 오기

269 '『治腫秘方(치종비방)』'의 오기

270 조선 명종

271 任彦國(임언국): 16세기 전반기 우리나라의 이름난 외과 의사다.

272 '『治腫秘方(치종비방)』'의 오기

273 '嘉靖(가정)'의 오기

274 '己未(기미)'의 오기. 1949년 발행본에서도 '己示'로 잘못 표기되어 있음.

275 孟春(맹춘): 초봄 혹은 음력 1월

276 '昌平黌(쇼헤이코)'의 오기. 1949년 발행본에서는 '昌平覚'으로 표기되어 있음. 쇼헤이코는 1790년에 설립된 에도 막부 직할의 교육기관인 쇼헤이자카학문소(昌平坂学問所)를 지칭함.

277 吉田宗恂(요시다 소준, 1558~1610)의 장서인(藏書印). 요시다 소준은 아즈치모모야마시대의 의사로 도요토미 히데쓰구를 섬기고 고요제이 천황(後陽成天皇)의 병을 치료한다. 훗날 도쿠가와 이에야스의 본초(本草) 연구에 협력했다.

『壽親養老新書』四卷 三冊

朝鮮刊本 題 敬直老人 鄭玄[279] 編次 玉牕 黃應紫 點校 前有 至正[280] 壬午張士弘 大德 丁未 危微孫[281] 大德 乙己[282] 黃應紫 諸人 序 每半葉 十行 十九字『御書籍來歷志』所載本

『壽親養老書』一冊

朝鮮刊本 題 敬党內[283] 鄭玄[284] 前書卷然周 每半葉 記行[285] 行 下二字[286] 旧藏 書平党[287] 首有「吉家氏藏」「稱意館藏書記」「淺草文庫」文首 有「昌平覺問所[288]」印記

『乾坤生意』二卷 附錄 一卷 七冊

85 朝鮮刊本 題 遐齡洞天太乙丹房編 前有 佚名氏 序 生化[289] 一四年 黃明善 序 卷末 坿載『乾坤生意秘韞』一卷 第二五 兩冊 係鈔補 每冊首 有「多紀氏藏書印」「廣壽院架藏記」「躋壽殿書籍記」「醫學圖書」「大學東校典籍局之印」諸印記

類書類

『韻府群玉』二十卷 十冊

元 陰時夫 撰 陰中夫 註 朝鮮 履[290] 元刊本 前有 滕玉宵[291] 兆江村[292] 趙子昂 陰復春

---

278 '昌平坂學問所(쇼헤이자카학문소)'의 오기

279 '鄒鉉(추현)'의 오기

280 至正(지정): 중국 원나라 혜종 때의 연호로, 1341~1370년이다.

281 '危徹孫(위철손)'의 오기. 1949년 발행본에서는 '危徹孫'으로 표기되어 있음.

282 '乙巳(을사)'의 오기

283 '敬直老人(경직노인)'의 오기

284 '鄒鉉(추현)'의 오기

285 '九行(9행)'의 오기. 1949년 발행본에서는 '九行'으로 표기되어 있음.

286 '十三字(13자)'의 오기로 추정됨. 1949년 발행본에서는 '十三字'로 표기되어 있음.

287 '昌平黌(쇼헤이코)'의 오기로 추정됨. 1949년 발행본에서는 '昌平覚'으로 표기되어 있음.

288 '昌平學問所(쇼헤이학문소)'의 오기

289 '成化(성화)'의 오기

290 '覆(복)'의 오기

陰勁弦 等 旧序 目錄末 木記 云 元統[293] 甲戌 春 梅溪書院 刊 首有「大澤君山[294]」「猶與之印」印 每冊末「雪山」「晩瑞」「開畊窠」印 第一冊 末有「對東山房」印記

天文算法術數類

『宋揚輝算法』四種 三冊

宋 揚輝 撰 朝鮮刊本 四種 曰『乗除通變算寶』曰『法算取用本末』曰『續古摘奇算法』曰『田畝比類乗除捷法』[295] 但闕『乗除通変算法』[296] 卷下 及『法算取用本末』上中 三卷 前有 咸淳[297] 甲戌 德祐[298] 改元[299] 揚輝 自序 二通『乗除通変算法』[300] 並『田畝比類乗除捷法』目錄後 俱有 木記 云 洪武 戊午 冬至 勤德書堂 新刊 卷有 宣德
86 八年 祭丑[301] 五月日 慶州府板刊 一行 竝 列銜 文政 中 毛利 出雲守 高翰 所獻幕府首有「成山苗裔」「南宮氏厚」「佐伯候[302] 毛利高標 字 培松 藏書畫之印」諸印記

雜家類

『歷代將鑑傳議』[303] 十卷 九冊

朝鮮銅活字印本 題 省元 載溪[304] 少望 撰 前有 紹興 辛酉 載溪[305] 自序 至正 乙巳 楊

---

291 '滕玉宵(등옥소)'의 오기
292 '姚江村(요강촌)'의 오기
293 元統(원통): 중국 원나라 혜종 때의 연호로, 1333~1335년이다.
294 大澤君山(오사와 군잔, ?~1742): 일본 에도 시대의 유학자이다.
295 『田畝比類乗除捷法(전무비류승제첩법)』의 오기
296 '『乗除通變算寶(승제통변산보)』'의 오기로 추정됨.
297 咸淳(함순): 중국 남송의 제6대 황제인 도종 때의 연호로, 1265~1274년이다.
298 德祐(덕우): 중국 남송의 제7대 황제인 공종 때의 연호로, 1275~1276년이다.
299 改元(개원): 군주국가(君主國家)에서 연호를 바꾸는 일
300 '『乗除通變算寶(승제통변산보)』'의 오기로 추정됨.
301 '癸丑(계축)'의 오기
302 '佐伯侯(사이키후)'의 오기
303 '『歷代將鑑博議(역대장감박의)』'의 오기
304 '戴溪(대계)'의 오기
305 '戴溪(대계)'의 오기

維禎 序 尾有 永樂 元年 朝鮮 檢近[306] 跋 同 二十年 卞季良 跋 宣德 九年 金鑌 跋 皆言 此本所用 銅活字鑄造始末 又有 正統 二年 南秀文 跋 蓋 此年 排印也[307] 文政 中 毛利 出雲守 高翰 所獻幕府 首鈐 有「宣賜之記」一大方印 及「佐伯侯[308] 毛利高標字 培松 藏書畫之印」印 又 每冊首 有「秘閣圖書之章」印記『御書籍來歷志』所載本

『自警編』九卷 五冊

宋 趙善璙 編 朝鮮刊本 前者 嘉定[309] 甲申 趙善璙 序 尾有 正德 己卯 慶州府尹 金安老 跋 旧藏 楓山文庫 慶長 十九年 德川家康 在駿府 所貽其子 秀忠 云『御書籍來歷志』所載本

小說家類

『剪燈新話句解』二卷 二冊

87 朝鮮刊本 題 山陽 瞿佑 宗吉 著 滄州 訂正 垂胡子 集釋 封面 有 朝鮮 芝仙 手織 兩冊首有「秘閣圖書之章」印 同 首有「李家藏」「李樬」印記

釋家類

『妙法蓮華經要解』七卷 四冊

朝鮮刊本 題 溫陸[310] 開元蓮寺 比丘 戒環 解 前有 釋道宣 序 卷七 末有 永樂 十八年 庚子 八月日 九月山 長備寺 開板 二行

---

306 '權近(권근)'의 오기

307 排印(배인): 조판하여 인쇄하다.

308 '佐伯侯(사이키후)'의 오기

309 '嘉靖(가정)'의 오기

310 '溫陵(온릉)'의 오기

卷四 集部

楚辭類

『楚辭集註』八卷 辨證 二卷 後語 六卷 三冊

朝鮮 覆 元刊本 後語 目錄 有 建安[311] 虞信亨宅 重刊 至治 辛酉 臘月[312] 印行 木記 又有 甲戌 五月 密陽府 開板 一行 甲戌 卽 景泰 五年也 旧藏 楓山文庫 慶長 十九年 德川家康 在駿府 所貽其子 秀忠 云 每冊首 有「秘閣圖書之章」印記『御書籍來歷志』
88 所載本 別集

『分類補註李太白詩』二十五卷 文集 一卷 首 二卷 十五冊

朝鮮銅活字印本 前 蕭士贇 李陽水[313] 及 樂史 等 數人 旧序 旧藏 楓山文庫 慶長十九年 德川家康 在駿府 所貽子 秀忠 云 每冊首 有「商山朴氏」「秘閣圖書之章」「兩印」記[314]『御書籍來歷志』所載本

『讀杜詩愚得』十八卷 十五冊

明 單復 撰 朝鮮銅活字印本 前有 洪武 壬戌 單復 自序 楊士奇 序 天順[315] 元年 朱熊重刊 序後 有 宣德 九年 黃淮 序 次有 弘治 辛酉 八月 重修 一行 旧藏 楓山文庫 慶長十九年 德川家康 在駿府 所貽其子 秀忠 云 每冊首 有「嘉靖 丙辰」「秘閣圖書之章」兩印記『御書籍來歷志』所載本

---

311 建安(건안): 중국 후한 헌제 때의 연호로, 196~220년이다.

312 臘月(납월): 음력 12월

313 '李陽冰(이양빙)'의 오기

314 '兩印記(양인기)'의 오기

315 天順(천순): 중국 명나라의 제6대 황제인 정통제가 복위하여 사용한 연호로, 1457~1464년이다.

『唐陸宣公集』二十二卷 四冊

朝鮮刊本 前有 宣德 三年 金宣[316] 重刊陸宣公奏議序 補[317] 公本吳人 擕李 旧有祠堂 歲人就北[318] 大理卿 盧陸胡公元節[319] 方以節鎭淛東西諸郡 既作新上[320] 而文集奏議 故版漫滅 復命飜刊 以惠後學 書成俾予識其端 云云 則用宣德刊本飜印也 尾有 成化 甲午 十月 中直大天[321] 行 咸陽郡守 金宗直 跋次分刊 各官列銜 每半葉 十行 行 十七
89 字 旧藏 楓山文庫 慶長 十九年 德川家康 在駿府 所貽其子 秀忠 云 每冊首 有「秘閣 圖書之章」印記『御書籍來歷志』所載本

『朱文公校昌黎集』四十卷 外集 十卷 十九冊

朝鮮刊本 前有 朱文公校昌黎先生集考序 次 朱文公校昌黎先生集序 次 目錄 卷尾 朱文公校昌黎先生集傳 朱文公校昌黎先生集遺文 每半葉 十行 行 十八字 末冊書皮 大書 云「己未年 六月 二十三日 刷卷時[322] 金左弼徵細 蓋 朝鮮人 手織也 外集 一冊 補配別本書皮 又有 朝鮮人 手織 云「在南原 嘉靖 癸丑 冬 送紙印來 甲寅 正月 文政 中毛利 出擊守[323] 高翰 所獻幕府 首有「佐伯候[324] 毛利高標 字 培松 藏書畫之印」「能鄙子印」「烟道意家藏書[325]」「烟玄後藏書[326]」印 又 每冊首 捺「秘閣圖書之章」印記

『第鹿門抄評柳柳州文』[327] 十二卷 三冊

朝鮮銅活字印本

---

316 '金寔(김식)'의 오기. 1949년 발행본에서는 '金寔'으로 표기되어 있음.
317 '補(보)'의 오기로 추정됨.
318 '歲久就圮(세구취이)'의 오기. 1949년 발행본에서는 '歲久就圮'로 표기되어 있음.
319 '廬陵胡公元節(여릉호공원절)'의 오기로 추정됨.
320 '既作新之(기작신지)'의 오기. 1949년 발행본에서는 '既作新之'로 표기되어 있음.
321 '中直大夫(중직대부)'의 오기
322 刷卷(쇄권): 조쇄문권(照刷文卷)의 준말로 관청의 문서, 장부 따위를 조사함을 말한다.
323 '出雲守(이즈모노카미)'의 오기
324 '佐伯侯(사이키후)'의 오기
325 '畑道意家藏書(전도의가장서)'의 오기
326 '畑玄俊家藏書(전현준가장서)'의 오기로 추정됨.
327 '『茅鹿門抄評柳柳州文(모록문초평유유주문)』'의 오기

『桂苑筆耕』二十卷 四冊

新羅 崔致遠 撰 朝鮮刊本 每半葉 十行 行 二十字 前有 甲午 九月 大匡輔國崇祿大夫
90 議政府左議政 豊山 洪奭周 序 次 中和[328] 六年 都統巡宮侍御史[329] 內供奉 崔致遠 序
首有「絳梅樹屋」印 每冊首 有「絳梅樹屋」印 每冊首 有「淸冷舲」「尹定鉉印「梣溪」
印 每冊尾 有「帶方尹氏珍藏」印記

『樊川文集來註』四卷 集 一卷 四冊

朝鮮刊本 來註 未詳何人所撰 其所引用聞 有佚書疑出于宋人乎也 尾題 正統 五年 六月日 全羅道 錦山 開刊 又有 鄭坤 跋稱[330]「小社詩 占稱可法 而善本甚穿[331] 世所有者 字多魯魯[332] 者病之[333] 今監司 權公克和 與 經歷 李蓄[334] 議之 符下 知錦山郡事 李君頼 令詳板[335] 前本之訛謬[336] 而 刊之 始於 庚申 三月 歷數月 而 告成 公之 嘉惠 學者 其可量哉 前 通政大夫 成均 大司成 知製敎 鄭坤 跋 每半葉 八行 行 十七字 每冊首 有「安分無辱」「延城後人」「李友閔 考叔[337] 秘閣圖書之章」諸印記『御書籍來歷志』所載本

『樊川文集來註』四卷 外集 一卷 五冊

朝鮮刊本 無序跋

---

328 中和(중화): 중국 당나라 희종 때의 연호로, 881~885년이다.

329 '都統巡官侍御史(도통순관시어사)'의 오기

330 '跋補(발보)'의 오기로 추정됨.

331 '而善本甚罕(이선본심한)'의 오기

332 '字多魚魯(자다어로)'의 오기

333 '學者病之(학자병지)'의 오기. 앞의 '學'자가 누락되었음.

334『樊川文集來註(번천문집래주)』 원문에는 '李蓄'이 아니라 '李君蓄'으로 표기되어 있음.

335 '令詳校(영상교)'의 오기. 1949년 발행본에서는 '詳校'로 표기되어 있음. '상교'는 틀림이 있나 없나를 살펴보기 위하여 자세히 맞추어 보는 것을 뜻함.

336 訛謬(와류): 그릇되어 이치에 맞지 않는 것을 뜻함.

337 '孝叔(효숙)'의 오기. '효숙'은 조선 중기의 문신 이우민(李友閔)의 자(字)이다.

『增刊校正狀元集誙分類東波先生詩』[338] 二十五卷 首 一卷 一四冊

朝鮮活字印本 前有 三十 明 趙夔堯 序 文政 中 毛利 出雲守 高翰 所獻幕府 首有「佐
91 伯候[339] 毛利高標 字 培松 藏書畵之印」印 每冊首 有「秘閣圖書之章」印 同尾 捺「白
雲書庫」印『御書籍來歷志』所載本

二卷 九十五冊[340]

朝鮮刊本 前有 天順 四年 建寧府推官 吉水胡維 序 此 重開 天順間 中刻本也 卷四四 鈔補 闕卷 九六 每半葉 十行 行 一八字 首葉鈐 有「宣賜之記」一大方印 文政 中 毛利 出雲守 高翰 所獻幕出雲有[341]「佐伯[342] 毛利高標 字 培松 藏書畵之印」印 每冊首 有「秘閣圖書之印」印記『經籍訪古志』『御書籍來歷志』所載本

『南軒文集』四十四卷 十冊

宋 張栻 撰 朝鮮刊本 前有 弘治 十一年 沈暉 序 此重開 弘治本匸[343] 每半葉 十行 行 一八字 旧藏 楓山文庫 慶長 十九年 德川家康 在駿府 所貽其子 秀忠 云 每冊首 有「秘閣圖書之章」之記[344]『御書籍來歷志』所載本

『眞西文集』五十一卷 目錄 一卷 十五冊

朝鮮銅活字印本 前有 張文麟 序 蓋飜明本也 旧藏 楓山文庫 慶長 十九年 德川家康 在駿府 所貽其子 秀忠 云 每冊首 有「秘閣圖書之章」印記『御書籍來歷志』所載本

---

338 '『增刊校正王狀元集註分類東坡先生詩(증간교정왕장원집주분류동파선생시)』'의 오기
339 '佐伯侯(사이키후)'의 오기
340 서명(書名)이 누락되었음.
341 '所獻幕府(소헌막부) 首有(수유)'의 오기
342 '佐伯侯(사이키후)'의 오기. '侯'자가 누락되었음.
343 '弘治本也(홍치본야)'의 오기
344 '印記(인기)'의 오기

『文山先生文集』十七卷 別集 六卷 附錄 四卷 一五冊

朝鮮銅活字印本 是書 初刻 於 元貞[345] 二年 前集 三二卷 後集 七卷 所謂 道體堂本
92 也 此本 除道體堂 旧跋之外 猶有 景泰 五年 韓陽 錢習禮 同 六年 韓雍 嘉靖 壬子 敎
銑[346] 序 蓋據 嘉靖本排印也 旧藏 楓山文庫 慶長 十九年 德川家康 在駿府 所貽其子
秀忠 云 每冊首 有「秘閣圖書之章」印『御書籍來歷志』所載本

『牧隱詩精撰』[347] 十二卷 六冊

高麗 李穡 撰 朝鮮刊 旧藏 楓山文庫 慶長 十九年 德川家康 在駿府 所貽其子 秀忠 云 每冊首 有「秘閣圖書之章」印記『御書籍來歷志』所載本

總集類

『唐音』十四卷 十冊

朝鮮銅活字印本 題 襄城 楊士弘 伯謙 編次 新舍 張震 文亮 輯詮[348] 前有 至正 四年 楊士弘 虞集 兩序 後有 正統 己未 李繼 跋 封而大書[349]「嘉靖 三十五年 四月日 內賜 承政院 同副承旨 安瑋『唐音』一件 命除謝恩 右副承旨 臣朴」首葉鈐 有「宣賜之記」一大方印 又 每冊首 有「秘閣圖書之章」印記 旧藏 楓山文庫 慶長 十九年 德川家康 在駿府 所貽其子 秀忠 云『御書籍來歷志』所載本

『聖元名賢播芳續集』六卷 一冊

朝鮮刊本 不署撰人名氏 首有 名賢總目 始於 許衡 終於 楊弘道 凡一百二十三家 卷
93 一 至 三 表 卷四 牋 卷五 詔 卷文[350] 詔赦 蓋倣『五百家播芳大全文粹』而編也 尾有

345 元貞(원정): 중국 원나라 성종 때의 연호로, 1295~1297년이다.
346 '敖銑(오선)'의 오기
347 '『牧隱詩精選(목은시정선)』'의 오기
348 '輯註(집주)'의 오기
349 '封面大書(봉면대서)'의 오기
350 '卷六(권6)'의 오기

洪武 六年 癸丑 十二月 大夫 左司議 大夫 進賢館 直提學 知製敎 充春秋館 修撰 柳珣 等 列銜 每半葉 十三行 行 二十四五字 不等 首有「養安院藏書」印記

『文章辨體』五十卷 外集 五卷 首 一卷 二十二冊

明 吳訥 編 朝鮮銅活字印本 前有 夫順[351] 八年 安成 序 外集目錄 後有 夫順[352] 八年 歲次 甲申 秋 九月 吉日 海虞 王齊 刊 一行 則 翻印夫順本也[353] 封面大書「嘉靖三十四年 五月日 內賜 承文院 判校 任補臣[354]『文章辨体』一件 命除謝恩 右副承旨 臣白」首葉鈐 有「宣賜之記」一大方印 又 每冊首 有「秘閣圖書之章」印記 旧藏 楓山文庫 慶長 十九年 德川家康 在駿府 所貽其子 秀忠 云『御書籍來歷志』所載本

351 '天順(천순)'의 오기. 1949년 발행본에서는 '天順'으로 표기되어 있음.

352 '天順(천순)'의 오기. 1949년 발행본에서는 '天順'으로 표기되어 있음.

353 '翻印天順本也(번인천순본야)'의 오기

354 '任輔臣(임보신)'의 오기. 1949년 발행본에서는 '任輔臣'으로 표기되어 있음.

번호 없음 # (四) 被掠 美術品 骨董品 目錄[355]

95 ## 1. 日本 帝室博物館 所藏 韓國 美術工藝品

(가) 歷史部

所藏館名	部別	區類別	番號	品名	員數	發見場所
東京 帝室博物館	歷史部	第十一區	4176	斧頭 鉄製. 木部에 欠損[356] 有. 長 11.5糎, 巾[357] 8.5糎	1個	傳 朝鮮 樂浪遺跡 發掘
〃	〃	〃	4177	斧頭 鉄製. 長 10.5糎, 巾 6糎		〃
〃	〃	〃	4178	鉄金具 殘缺鏁狀	2個	〃
〃	〃	〃	4179	捨身 鉄製. 全長 32糎. 袋部에 缺損 有	1本	〃
〃	〃	〃	4180	捨身 鉄製. 全長 20糎. 鋒 及 袋部에 缺損 有	1〃	〃
〃	〃	〃	4181	瓦器殘片	1括	〃
〃	〃	〃	4207	漆案脚殘片 木製. 黑漆地에 失線匝을 有함. 長 9.1糎. 2個를 接合하면 1個의 脚原型을 알게 됨. 全長 132糎	3個	傳 朝鮮 平南 大同江面 樂浪古墳
〃	〃	〃	4210	勾玉 玉製. 長 34糎	1個	朝鮮 公州 發見
〃	〃	〃	4211	金製不具館 形 大小 2枚. 全長 5.5糎. 垂下金具心葉	1双	〃
96 東京 帝室博物館	歷史部	第十一區	4212	金環 金製耳飾環 長徑 2.2糎. 小金環 1個 添 長徑 2糎	2個	朝鮮 公州 發見
〃	〃	〃	4213	壺 須惠器. 高 16.7糎	1個	〃
〃	〃	〃	4214	壺 須惠器. 高 16.1糎	1〃	

355 목차에는 '被掠(피략) 美術品(미술품), 骨董品(골동품)'으로 표기되어 있음.

356 1949년 발행본에는 '缺損(결손)'으로 표기되어 있음.

357 巾=幅. 1949년 발행본에는 '幅(폭)'으로 표기되어 있음.

所藏館名	部別	區類別	番號	品名	員數	發見場所
〃	〃	〃	4215	壺 須惠器. 高 13.8糎	1〃	
〃	〃	〃	4224	石劍 長 22糎, 刃幅 4糎. 鎬 有	1〃	倉寧 附近 發見
〃	〃	〃	4225	同 長 16.3糎, 刃幅 4.8糎	1〃	〃
〃	〃	〃	4226	石斧 長 16.3糎, 刃長 6糎	1〃	〃
〃	〃	〃	4230	元始四年有名漆耳杯[358] 夾紵製品.[359] 口徑 長 17.5糎, 短 8糎, 高 5糎. 全面 黑漆地二黃漆로써 文様을 描함.	1〃	平南 大同郡 大同江面 石岩里 20号 古墳 發掘
〃	〃	〃	4231	居三年有銘漆盤殘欠[360] 夾紵製品. 徑 27.5糎, 高 6.3糎	1〃	〃
〃	〃	〃	4232	大利有銘漆木心夾紵製画耳杯殘	1〃	〃
〃	〃	〃	4233	大型漆匣殘片 木心夾紵製. 現郡[361] 60.0糎, 巾 15糎	1〃	〃
〃	〃	〃	4234	彫文漆匣殘片 夾紵製	1〃	〃
〃	〃	〃	4235	銅弩箭 箭頭部鈎付先端 寶珠形 2個, 부쯔 切形 5個. 長 97糎	7〃	〃
〃	〃	〃	4236	付鉄金身鋒鋏損 現存部 長 38糎	1〃	〃
〃	〃	〃	4237	脚 金銅製. 葉의 胸部 離한 것. □瓶形. 高 5糎	2〃	〃
〃	〃	〃	4238	土器[362] 破損接合. 徑 12.6糎.鈕 8身과 離脫함. 高 3糎. 穴[363] 有	1〃	〃

97

358 元始(원시): 중국 한나라의 평제가 사용한 연호로, 기원후 1~5년이다.

359 夾紵(협저): 몇 겹의 칠로 발라 성형한 삼베 위에 옻으로 마무리하는 건칠의 조형 기술

360 居攝(거섭): 중국 한나라 말기 왕망이 섭정을 하던 시기에 사용한 연호로, 기원후 6~8년이다.

361 '現存部(현존부) 長(장)'의 오기로 추정됨.

362 1949년 발행본에는 '土器蓋(토기개)'로 표기되어 있음.

363 1949년 발행본에서는 '孔(공)'으로 표기되어 있음.

所藏館名	部別	區類別	番號	品名	員數	發見場所
〃	〃	〃	4239	漆耳搔[364] 木製. 外面 及 耳 黑漆. 內面 蓋漆[365] 黑部 長徑 16.1糎, 短徑 9.1糎, 高 5.1糎	1〃	〃
〃	〃	〃	4240	同 木製. 外面 及 耳 黑漆. 附面 朱漆. 口部 長徑 16.1糎, 短徑 9.2糎, 高 5.1糎	1〃	〃
〃	〃	〃	4241	同 木製. 外面 及 耳 黑漆. 內面 朱. 口部 長徑 13.5糎, 短徑 7.7糎, 高 4.1糎	1〃	〃
〃	〃	〃	4242	同 木製. 外面 及 耳 黑漆. 內面 朱漆. 口部 長徑 13.5糎, 短徑 7.8糎, 高 4.4糎	1〃	〃
〃	〃	〃	4257	木馬 胴部에 切込되어 頭部 並 4脚을 嵌入하게 되어 있다. 頭部 長 18糎. 模造草製面繫轡金具 2個. 漆胴部 長 48糎, 巾 20糎	1〃	平南 大同江面 南井里 106号 古墳 發掘
〃	〃	〃	4258	木馬殘缺 胴部 長 49糎, 巾 15糎. 頭部 長 22糎. 其他部分은 總欠失	1〃	〃
〃	〃	〃	4259	漆盤 木心夾紵製. 內面의 底面에 蛇의 目的에 朱漆을 塗한 外는 全部 黑漆. 處處缺裂 有. 口徑 23糎, 高 3.2糎	1〃	〃
98 東京 帝室博物館	歷史部	第十一區	4260	漆匙 木製. 黑漆匙內面朱漆. 黃綠黑漆로 草文을 描함. 長 22.7糎	1個	平南 大同江面 南井里 106号 古墳 發掘
〃	〃	〃	4261	栗 中空皮만 殘存	8〃	〃
〃	〃	〃	4262	楔 木製. (1) 長 352糎, (2) 長 15.8糎, (3) 長 99糎	3〃	
〃	〃	〃	4227	磨製石 粘板岩製. 中莖付 3個 長 6.2糎 乃至 5.5糎. 中莖 없는 것 2個 長 57.7糎. 全 4糎	5〃	公州 發見
〃	〃	〃	4228	小玉 유리製. 連結形 26個로 됨.	1連	〃

364 '漆耳杯(칠이배)'의 오기

365 1949년 발행본에서는 '朱漆(주칠)'로 표기되어 있음.

	所藏館名	部別	區類別	番號	品名	員數	發見場所
	〃	〃	〃	4263	佛形立像 銅製. 長 65糎	1軀	〃
	〃	〃	〃	4265	四天寺址 鬼瓦	1個	〃
	〃	〃	〃	4266	同	1〃	〃
	〃	〃	〃	4267	仁旺里 出土 鬼瓦	1〃	〃
	〃	〃	〃	4269	石佛寺址 鬼瓦	1〃	〃
	〃	〃	〃	4270	掘佛寺址 鬼瓦	1〃	〃
	〃	〃	〃	4271		1〃	〃
99	〃	〃	〃	4272	臨海殿址 宇瓦	1〃	〃
	〃	〃	〃	4229	磨製石器 粘板岩製. 長方形. 長 12糎, 幅 2.6糎, 厚 6粍	1〃	〃
	〃	〃	〃	4273	臨海殿址 宇瓦	1〃	〃
	〃	〃	〃	4274	昌林寺址 宇瓦	1〃	〃
	〃	〃	〃	4275	同	1〃	〃
	〃	〃	〃	4277	皇龍寺址 宇瓦	1〃	〃
	〃	〃	〃	4278	芬皇寺址 宇瓦	1〃	〃
	〃	〃	〃	4279	四天王寺址 宇瓦	1〃	〃
	〃	〃	〃	4280	干軍皇寺址 宇瓦	1〃	〃
	〃	〃	〃	4281	同	1〃	〃
	〃	〃	〃	4282	南山里 出土 宇瓦	1〃	〃
	〃	〃	〃	4283	南山長倉址 宇瓦	1〃	〃
	〃	〃	〃	4284	臨海殿竝[366] 鐙瓦	1〃	〃
100	〃	〃	〃	4285	臨海殿竝[367] 鐙瓦	1〃	〃
	〃	〃	〃	4286	同	1〃	〃
	〃	〃	〃	4287	同	1〃	〃
	〃	〃	〃	4288	同	1〃	〃
	〃	〃	〃	4289	四天王寺址 鐙瓦	1〃	〃
	〃	〃	〃	4290	同	1〃	〃
	〃	〃	〃	4291	同	1〃	〃
	〃	〃	〃	4292	南洞廢寺址 鐙瓦	1〃	〃
	〃	〃	〃	4293	同	1〃	〃
	〃	〃	〃	4294	同	1〃	〃

366 '臨海殿址(임해전지)'의 오기

367 '臨海殿址(임해전지)'의 오기

	所藏館名	部別	區類別	番號	品名	員數	發見場所
	〃	〃	〃	4295	同	1〃	〃
	〃	〃	〃	4296	同	1〃	〃
	〃	〃	〃	4297	同	1〃	〃
101	〃	〃	〃	4298	南山 出土 鐙瓦	1〃	〃
	〃	〃	〃	4299	同	1〃	〃
	〃	〃	〃	4300	南山里 出土 鐙瓦	1〃	〃
	〃	〃	〃	4301	普門寺址 鐙瓦	1〃	〃
	〃	〃	〃	4302	同	1〃	〃
	〃	〃	〃	4303	西面 富城山 鐙瓦	1〃	〃
	〃	〃	〃	4304	同	1〃	〃
	〃	〃	〃	4305	同	1〃	〃
	〃	〃	〃	4306	同	1〃	〃
	〃	〃	〃	4307	高仙寺址 鐙瓦	1〃	〃
	〃	〃	〃	4308	同	1〃	〃
	〃	〃	〃	4309	與輸寺址 鐙瓦	1〃	〃
	〃	〃	〃	4310	同	1〃	〃
102	〃	〃	〃	4311	與輸寺址 鐙瓦	1〃	〃
	〃	〃	〃	4312	昌林寺址 鐙瓦	1〃	〃
	〃	〃	〃	4313	東川里 出土 鐙瓦	1〃	〃
	〃	〃	〃	4314	路西面 出土 鐙瓦	1〃	〃
	〃	〃	〃	4315	千軍里 出土 鐙瓦	1〃	〃
	〃	〃	〃	4316	彦陽里 出土 鐙瓦	1〃	〃
	〃	〃	〃	4317	同	1〃	〃
	〃	〃	〃	4318	皇聖寺址 鐙瓦	1〃	〃
	〃	〃	〃	4319	皇龍寺址 鐙瓦	1〃	〃
	〃	〃	〃	4320	望德寺址 鐙瓦	1〃	〃
	〃	〃	〃	4321	萬正寺址 鐙瓦	1〃	〃
	〃	〃	〃	4322	慶州 出土 鐙瓦	1〃	〃
	〃	〃	〃	4323	同	1〃	〃
103	〃	〃	〃	4324	同	1〃	〃
	〃	〃	〃	4325	同	1〃	〃
	〃	〃	〃	4326	扶餘 出土 鐙瓦	1〃	〃
	〃	〃	〃	4327	同	1〃	〃
	〃	〃	〃	4328	臨海殿址 碑	1〃	〃

	所藏館名	部別	區類別	番號	品名	員數	發見場所
	〃	〃	〃	4329	四天王寺址 碑	1〃	〃
	〃	〃	〃	4330	蔚山 出土 碑	1〃	〃
	〃	〃	〃	4331	同	1〃	〃
	〃	〃	〃	4332	同	1〃	〃
	〃	〃	〃	4333	同	1〃	〃
	〃	〃	〃	4334	同		〃
	〃	〃	〃	4336	文石 花崗巖製. 全長 2.1米		江原道 發見
	〃	〃	〃	4339	同 全長 2米		〃
104	〃	〃	〃	4350	壺 陶製. 高 77糎, 口徑 37.5糎		朝鮮 發見
	〃	〃	〃	4361	坩形土器 釉獸脚 3個 付, 內 2個 欠損. 高 25.5糎	1個	慶北 慶州 發掘
	〃	〃	〃	4362	同 綠釉蓋付. 全高 12.7糎	1〃	〃
	〃	〃	〃	4363	盤形土器 黑釉蓋付. 全高 12.7糎	1〃	〃
	〃	〃	〃	4365	同	1〃	〃
	〃	〃	〃	4366	器壺 陶製蓋付. 篦書文 有. 全高 13糎	1〃	〃
	〃	〃	〃	4368	裝飾付相 陶製. 片口把手 1個 付. 絶手上 男根을 露出하는 小人物像을 付함.	1〃	〃
	〃	〃	〃	4369	銅劍 細形. 長 24.2糎	1口	慶南 昌平 發掘
	〃	〃	〃	4379	脚付坏	1〃	扶余
	〃	〃	〃	4340	坏	1〃	〃
	〃	〃	〃	4364	土器蓋 綠釉	1〃	〃
	〃	〃	〃	4341		1軀	朝鮮
	〃	〃	〃	4346		1双	慶州邑 路西里 25 所在 古墳 發掘
105	〃	〃	〃	4347	金製頸飾 硬玉製玉 2個. 王岩製寶玉 8個. 瑪瑠製管玉 1個. 瑪瑠製切子平玉 14個. 瑪瑠製小玉 2個	1週	〃

所藏館名	部別	區類別	番號	品名	員數	發見場所
〃	〃	〃	4348			
〃	〃	〃	4349	金製指輪	1個	〃
〃	〃	〃	4350	〃	1〃	〃
〃	〃	〃	4351	金製釧 徑 糎. 斷面橫円形綠文帶竜面에 文 4個를 鑄出	1〃	〃
〃	〃	〃	4352	金製釧	1〃	〃
〃	〃	〃	4353	金製釧 徑 8糎. 斷面橫円形綠珠帶竜面에 文 4個를 鑄出	1對	〃
〃	〃	〃	4354	銀製釧	1〃	〃
〃	〃	〃	4355	金製太環式飾 (垂下飾) 金具付硬玉製勾玉 1個 附着	1双	慶州邑 皇吾里 16号 古墳 6部[368] 發掘
〃	〃	〃	4356	玉製劣頸飾 유리製 丸玉 68個, 硬玉製 勾玉 1個를 一連한 것	1連	〃
〃	〃	〃	4357	金製太環式耳飾 (垂下飾) 金製中空球 11個 乃至 12個를 連續하여 最端에 硬玉製勾玉 1個, 細金細工裝飾付華竜에 心葉形飾 1枚, 細金工의 華竜에 心葉形飾 1枚, 古 3種 數件	1双	慶州邑 皇吾里 16号 廣[369] 第 8部[370] 發掘
106 〃	〃	〃	4664	普門里 發見 鬼瓦 殘片. 長 15糎	1個	〃
〃	〃	〃	4665	同 殘片. 長 21糎	1〃	〃
〃	〃	〃	4666	同 殘片. 長 18糎	1〃	〃
〃	〃	〃	4667	同 殘片. 長 25糎	1〃	〃
〃	〃	〃	4668	仁旺里 發見 鬼瓦 完全. 長 29糎, 巾 21糎	1〃	
〃	〃	〃	4669	同 殘欠. 長 18糎, 巾 21糎	1〃	
〃	〃	〃	4670	掘佛寺 鬼瓦 殘缺 長 19糎	1〃	

368 '槨(곽)'의 오기

369 '壙(광)'의 오기

370 '第八槨(제8곽)'의 오기

	所藏館名	部別	區類別	番號	品名	員數	發見場所
	〃	〃	〃	4671	芬皇寺 鬼瓦 殘片	1〃	
	〃	〃	〃	4672	同	1〃	
	〃	〃	〃	4673	同	1〃	
	〃	〃	〃	4674	同 殘片 長 16糎	1〃	
	〃	〃	〃	4675	佛國寺 鬼瓦 殘欠. 長 17糎, 巾 23糎	1〃	
	〃	〃	〃	4694	蔚山 發見 塼 小欠失 有. 小口에 雲上殿堂文樣 有. 長 27.5糎, 巾 23糎, 厚 6.5糎	1〃	
107	〃	〃	〃	4695	殘缺小口 佛像과 捨과를 交互에 置함.[371] 長 21糎, 巾 18糎, 厚 6糎. 他小口에도 佛像 殘存	1〃	
	〃	〃	〃	4696	同 殘缺小口에 唐草文에 發鳥文 1個를 置함. 長 18糎, 巾 25.5糎, 厚 5糎	1〃	
	〃	〃	〃	4697	四天王寺塼 殘片. 表面에 綠釉 殘存	1〃	
	〃	〃	〃	4698	同	1〃	
	〃	〃	〃	4699	同 殘片. 表面에 瑞花文을 置함.	1〃	
	〃	〃	〃	4700	同	1〃	
	〃	〃	〃	4701	同 殘片. 表面에 綠釉 有	1〃	
	〃	〃	〃	4702	同	1〃	
	〃	〃	〃	4703	同	1〃	
	〃	〃	〃	4704	同	1〃	
	〃	〃	〃	4705	同	1〃	
	〃	〃	〃	4706	同	1〃	
108	〃	〃	〃	4707	同 表面에 瑞花文. 小口에 兼並唐文 有	1個	
	〃	〃	〃	4708	同 殘片. 表面에 綠釉 有	1〃	
	〃	〃	〃	4709	同	1〃	
	〃	〃	〃	4710	同	1〃	
	〃	〃	〃	4711	同	1〃	

371 첫 줄에 '同(동)'자가 누락되었음.

	所藏館名	部別	區類別	番號	品名	員數	發見場所
	〃	〃	〃	4712	同 殘片. 小口에 雲上殿堂文 有	1〃	
	〃	〃	〃	4713	同 殘片. 表面에 綠釉 有	1〃	
	〃	〃	〃	4714	同 同	1〃	
	〃	〃	〃	4715	同 殘片. 表面에 瑞花文 有. 長 18粴, 巾 15粴	1〃	
	〃	〃	〃	4716	同 殘片. 表面에 綠釉 有	1〃	
	〃	〃	〃	4717	同	1〃	
	〃	〃	〃	4718	同 殘片. 表面에 瑞花文 有	1〃	
	〃	〃	〃	4719	同 表面 綠釉 有	1〃	
109	〃	〃	〃	4720	同	1〃	
	〃	〃	〃	4721	同		
	〃	〃	〃	4722	金大里 附近 發見[372] 殘片. 小口에 佛像 及 塔의 浮文이 有	1〃	
	〃	〃	〃	4723	同	1〃	
	〃	〃	〃	4724	同	1〃	
	〃	〃	〃	4725	芬皇寺塼 殘片. 表面에 蓮花文, 小口에 唐草文 有	1〃	
	〃	〃	〃	4726	千軍里 發見 塼 殘片. 小口에 楚子 4個 有	1〃	
	〃	〃	〃	4727	月城塼 完全. 三角形. 長辺 長 16.5粴. 表面 及 小口에 唐草文 有	1〃	
	〃	〃	〃	4728	四天王寺塼 殘片. 蓮化文 1個 有. 現存部 長 26粴	1〃	
	〃	〃	〃	4729	同 蓮花文 2個 有. 長 20粴	1〃	
	〃	〃	〃	4732	月城壁 東北隅 發見 塼 殘片. 小口에 佛像 及 塔의 浮文 有	1〃	
	〃	〃	〃	4733	月城 附近 發見 塼 殘片. 表面에 綠釉을 칠하고 唐草文을 置함.	1〃	

372 '發見(발견)' 뒤에 '塼(전)'자가 누락되었음.

	所藏館名	部別	區類別	番號	品名	員數	發見場所
	〃	〃	〃	4734	鬼橋 發見 塼 殘片. 厚 10糎	1〃	
110	〃	〃	〃	4735	鬼橋 發見 塼 殘片. 表面 及 小口에 唐草文 有	1個	
	〃	〃	〃	4736	同 殘片. 表面에 蓮花文을 中心에 唐草文을 둘렷슴.	1〃	
	〃	〃	〃	4737	興輪寺塼 殘片. 長 2糎. 表面에 瑞花文石	1〃	
	〃	〃	〃	4738	同 殘片. 表面에 綠釉 殘存	1〃	
	〃	〃	〃	4739	同 殘片. 長 22.5糎. 表面에 蓮花文, 小口에 花文 有	1〃	
	〃	〃	〃	4740	同 完全. 長 20糎, 巾 17糎, 厚 5糎. 小口에 花文 3個를 置함.	1〃	
	〃	〃	〃	4741	同 殘片. 長 20糎. 表面에 瑞花文 有	1〃	
	〃	〃	〃	4742	同 完全. 長 35糎, 巾 23糎. 表面에 蓮華文, 小口에 唐草文을 置함.	1〃	
	〃	〃	〃	4744	皇吾里 發見 塼 殘欠. 長 27糎, 巾 14糎. 表面에 心葉形花文을 置함.	1〃	
	〃	〃	〃	4743	仁旺里 發見 塼 殘片. 小口에 楚子 3個 有	1〃	
	〃	〃	〃	4745	殘片.[373] 表面에 心葉花文을 置함.	1〃	
	〃	〃	〃	4746	孝不孝橋址 附近 發見 塼 殘欠. 長 3糎. 表面 及 小口에 瑞花文을 置	1〃	
	〃	〃	〃	4747	烏聖寺塼[374] 殘欠. 長 22糎 表面 及 小口에 瑞花文을 置함.	1〃	
111	〃	〃	〃	4748	同 完全. 五角形 底邊 長 12糎. 表面에 蓮花文 有	1〃	

373 첫 줄에 '同(동)'자가 누락되었음.

374 '皇聖寺塼(황성사전)'의 오기

所藏館名	部別	區類別	番號	品名	員數	發見場所
〃	〃	〃	4752	仁旺里 發見 鐙瓦 (1)~(13) 蓮花文 (14) 双鳳文 (15) 孔雀文	15〃	
〃	〃	〃	4753	仁旺寺 鐙瓦 (1), (2) 蓮花文	2〃	
〃	〃	〃	4754	仁旺書堂 東 發見 鐙瓦 (1)~(8)	8〃	
〃	〃	〃	4755	塔里 道德寺 鐙瓦 (1)~(6) 蓮花文	6〃	
〃	〃	〃	4756	塔里 發見 鐙瓦 (1), (2) 蓮花文	2〃	
〃	〃	〃	4758	四天王寺 鐙瓦 (1), (2), (12) 四葉花文 (13) 四葉花文 (14), (15) 八葉花文 (16) 六葉花文 (17) 八辨花文 (18)~(20) 双鳳文 (21) 迦陵頻迦文	21〃	
〃	〃	〃	4759	普門寺 鐙瓦 (1) 蓮花文 (2), (3) 八葉花文 (4)~(7) 据獅文 (8), (9) 迦陵頻迦文	9〃	
〃	〃	〃	4760	普門里 發見 鐙瓦 (1), (2) 蓮花文 (3) 唐草八辨文 (4) 多辨花文 (5) 八辨花文	11〃	
〃	〃	〃	4761	南山里 發見 鐙瓦 蓮花文	1〃	
〃	〃	〃	4762	南山里 四面石佛 附近 發見 鐙瓦 蓮花文	1〃	
〃	〃	〃	4763	南山里 城 鐙瓦 蓮花文	1〃	
〃	〃	〃	4764	南山里 長倉 鐙瓦 (1)~(2) 蓮花文	2〃	
〃	〃	〃	4765	未方里 發見 鐙瓦 (1)~(3) 蓮花文	3〃	
〃	〃	〃	4766	崇福寺 鐙瓦 蓮花文	4〃	

112

	所藏館名	部別	區類別	番號	品名	員數	發見場所
	〃	〃	〃	4767	月城 鐙瓦 (1), (2) 蓮花文 (3), (4) 八葉花文 (5), (6)「在城」의 左文	6〃	
	〃	〃	〃	4768	月城 附近 發見 鐙瓦 (1)~(3) 蓮花文	3〃	
	〃	〃	〃	4769	半月城 鐙瓦 (1)~(4) 蓮花文 (5) 双鳳文	5〃	
	〃	〃	〃	4770	南洞 發見 鐙瓦 (1)~(46), (53)~(60) 蓮花文 (45)~(53) 八葉花文 (61) 双鳳文	61〃	
	〃	〃	〃	4771	天恩寺 鐙瓦 (1)~(3) 蓮花文 (4) 八葉花文	4〃	
	〃	〃	〃	4772	南洞 道德寺 鐙瓦 蓮花文	2〃	
	〃	〃	〃	4773	南洞 廢寺 鐙瓦 (1)~(4) 蓮花文 (5) 鬼面文 (6)~(8) 迦陵頻迦文	8〃	
	〃	〃	〃	4774	南洞村 北 發見 鐙瓦 (1)~(3) 蓮花文	3〃	
	〃	〃	〃	4776	南洞里 前寺址 發見 鐙瓦 (1) 蓮花文 (2) 八葉文	2〃	
	〃	〃	〃	4777	孝不孝橋址 發見 鐙瓦 (1) 蓮花文 (2), (3)「因井」文字 有	3〃	
113	〃	〃	〃	4778	林泉寺 鐙瓦 (1) 蓮花文 (2) 八葉花文 (3) 鬼面文	3個	
	〃	〃	〃	4779	林泉寺 鐙瓦 (1)~(12) 蓮花 (13)~(16) 八葉花文	16〃	
	〃	〃	〃	4780	千軍里 發見 鐙瓦 (1), (2) 唐草蓮花文	2〃	

	所藏館名	部別	區類別	番號	品名	員數	發見場所
	〃	〃	〃	4781	千軍里 廢寺 鐙瓦 (1) 唐草蓮花 (3)~(6) 多辨花文 (7), (8) 蓮花文	8 〃	
	〃	〃	〃	4782	千軍 避幕 廢寺 鐙瓦 九辨花文	1 〃	
	〃	〃	〃	4783	排盤里 發見 鐙瓦 (1), (2), (4) 蓮花文 (3) 八辨花文 (5), (6) 八葉花文 (7) 四葉花文 (8), (9) 迦陵頻迦文 (10), (11) 双鳳文	11 〃	
	〃	〃	〃	4784	排盤 廢寺 鐙 (1) 蓮花文 (2), (3) 唐草蓮花文 (4) 双鳳文	4 〃	
	〃	〃	〃	4785	鬼橋 發見 鐙瓦 (1)~(36) 蓮花文 (37) 中圈文 (38) 丁字文	38 〃	
	〃	〃	〃	4786	神元寺 鐙瓦 (1), (8) 蓮花文 (19) 八葉花文 (20) 双鳳文	20 〃	
	〃	〃	〃	4787	興輪寺 鐙瓦 (1)~(24) 蓮花文	24 〃	
	〃	〃	〃	4788	岬山寺 鐙瓦 (1)~(18) 蓮花文	18 〃	
	〃	〃	〃	4789	皇聖寺 鐙瓦 (1)~(14) 蓮花文 (15) 辨花文	15 〃	
114	〃	〃	〃	4790	佛國寺 鐙瓦 蓮花文	1 〃	
	〃	〃	〃	4791	芬皇寺 鐙瓦 (1) 蓮花文 (2) 八葉蓮花文 (3) 八葉花文	5 〃	
	〃	〃	〃	4792	月南 廢寺 鐙瓦 (1), (2) 蓮花文 (3) 迦陵頻文	3 〃	
	〃	〃	〃	4793	東門城壁 鐙瓦 迦陵頻迦文	1 〃	

115

所藏館名	部別	區類別	番號	品名	員數	發見場所
〃	〃	〃	4794	月南 食器 發見 鐙瓦 蓮花文	1〃	
〃	〃	〃	4795	西南山 시해谷 山頂 發見 鐙瓦 「四祭」의 浮字를 現함.	1〃	
〃	〃	〃	4797	瞻星臺 附近 發見 鐙瓦 蓮花文	1〃	
〃	〃	〃	4798	砂正里 發見 鐙瓦 蓮花文	2〃	
〃	〃	〃	4799	皇福寺 鐙瓦 (1), (2) 蓮花文	2〃	
〃	〃	〃	4800	望德寺 鐙瓦 蓮花文	3〃	
〃	〃	〃	4801	神堂里 廢寺 鐙瓦 迦陵頻迦文	1〃	
〃	〃	〃	4802	票洞 廢寺 鐙瓦 据獅文	1〃	
〃	〃	〃	4803	慶州驛構內 發見 鐙瓦 (1), (2) 蓮花文	2〃	
〃	〃	〃	4804	塔停里 廢寺 鐙瓦 九葉花文	1〃	
〃	〃	〃	4805	金山齋 附近 發見 鐙瓦 蓮花文	1〃	
〃	〃	〃	4806	廢高仙寺 鐙瓦 蓮花文	1〃	
〃	〃	〃	4807	路西里 發見 鐙瓦 (1), (2) 蓮花文	1〃	
〃	〃	〃	4808	鮑石溪 發見 鐙瓦 蓮花文	1〃	
〃	〃	〃	4813	皇龍寺 鐙瓦 (1)~(3) 蓮花文 (4) 重圈文 (5) 菊花文 (6) 迦陵頻迦文	6〃	
〃	〃	〃	4814	仁旺里 發見 宇瓦 (1)~(8) 忍冬唐草文 (9) 花鳥文 (10) 天人文 (11) 鳳凰文	1〃	
〃	〃	〃	4815	仁旺 廢寺 宇瓦 (1)~(3) 唐草文 (4) 花鳥文 (5) 鳥唐草文	5〃	
〃	〃	〃	4816	仁旺書堂 發見 宇瓦	6〃	
〃	〃	〃	4817	昌林寺 宇瓦 (1)~(4) 雲竜文 (5)~(6) 飛竜文 (2) 双竜文 (8), (9) 麒麟文	9〃	

所藏館名	部別	區類別	番號	品名	員數	發見場所
〃	〃	〃	4818	皇龍寺 宇瓦 (1)~(5) 唐草文 (9)~(18)[375] 飛天文 (9) 尾長鳥文 (10) 鬼面文 (11) 珠文	11 〃	
〃	〃	〃	4819	皇福寺 瓦 (1)~(3) 葡萄唐草入	3 〃	
〃	〃	〃	4820	四天王寺 宇瓦 (1)~(6) 唐草文 (7) 菊花文 (8) 鳥花文 (9) 佛像文	9 〃	
116 〃	〃	〃	4821	未方里 發見 宇瓦 (1)~(3) 唐花文	3個	
〃	〃	〃	4822	崇福寺 宇瓦 (1) 移陸文 (2)~(5) 唐草文	5 〃	
〃	〃	〃	4823	南澗 發見 宇瓦 (1)~(16), (18)~(21) 唐草文 (17) 飛鳥唐草文 (22) 同上 (23)~(27) 飛雲文 (28), (29) 雲龍文 (30) 飛雲 (31) 飛鳥文 (32) 花唐草二皮文	32 〃	
〃	〃	〃	4824	南澗 廢寺 宇瓦 (1) 唐草文 (2) 天人文 (3) 尾長鳥文	3 〃	
〃	〃	〃	4825	天恩寺 宇瓦 (1)~(5) 唐草文 (6) 花唐草二釣文 (7), (8) 花鳥文 (9)~(11) 飛龍文	11 〃	
〃	〃	〃	4826	岬山寺 宇瓦 (1)~(12) 唐草文	12 〃	

375 '(6)~(8)'의 오기

	所藏館名	部別	區類別	番號	品名	員數	發見場所
	〃	〃	〃	4827	天恩寺 發見 宇瓦 唐草文	1〃	
	〃	〃	〃	4828	南山 發見 宇瓦 (1)~(4) 唐草文	4〃	
	〃	〃	〃	4829	南山 廢寺 宇瓦 唐草文	1〃	
	〃	〃	〃	4830	南山 長倉 宇瓦 (1)~(4) 唐草文 (5)~(8) 動物文	8〃	
	〃	〃	〃	4831	興輪寺 宇瓦 (1)~(13) 唐草文 (14)~(20) 飛天文	20〃	
	〃	〃	〃	4832	檀頭山麓 廢寺址 發見 宇瓦 唐草文	1〃	
117	〃	〃	〃	4833	檀頭山西麓 發見 宇瓦 唐草文	1〃	
	〃	〃	〃	4834	芬皇寺 宇瓦 (1), (2) 雲飛鳥文 (3) 蓮花文 (4) 天日文 (5) 水禽草花文	5〃	
	〃	〃	〃	4835	天柱寺 宇瓦 唐草文	1〃	
	〃	〃	〃	4836	臨海 宇瓦 (1)~(8) 唐草文	8〃	
	〃	〃	〃	4837	普門寺 宇瓦 (1), (2) 唐草文 (3), (4) 飛天文	4〃	
	〃	〃	〃	4838	塔里 發見 宇瓦 花唐草二段文	1〃	
	〃	〃	〃	4839	塔停里 發見 宇瓦 蓮花文	1〃	
	〃	〃	〃	4840	排盤里 發見 宇瓦 (1)~(3) 唐草文 (4), (5) 飛天文	5〃	
	〃	〃	〃	4841	排盤 廢寺 宇瓦 花鳥文	1〃	
	〃	〃	〃	4842	鬼橋 發見 宇瓦 (1), (2) 唐草文 (3) 乳文	3〃	
	〃	〃	〃	4843	神元寺 宇瓦 (1)~(5) 唐草文	5〃	
	〃	〃	〃	4844	皇聖寺 宇瓦 (1)~(3) 唐草文 (4), (8) 飛文	8〃	
	〃	〃	〃	4845	千軍里 發見 宇瓦 (1), (2) 唐草	2〃	

	所藏館名	部別	區類別	番號	品名	員數	發見場所
118	〃	〃	〃	4846	千軍里 發見 宇瓦 (1), (3) 双鳥唐花文 (2) 花唐草二段文 (4) 唐草文 (5) 鳳凰唐草文	5個	
	〃	〃	〃	4847	半月城 宇瓦 唐草文	1〃	
	〃	〃	〃	4848	月城 宇瓦 (1)~(12) 唐草文	12〃	
	〃	〃	〃	4849	月南 發見 宇瓦 唐草文	2〃	
	〃	〃	〃	4850	林泉寺 宇瓦 (1) 水禽草花文 (2) 唐草文 (3) 飛竜文	3〃	
	〃	〃	〃	4851	東川里 發見 宇瓦 水禽文	1〃	
	〃	〃	〃	4852	溪谷 發見 宇瓦 唐草文	1〃	
	〃	〃	〃	4853	北門 城壁 宇瓦 唐草文	1〃	
	〃	〃	〃	4854	城壁 東北隅 宇瓦 唐草文	1〃	
	〃	〃	〃	4856	高仙寺 宇瓦 飛天文	1〃	
	〃	〃	〃	4857	高仙寺 宇瓦 (1) 唐草文 (2) 鳳凰唐草文 (3) 動物文	3〃	
	〃	〃	〃	4858	未方里 發見 文行丙[376] 殘片 表面에 押型文 有	3〃	
119	〃	〃	〃	4860	皇聖寺 文字 殘片 (1)「皇聖[377]의 左文 (2) 皇聖寺」[378]의 左文 (3) 山興竜寺」[379]의 文字 (4) 雲川의 文字 (5) 山興竜寺」[380]의 文字 (6) 皇聖寺」[381]의 鳥文	6〃	

376 '文字瓦(문자와)'의 오기로 추정됨.

377 「皇聖(황성)」. 인용부호 '」'가 누락되었음.

378 「皇聖寺(황성사)」. 인용부호 '「'가 누락되었음.

379 「山興竜寺(산흥룡사)」. 인용부호 '「'가 누락되었음.

380 「山興竜寺(산흥룡사)」. 인용부호 '「'가 누락되었음.

381 「皇聖寺(황성사)」. 인용부호 '「'가 누락되었음.

所藏館名	部別	區類別	番號	品名	員數	發見場所
〃	〃	〃	4861	昌林寺 文字瓦 殘片 (1) 昌林寺」[382]의 文字 (2)「口善」의 文字 (3)「昌林寺口草」의 文字 (4) 昌林의 文字	4〃	
〃	〃	〃	4862	普門寺 文字瓦 殘片 (1)「普」의 文字 (2)「普門」의 文字 (3)「普」의 文字 (4)~(6)「普門寺」의 文字	6〃	
〃	〃	〃	4863	岬山寺 文字瓦 殘片 (1), (3), (6) 抽仙寺」[383]의 文字 (2), (4)「有云云」의 左文 (5)「海明云云」의 文字	6〃	
〃	〃	〃	4864	四天王寺 文字瓦 殘片 (1)~(3)「四天王寺」의 文字	3〃	
〃	〃	〃	4865	南澗 發見 文字瓦 殘片 字体 不明	1〃	
〃	〃	〃	4866	天恩寺 文字瓦 殘片 (1) 文樣만 있음. (2)「天」의 字 3個. (3) 字体 不明	3〃	
〃	〃	〃	4867	福海殿 文字瓦 殘片 (2)「儀鳳凰四年[384]」云의 文字 (2)「儀鳳口年[385]」의 文字	3〃	
〃	〃	〃	4868	興輪寺 文字瓦 殘片 「寺造云云」의 文字	1〃	

382 「昌林寺(창림사)」. 인용부호 '「'가 누락되었음.

383 「抽仙寺(추선사)」. 인용부호 '「'가 누락되었음.

384 '儀鳳四年(의봉4년)'의 오기. '의봉(儀鳳)'은 중국 당나라의 제3대 황제인 고종이 사용한 아홉 번째 연호로, 676~679년이다.

385 '儀鳳四年(의봉4년)'의 오기

所藏館名	部別	區類別	番號	品名	員數	發見場所
〃	〃	〃	4869	芬皇寺 文字瓦 殘片 文樣의 部分뿐임.	1〃	
120 〃	〃	〃	4870	皇竜寺 文字瓦 殘片 体 不明	1個	
〃	〃	〃	4871	仁旺 廢寺 文字 殘片 「儀鳳四年口土」의 文字 有	1〃	
〃	〃	〃	4872	千軍里 發見 文字瓦 殘片. 梵字 3個 有	1〃	
〃	〃	〃	4873	月城址 文字 殘片 (1)「習部」 (2) 習府 (3) 字体 不明 (4)「左城」在文[386]	1〃	
〃	〃	〃	4874	半月城 文字瓦	4〃	
〃	〃	〃	4875	甘山寺 文字瓦 殘片. 文樣의 部分뿐임.	1〃	
〃	〃	〃	4876	明活城 文字瓦 殘片.「春男 - 朴弘立 - 云云[387]의 文字 有	1〃	
〃	〃	〃	4877	天官寺 文字瓦 殘片. 字体 不明	1〃	
〃	〃	〃	4879	四千主[388] 椽木瓦[389] 蓮花文□完. 徑 11.5糎	1〃	
〃	〃	〃	4880	南山里 廢寺 椽木瓦 蓮花文. 徑 10糎	1〃	
〃	〃	〃	4881	普門里 發見 椽木瓦 蓮花文. 殘欠. 徑 13糎	1〃	
〃	〃	〃	4882	興輪寺 椽木瓦 蓮花文. 殘. 徑 13.5糎	1〃	
〃	〃	〃	4883	椽木瓦 殘片 蓮花文. 長 11糎	1〃	

386 '「在城(재성)」左文(좌문)'의 오기. '在城(재성)'은 임금이 있는 성이라는 뜻으로, 신라의 월성(月城)도 재성이라 불렀다.

387 「春男 - 朴弘立(박홍립) - 云云(운운)」. 인용부호 '」'가 누락되었음.

388 '四天王(사천왕)'의 오기

389 椽木瓦(연목와): 서까래 장식기와

	所藏館名	部別	區類別	番號	品名	員數	發見場所
121	〃	〃	〃	4884	北門 城壁 椽木瓦 長方形. 蓮花文. 破損接合. 長 11.5糎	1〃	
	〃	〃	〃	4885	四天王寺 椽木瓦 長方形. 花文. 殘缺. 長 10糎	1〃	
	〃	〃	〃	4886	椽木瓦 長方形. 花文. 殘缺. 長 20糎	1〃	
	〃	〃	〃	4887	興輪寺 椽木瓦 長方形. 蓮花文. 殘欠. 長 10糎	1〃	
	〃	〃	〃	4888	四天王寺 椽木瓦 長方形. 四辨花文□完. 長 8糎	1〃	
	〃	〃	〃	4889	四天王寺 椽木瓦 長方形. 四辨花文. 殘欠. 長 7.2糎	1〃	
	〃	〃	〃	4890	芬皇寺 瓦 殘欠. 圓形. 四辨花文. 徑 7糎	1〃	
	〃	〃	〃	4891	椽木瓦 殘欠. 六辨花文. 六角形. 表面에 胡粉 及 金泊을 置함. 徑 6.5糎	1〃	
	〃	〃	〃	4892	同 殘欠. 六辨花文. 六角形. 表面에 胡粉을 置함. 徑 7.7糎	1〃	
	〃	〃	〃	4893	瓦 圓形. 重辨花文. 殘片. 長	1〃	
	〃	〃	〃	4894	瓦破片 表面에 亀甲文 有. 長 13糎	1〃	
	〃	〃	〃	4895	同 長 16.5糎(附屬右片 1個)		
	〃	〃	〃	4896	南澗 發見 宇瓦 完全 (破片接合). 唐草文. 長 29.2糎		
122	〃	〃	〃	4897	瓦破片		
	〃	〃	〃	4899	同		
	〃	〃	〃	4900	弩 臂木製. 長 6.05糎. 機台銅製. 長 15.3糎. 鈎金銅製裂. 長 9.5糎. 引金銅製. 長 10.8糎. 留金銅製. 柱銅製 2個 (1) 長 6糎 (2) 長 6.5糎	1基	
	〃	〃	〃	4901	大耳坏 瓦製	6個	
	〃	〃	〃	4902	小耳坏 瓦製	8〃	

所藏館名	部別	區類別	番號	品名	員數	發見場所
〃	〃	〃	4903	大盆 瓦製	1〃	
〃	〃	〃	4904	盤 瓦製	5〃	
〃	〃	〃	4905	〃	1〃	
〃	〃	〃	4906	壺 瓦製	3〃	
〃	〃	〃	4907	〃	1〃	
〃	〃	〃	4908	鉢 瓦製	1〃	
〃	〃	〃	4909	壺 瓦製	1〃	
123 〃	〃	〃	4910	瓦器殘片 瓦製	1括	
〃	〃	〃	4911	瓦殘片		
〃	〃	第四區	2603		1組	

(나) 美術部

所藏館名	部別	區類別	番號	品名	員數	發見場所
東京 帝室博物館	美術部	第一區	7106	前 朝鮮總督府 博物館藏 西城 壁畫 模本 羅漢圖 日下喜一郎[390] 模	1枚	慶州邑 皇吾里 第十六 号墳 第八[391] 發掘
〃	〃	〃	7107	同 蛇를 打하는 人物圖 阿部務 模	1〃	〃
〃	〃	〃	7108	同 裸體 人物 菩薩圖 江村隆夫 模	2〃	〃
〃	〃	〃	7110	同 西城 壁畫 模本 紺地 菩薩圖 阿部務 模	2〃	〃
〃	〃	〃	7111	同 黃地 菩薩圖 江村隆夫 模	1〃	〃
〃	〃	〃	7112	同 侍者 二人 座像 日下喜一郎 模	1〃	〃
〃	〃	〃	7113	同 玄壯大法師 阿部務 模	1〃	〃
124 〃	〃	〃	7116	同 西城 壁畫 模本 菩薩 花圖 日下喜一郎 模	1枚	
〃	〃	〃	7117	同 佛座像 江村隆夫 模	1〃	
〃	〃	〃	7118	同 惡魔 座像 紺地 菩薩 素描 阿部務 模	2枚	
〃	〃	〃	708	釋迦如來像 朝鮮畫	1幅	
〃	〃	〃	709	藥師如來像 朝鮮畫	1〃	
〃	〃	〃	1280	墨梅圖 傳 魚茂竜[392] 筆. 李朝時代. 紙本墨畫. 縱 6糎 1粍, 橫 36糎 8粍	3〃	

390 구사카 기이치로(日下喜一郎, 1899~1996): 도쿄 예술대학 명예교수 역임. 고분벽화의 모사로 유명한 화가로, 구사카 핫코우(日下八光)로 활동하였다. 일제강점기 조선을 방문해서 각 지역의 풍경과 풍속을 기록하면서 주목받았다.

391 1949년 발행본에서는 '第八槨(제8곽)'으로 표기되어 있음.

392 '魚夢龍(어몽룡)'의 오기. 어몽룡은 조선 중기에 활동한 문신이자 화가이다.

所藏館名	部別	區類別	番號	品名	員數	發見場所
〃	〃	〃	1281	同 李 筆. 李朝時代. 紙本墨畫. 縱 80糎, 橫 51糎 5粍	1〃	
〃	〃	〃	1290	水牛圖 榮園 筆. 李朝時代. 紙本墨畫. 縱 45糎 7粍, 橫 27糎 4粍	1〃	
〃	〃	第一區	495	百濟 觀音像 橫造 木造彩色. 高 2米 109糎	1軀	
〃	〃	第五區	1317	五言絶句 傳 宣祖大王書. 本墨[393] 縱 1米 35糎, 53.7糎[394]	2幅	

393 '絹本墨字(견본묵자)'의 오기. 1949년 발행본에서는 '絹本墨字'로 표기되어 있음.

394 橫(횡) 53.7糎(리). 앞의 '橫(횡)'자가 누락되었음.

(다) 美術工藝部

	所藏館名	部別	區類別	番號	品名	員數	發見場所
	東京 帝室博物館	美術 工藝部	第二區	內 862	橫長壺 朝鮮製. 高麗時代. 高 17.5糎, 銅. 長徑 25糎	1個	
125	〃	〃	〃	〃 863	壺 朝鮮製. 朝鮮時代. 高 39.2糎, 口徑 19糎, 底徑 14糎	1〃	
	〃	〃	〃	〃 864	長徑壺 朝鮮製. 朝鮮時代. 高 27.2糎, 口徑 4.1糎, 底徑 10糎	1〃	
	〃	〃	〃	〃 865	同 朝鮮製. 朝鮮時代. 高 19.3糎, 口徑 3.3糎, 底徑 7.3糎	1〃	
	〃	〃	〃	〃 873	水指 朝鮮製. 李朝鮮時代. 高 18糎, 口長對角徑 20糎, 底徑 11.5糎	1〃	
	〃	〃	〃	〃 875	兩淸手鉢 朝鮮製. 李朝時代. 高 73糎, 口徑 19.2糎, 底徑 6.6糎	1〃	
	〃	〃	〃	〃 878	靑瓷 刻文 茶盤 朝鮮製	1〃	
	〃	〃	〃	〃 879	靑瓷 象嵌 文鎭 朝鮮製	1〃	
	〃	〃	〃	〃 880	同 朝鮮製	1〃	
	〃	〃	〃	〃 881	鐵砂油 仙盞甁 朝鮮製	1〃	
	〃	〃	〃	〃 882	三島手鉢[395] 朝鮮製	1〃	
	〃	〃	〃	〃 883	三島平茶盤 朝鮮製	1〃	
	〃	〃	〃	〃 884	三島手皿 朝鮮製	1〃	
	〃	〃	〃	〃 885	兩□手□上坏[396] 朝鮮製	1〃	

395 분청사기를 일본에서는 '미지마데(三島手: 刷毛目)'라고 부른다.

396 1949년 발행본에서는 '兩淸手□上坏(양청수□상배)'로 표기되어 있음.

	所藏館名	部別	區類別	番號	品名	員數	發見場所
126	〃	〃	〃	內 886	刷毛目盞 朝鮮製	1個	
	〃	〃	〃	〃 887	同 朝鮮製	1〃	
	〃	〃	〃	〃 888	同 朝鮮製	1〃	
	〃	〃	〃	〃 889	同 朝鮮製	1〃	
	〃	〃	〃	〃 890	同 朝鮮製	1〃	
	〃	〃	〃	〃 891	繪高麗德利[397] 朝鮮製	1〃	
	〃	〃	〃	〃 892	繪高麗鉢 朝鮮製	1〃	
	〃	〃	〃	〃 893	三島手鉢 朝鮮製	1〃	
	〃	〃	〃	〃 894	同 朝鮮製	1〃	
	〃	〃	〃	〃 895	同 朝鮮製	1〃	
	〃	〃	〃	〃 896	三島手盞 朝鮮製	1〃	
	〃	〃	〃	〃 897	同 朝鮮製	1〃	
	〃	〃	〃	〃 898	三島手鉢 朝鮮製	1〃	
127	〃	〃	〃	〃 899	三島茶盤 朝鮮製	1〃	
	〃	〃	〃	〃 900	同 朝鮮製	1〃	
	〃	〃	〃	〃 901	三島手盞 朝鮮製	1〃	
	〃	〃	〃	〃 902	粉吹手鉢 朝鮮製	1〃	
	〃	〃	〃	〃 903	刷毛目茶盤 朝鮮製	1〃	
	〃	〃	〃	〃 904	刷毛目鉢 朝鮮製	1〃	

397 德利(도쿠리): 일본 정종 사케를 덜어 마시는 그릇의 일종으로, 주로 호리병 모양이다.

	所藏館名	部別	區類別	番號	品名	員數	發見場所
	〃	〃	〃	〃 905	刷毛目茶盤 朝鮮製	1〃	
	〃	〃	〃	〃 906	刷毛目盞 朝鮮製	1〃	
	〃	〃	〃	〃 907	同 朝鮮製	1〃	
	〃	〃	〃	〃 908	同 朝鮮製	1〃	
	〃	〃	〃	〃 909	〃	1〃	
	〃	〃	〃	〃 910	繪高麗德利 朝鮮製	1〃	
	〃	〃	〃	〃 911	〃	1〃	
128	〃	〃	〃	內 912	朝鮮製[398]	1個	
	〃	〃	〃	〃 913	繪高麗盞 朝鮮製	1〃	
	〃	〃	〃	〃 914	繪高麗壺 朝鮮製	1〃	
	〃	〃	〃	〃 915	三島手茶盤 朝鮮製	1〃	
	〃	〃	〃	〃 916	刷毛目盞 朝鮮製	1〃	
	〃	〃	〃	〃 917	同 朝鮮製	1〃	
	〃	〃	〃	〃 918	同 朝鮮製	1〃	
	〃	〃	〃	〃 919	堅手茶盤 朝鮮製	1〃	
	〃	〃	〃	〃 920	碧釉瓦 朝鮮製	1〃	
	〃	〃	〃	〃 921	繪高麗德利 朝鮮製	1〃	
	〃	〃	〃	〃 927	繪高麗德利 朝鮮製. 李朝時代. 高 16.3糎, 口徑 4糎, 底徑 5.3糎	1〃	

398 첫 줄에 '同(동)'자가 누락되었음.

	所藏館名	部別	區類別	番號	品名	員數	發見場所
	〃	〃	〃	〃 1045	盒子 朝鮮製. 新羅時代. 通蓋 高 2.5糎, 胴徑 12.4糎, 底徑 7糎	1〃	
	〃	〃	〃	〃 1046	□釉盤 朝鮮製. 高麗時代. 高 7.3糎, 口徑 16.4糎, 底徑 4.8糎	1〃	
129	〃	〃	〃	〃 1047	鐵砂釉鉢 朝鮮製. 高麗時代. 高 72糎, 口徑 20糎, 底徑 6.5糎	1〃	
	〃	〃	〃	〃 1048	青瓷瓶 朝鮮製. 高麗時代. 高 23.5糎, 口徑 10糎, 底徑 7.8糎	1〃	
	〃	〃	〃	〃 1049	青瓷注 朝鮮製. 高麗時代. 通蓋 高 2.65糎	1〃	
	〃	〃	〃	〃 1050	青瓷水滴 朝鮮製. 高麗時代. 通蓋 高 75糎	1〃	
	〃	〃	〃	〃 1051	青瓷鉢 朝鮮製. 高麗時代. 高 7.3糎, 口徑 16.2糎, 底徑 5.7糎	1〃	
	〃	〃	〃	〃 1052	青瓷注 朝鮮製. 高麗時代. 通蓋 高 18.9糎	1〃	
	〃	〃	〃	〃 1053	青瓷鉢 朝鮮製. 高麗時代. 高 5.5糎, 口徑 17.5糎, 底徑 4.5糎	1〃	
	〃	〃	〃	〃 1054	青瓷盒子 朝鮮製. 高麗時代. 高 4.3糎, 口徑 8.6糎	1〃	
	〃	〃	〃	〃 1055	青瓷黑花盤 朝鮮製. 高麗時代. 高 5.3糎, 口徑 9.7糎, 底徑 4.7糎	1〃	
	〃	〃	〃	〃 1056	青瓷黑花盤 朝鮮製. 高麗時代. 高 15.4糎, 口徑 5.1糎, 底徑 9.3糎	1〃	
	〃	〃	〃	〃 1057	青瓷盞瓶 朝鮮製. 高麗時代. 高 31.5糎, 底徑 9.5糎	1〃	
	〃	〃	〃	〃 1058	青瓷鉢 朝鮮製. 高麗時代. 高 7.4糎, 口徑 20.8糎, 底徑 7糎	1〃	
	〃	〃	〃	〃 1059	青瓷鉢 朝鮮製. 高麗時代. 高 5.7糎, 口徑 18.9糎, 底徑 6.7糎	1〃	

130

所藏館名	部別	區類別	番號	品名	員數	發見場所
〃	〃	〃	〃 1060	青瓷油壺 朝鮮製.[399] 高麗時代. 高 4.2糎, 口徑 2.7糎, 底徑 4.1糎	1 〃	
〃	〃	〃	〃 1061	搔落蓋甁 朝鮮製. 李朝時代. 高 28.8糎, 口徑 6.4糎, 底徑 7.7糎	1 〃	
〃	〃	〃	〃 1062	三島手盤 朝鮮製. 李朝時代. 高 10.5糎, 口徑 15.5糎, 底徑 6.5糎	1 〃	
〃	〃	〃	〃 1063	三島手鉢 朝鮮製. 李朝時代. 高 66糎, 口徑 19.6糎, 底徑 6.9糎	1 〃	
〃	〃	〃	〃 1064	刷毛目德利 朝鮮製. 李朝時代. 高 38.5糎, 口徑 4.5糎, 底徑 2.4糎	1 〃	
〃	〃	〃	〃 1065	刷毛目盤 朝鮮製. 李朝時代. 高 7.6糎, 口徑 17.7糎, 底徑 4.5糎	1 〃	
〃	〃	〃	〃 1066	目[400] 朝鮮製. 李朝時代. 高 7.4糎, 口徑 9.2糎, 底徑 5糎	1 〃	
〃	〃	〃	〃 1067	平茶盤 朝鮮製. 李朝時代. 高 7.5糎, 口徑 18.5糎, 底徑 5.4糎	1 〃	
〃	〃	〃	〃 1068	青花盤 朝鮮製. 李朝時代. 高 6.3糎, 口徑 14糎, 底徑 5.4糎	1 〃	
〃	〃	〃	1069	青花大壺 朝鮮製. 李朝時代. 高 33.8糎, 口徑 14.1糎, 底徑 14.8糎	1 〃	
〃	〃	〃	1070	青白磁鉢 朝鮮製. 李朝時代. 高 7.5糎, 口徑 18糎, 底徑 5糎	1 〃	
〃	〃	〃	1071	青白磁甁 朝鮮製. 李朝時代. 高 23.5糎, 口徑 4.2糎, 底徑 9.4糎	1 〃	

399 1954년 발행본에는 '朝鮮製'가 누락되었음. 1949년 발행본을 참조하여 표기하였음. 이하 '朝鮮製'가 누락된 부분은 보완하였음.

400 '同(동)'의 오기

	所藏館名	部別	區類別	番號	品名	員數	發見場所
	〃	〃	〃	1072	白磁壺 朝鮮製. 李朝時代. 高 34.8糎, 口徑 13.4糎, 底徑 12.5糎	1〃	
131	〃	〃	〃	1073	□裏紅 八方紅[401] 朝鮮製. 李朝時代. 高 18糎, 口徑 13.5糎, 底徑 1.1糎	1〃	
	〃	〃	〃	1074	釉裏紅甁 朝鮮製. 李朝時代. 高 31.1糎, 口徑 7.8糎, 底徑 12糎	1〃	
	〃	〃	〃	1075	同 朝鮮製. 李朝時代. 高 22.2糎, 口徑 7.8糎, 底徑 12糎	1〃	
	〃	〃	〃	1076	茶盤 朝鮮製. 李朝時代. 高 92糎, 口徑 12.5糎, 底徑 6糎	1〃	
	〃	〃	〃	1271	頭口 朝鮮製. 李朝時代. 高 35糎, 口徑 21糎	1〃	
	〃	〃	〃	1272	青瓷瓢扱水注[402] 朝鮮製. 高麗時代. 高 24.5糎, 口徑 2.8糎	1〃	
	〃	〃	〃	1273	青瓷鉢 朝鮮製. 高麗時代. 高 24糎, 口徑 19糎, 底徑 11.7糎	1〃	
	〃	〃	〃	1274	青瓷象嵌天酒盃[403] 朝鮮製. 高麗時代. 高 8.7糎, 口文酒盃徑 6.9糎	1〃	
	〃	〃	〃	1275	青瓷波文香盒 朝鮮製. 高麗時代. 通蓋 高 32糎, 口徑 9.7糎	1〃	
	〃	〃	〃	1276	三島手匣[404] 朝鮮製. 李朝時代. 高 35糎, 口徑 14.2糎, 底徑 4.8糎	1〃	
	〃	〃	〃	1277	染付壺[405] 朝鮮製. 李朝時代. 高 31.2糎, 口徑 13.5糎, 底徑 14.5糎	1〃	
	〃	〃	第三區	內 452	黑漆螺鈿筥 朝鮮製. 李朝時代. 方形覆蓋造. 方 27糎, 高 10糎	1〃	

401 '釉裏紅(유리홍) 八方紅(팔방홍) 壺(호)'의 오기로 추정됨.

402 '青瓷瓢形水注(청자표형수주)'의 오기. 1949년 발행본에서는 '青瓷瓢形水注'로 표기되어 있음.

403 '青瓷象嵌文酒盃(청자상감문주배)'의 오기. 1949년 발행본에서는 '青瓷象嵌文酒盃'로 표기되어 있음.

404 '三島手皿(삼도수명)'의 오기. 1949년 발행본에서는 '三島手皿'으로 표기되어 있음.

405 '染付(염부)'는 청화(青花)를 뜻한다.

2. 個人 占有 韓國 古美術品

132

品名	同上內譯	点數	占有者住所	氏名
一. (1) 佛像	國寶 13 其他 127	140	千葉縣 印旛郡 久住村 字 土室 84	小倉武之助[406]
(2) 磁器	高麗 李朝 其他		同	同
(3) 金石物	國寶 300 其他 3,000	3,300	同	同
二. (1) 佛像	國寶 10 其他 30	40	千葉縣 山代郡[407] 豊海町 粟生 2282	篠崎哲四郎
(2) 磁器	國寶 20 其他 300	320	同	同
三. (1) 磁器	國寶 200 其他 1,000	1,200	香川縣 仲多度郡 四條 大字 四條 56	東條正一
四. (1) 磁器	國寶 500 其他 2,000	2,500	大阪市 天王寺 上本町 7町目[408] 79	內藤米一
五. (1)佛像磁器	國寶 100 外 1,000	1,100	大分縣 日田郡 夜明村	一宮近藏
六. (1) 佛像	國寶 6 外 10	16	熊本縣 熊市[409] 京町 2丁日 134	岡本ステ[410]
(2) 磁器	國寶 100 其他 1,000	1,100	同	同
七. (1) 磁器佛像	國寶 500 外 3,000	3,500	三重縣 桑名郡 木曽岬村 大字 加戶新田 2028의 1	伊藤壽一
八. (1) 磁器	國寶 500 外 3,000	3,500	島根縣 通摩郡[411] 大森町 8의 94	松原純一

406 오구라 다케노스케(小倉武之助, 1870~1964): 일제강점기 한반도에서 활동한 실업가이자 미술품 수집가이다. 1922년부터 조선미술품 수집을 시작하였다. 한일회담에서 오구라 컬렉션의 반환을 요구했으나 개인의 소장품이라는 이유로 일본은 반환을 거부했다. 1981년 소장품은 모두 도쿄 박물관에 기증되었다.

407 '山武郡(산부군)'의 오기. 1949년 발행본에서는 '山武郡'으로 표기되어 있음.

408 '丁目(정목)'의 오기. 1949년 발행본에서는 '丁目'으로 표기되어 있음.

409 '熊本市(구마모토시)'의 오기로 보임.

410 岡本ステ(오카모토 스테)

411 '邇摩郡(니마군)'의 오기로 보임.

133

品名	點數	占有者住所	氏名	占有方法
高麗器 及 李朝器		東京市 赤城區[412] 傳馬町 2의 16 鯛生金山 社長	木村貞造	購買
〃		東京市 世田谷區 深沢町 4 味之素 本舗 社長	長尾欽彌	〃
〃		東京市 小石川區 金富町 6 片倉會社長	片倉兼太郎	〃
〃		東京市 世田區[413] 日本民芸舘	柳宗悅[414]	〃
〃		兵庫縣 芦屋市 行出小田坂 10	山本發次郎	〃
〃		大阪市 東區 内平野町 2의 28	八本正治	〃
〃		東京市 目黒區 上目黒 5의 2412	新田稔	〃
		兵庫縣 武庫郡 御影住吉村 室内 277	多田平五郎	〃
		東京市 三菱家 本店	岩崎	

134 3. 個人 占有 公州 百濟時代 美術品

品名	點數	占有者住所	氏名	占有方法
百濟時代 金品 裝飾具 美術品	多量	山形縣 西村山郡 醍醐村 字 慈恩寺 311	輕部玆恩[415]	
藝術品 書籍 書畫	多量	東京都 世田谷區 玉川田園調 2丁目 710의 1	早川分俊	
藝術品	約 300	熊本縣 鹿郡[416] 八幡村 大字 下吉田	竹熊武房	
藝術品 書畫	數 10	佐賀縣 杵島郡 龍王村 梁浦 85	小森護一	
藝術品 書畫	數 10	愛媛縣 伊予郡 中山町 大字 出淵 口[417]의 69	中岡傳吉	
藝術品	數 10	香川縣 大川郡 鴨圧村 3212	野崎朝吉	

412 '赤坂區(아카사카구)'의 오기로 보임.

413 世田谷區(세타가야구)의 오기. '谷'자가 누락되었음.

414 야나기 무네요시(柳宗悅, 1889~1961): 일본의 미술평론가 민예연구가로, 1936년 도쿄 고마바에 민예관을 설립하였음. 일제강점기 한반도를 방문했을 때 한국 문화에 매료되어 조선의 민화와 한반도 미술 문화를 깊이 이해하게 되었다고 한다.

4. 東京 帝室博物館 所藏 韓國美術品

	番號	品名	數量	評價				發見場所	備考
				單價		價格			
	9259	廣口坩 (蓋付) 大	2個		10		20	朝鮮 梁山郡 梁山面 新基里 發見	內 2個 破損
	9260	同 (蓋付) 大	7 〃		〃		70	〃	內 2個 4部 小破
135	9261	廣口脚付坩 (蓋付)	2 〃		〃		20	〃	完全
	9262	坩臺 大	2 〃		〃		20	〃	
	9263	同 小	2 〃		〃		20	〃	
	9264	脚及耳付盌 (蓋付)	2 〃		〃		20	〃	
	9265	脚付盌	1 〃		〃		10	〃	
	9266	高坏 (蓋付)	10 〃		〃	1	00	〃	蓋 1個 破損
	9267	〃 〃	12 〃		〃	1	20	〃	
	9268	〃 〃	11 〃		〃		20	〃	
	9269	高坏 小	7 〃		〃		70	〃	
	9270	高坏 (蓋付)	12 〃		05		60	〃	內 2個 破損
	9271	蓋付盌	10 〃		10	1	00	〃	蓋 2個 破損
	9272	鉄釜 (陶器 蓋付)	1 〃		10		10	〃	
136	9273	鉄器	1個		20		20	朝鮮 梁山郡 梁山面 新基里 發見	

415 '輕部慈恩(가루베 지온)'의 오기

416 鹿本郡(가모토군)의 오기. '本'자가 누락되었음.

417 '四(4)'의 오기

137

番號	品名	數量	評價				發見場所	備考
			單價		價格			
9274	槍 (蓋付)	1〃		20		20	〃	
9275	刀子	18〃		10	1	80	〃	木柄付 14個 內 5個 破損, 2欠損
9276	鉄器	4〃		05		20	〃	
9277	〃	2〃		04		08	〃	木片附着
9278	刀 (環頭直刀)	1振		20		20	〃	
9279	刀	1〃		10		10	〃	
9280	□[418]	1筋		05		55	〃	柄(竹?) 附属
9281	〃	4個		05		20	〃	
9283								欠號
9284	鞍 (前後□)[419]	1〃	1	00	1	00	〃	木製銀着, 打出模様□面及木部
9285	轡 (鉄)[420]	1〃		50		50	〃	
9286	鐙 (鉄)	1組		20		20	〃	
9287	鉸具 (鉄製)	3個		10		30	〃	
9288	同 (金銅製)	2〃		10		20	〃	
9289	座付環 (銀製)	5〃		10		50	〃	
9290	銀環	1		10		10	〃	
9291	銀雲珠 (馬具附属)	1		10		10	〃	
9292	銀金具殘片	4		05		20	〃	
9293	鉸具 (銀製)	1組		20		20	〃	
9294	同 (金銅製)	1		10		10	〃	
9295	座付環 (銀製)	4個		10		40	〃	

418 1954년 발행본에는 품명이 공란임. 1949년 발행본에는 '金' 부수의 글자로 표기되어 있으나 판독 불가함.

419 1954년 발행본에는 품명이 공란임. 1949년 발행본을 참조하여 표기했음.

420 1954년 발행본에는 품명이 공란임. 1949년 발행본을 참조하여 표기했음.

	番號	品名	數量	評價				發見場所	備考
				單價		價格			
	9296	杏葉 (金銅)	12		10	1	20	〃	破損
138	9297	杏葉 (鉄銀張)	3		10		30	朝鮮 梁山郡 梁山面 新基里 發見	
	9298	金銅飾金具	1箱		10		10	〃	
	9299	馬具附属皮殘欠	1		05		05	〃	
	9300	金銅寶冠	1個		00	1	00	〃	透彫打出模樣付[421] 男子用
	9301	寶冠 (銀前立付)	1		00	1	00	〃	女子所用
	9302	綱巾[422]	1		10		10	〃	
	9303	綾片	1		10		10	〃	金泊附着
	9304	金銅靴	1足	1	00	2	00	〃	女子所用
	9305	純金剛	1対[423]	5	00	5	00	〃	
	9306	銀劍	1〃		20		20	〃	
	9307	小玉 (裝身具)	1聯	1	00	1	00	〃	左腕分金鋸密甘土 2, 瑪腦小玉[424] 24, 琉琦 23
139	9308	瑪腦小玉[425]	1〃		50		50	〃	
	9309	純金耳飾	1對	10	00	10	00	〃	女子所用
	9310	同	1〃	11	00	10	00	〃	男子所用
	9311	銀製指環	5		20	1	00	〃	男子所用 右手 內 3個 破損
	9312	同	4		20		80	〃	男子所用 左手 內 4個 破損
	9313	首飾玉 (水晶)	1聯	10	00	10	00	〃	勾玉 管玉, 切子玉 白玉 等을 銀鎖로 連結함.
	9314	金銅寶玉 (3個付)	30個		30	9	00	〃	
	9315	純金空玉 (4個付)	32〃		30	9	60	〃	耳環으로부터 2個, 其余는 執[426]으로부터 出함.

421 1954년 발행본에는 '打'자가 공란 처리되었음. 1949년 발행본을 참조하여 표기했음.
422 '網巾(망건)'의 오기
423 1954년 발행본에는 '対'자가 누락되었음. 1949년 발행본을 참조하여 표기했음.
424 '瑪瑙小玉(마노소옥)'의 오기
425 '瑪瑙小玉(마노소옥)'의 오기
426 1954년 발행본에는 '執'자가 누락되었음. 1949년 발행본을 참조하여 표기했음.

	番號	品名	數量	評價				發見場所	備考
				單價		價格			
	9316	硬玉勾玉 大	1	5	00	5	00	〃	男子所用
	9317	瑠璃小玉	1聯		50		50	〃	74個 中 瓢形[427] 1個
	9318	〃	1〃		50		50	〃	118個 內 2個 接續한 것의 20 左側
	9319	〃	1〃		50		50	〃	10個 左側
140	9320	銀製帶金具	1組	5	00	5	00	朝鮮 梁山郡 梁山面 新基里 發見	鉸具皮付 金具 及 透彫 36個 垂飾 男子用
	9321	銀佩金具 大	1〃	1	00	1	00	〃	男子用
	9322	銀佩金具 小	5〃	1	00	5	00	〃	大部分 破損
	9323	銀帶金具	1〃	1	00	1	00	〃	鉸具, 鼻金具, 銀透彫□飾金具 33個 裏皮의 上에 片으로 附着
	9324	銀佩金具 大	1〃	2	00	2	00	〃	女子用
	9325	銀佩金具 小	4〃	1	00	4	00	〃	〃
	9326	刀子 (随所金銀金具를 裝함.)	1振		5		50	〃	
	9327	鐸	1		50		50	〃	
	9328	金銅瑠珞	1箱		50		50	〃	
	9329	刀子	4		20		80	〃	
	9230	金銀耳環	1對		10		10	〃	
141	9331	瑠璃小玉	1		50		50	〃	
	9332	勺玉[428] (翠)	2個		20		40	〃	
	9333	勾玉 (硝子)	1個	1	00	1	00	〃	
	9334	瑠璃小玉	1聯		20		20	〃	
	9335	珠數玉	1〃		10		10	〃	
	9336		1		05		05	〃	
	9337	小玉石	1個		05		05	〃	

427 1954년 발행본에는 '瓢'자가 누락되었음. 1949년 발행본을 참조하여 표기했음.

428 '勾玉(구옥)'의 오기. 1949년 발행본에서는 '勾玉'으로 표기되어 있음.

番號	品名	數量	評價				發見場所	備考
			單價		價格			
9338	齒	1包		05		05	〃	
6832	純金製耳飾	2	56	00	22	00	昌寧郡 昌寧面 校洞里 石墳 發見	內 1個 附属具의 一部 殘欠 있음.
6833	小刀子破片	2包		10		20	〃	
6834	鉄具	1		20		20	〃	
6835	銀製丸輪	1		30		60	〃	
142 6836	木棺用鉄具	1		10		10	昌寧郡 昌寧面 校洞里 石墳 發見	
6837	碧玉製管玉	1		50		50	〃	
6838	丸玉	7		01		07	〃	
6839	素燒坩 (長頸)	2		10		20	〃	內 1個 破損
6840	素燒附盌	2		10		20	〃	
6842	赤燒蓋付深盌蓋	6				12	〃	
6843	赤燒蓋付深盌	3		20		60	〃	
6844	赤燒深盌	7		15		33	〃	
6846	素燒高	33		20	6	60	〃	
6847	同 (身)	17		10	1	70	〃	
6848	同 (蓋)	17		10	1	70	〃	

143 (5) 東京 大倉集古館 所藏 韓國美術品[429]

番號	品名	數量	評價				發見場所	備考
			單價		價格			
1963	五層沃養塔[430]	1					利川郡 鄕校前廢寺址 五層塔	

429 내용상 '4. 東京 帝室博物館 所藏 韓國美術品' 다음으로 연결되므로 소제목 번호가 '(5)'가 아니라 '5.'가 되어야 한다. 이하 원문 152쪽 '(9) 國寶 鐵彩自繪唐草文甁'까지 마찬가지이다.

430 '五層供養塔(5층공양탑)'의 오기

⑹ 日本 各地 所在 韓國 鐘

144

越前國 常宮 鐘	圖版番號	4	大阪市 正祐寺 鐘	圖版番號	14
豊前國 宇佐 八幡宮 鐘	〃	6	久米民之助氏 藏 鐘	〃	15
那覇市 波上神社 鐘	〃	7	南部伯 藏 鐘	〃	16
安芸國 照蓮寺 鐘	〃	8	出雲國 天倫寺 鐘	〃	17
摂津國 鶴満寺	〃	11	山城國 知恩寺 鐘	〃	18
近江國 圓城寺 圓満院 鐘	〃	12	山城國 知恩寺 鐘	〃	29
筑前國 承天寺 鐘	〃	13	博多市 聖福寺 鐘	〃	21
筑前國 志賀神社 鐘	〃	22			
出雲國 雲樹寺 鐘	圖版番號	23			
長門國 住吉神社 鐘	〃	24			
杉子 藏 鐘	〃	25			
安芸國 不動院 鐘	〃	26			
安芸國 大願寺 鐘	〃	27			
備前國 院 鐘	〃	28			
播磨國 尾上神社 鐘	〃	29			
播磨國 鶴林寺 鐘	〃	30			
佐渡國 長安寺 鐘	〃	31			
小宮三保松氏 藏 鐘	〃	32			

	名稱	所在地	製作年代	材料及体積	特徵	奪去年月日
145	常宮神社 鐘	福井縣 敦賀郡 松原	833年 以後	青銅 總高 1,228寸 6尺 95分	天女와 雲女 在銘	壬辰時(1587~1597)
	宇佐 八幡宮 鐘	大分縣 宇佐郡 宇佐町	904 〃	總高 約 3尺	座 5, 房 7. 蓮花文. 在銘. 周辺은 重関 內에 珠入	
	那覇市 波上神社 鐘	(琉球)	956 〃	高 2尺 8寸, 周 1尺 8寸 5分	在銘	
	照蓮寺 鐘	広島縣 豊田郡 竹原町	963 〃	高 2尺 余	天人文選 在銘	
	鶴満寺 鐘	大阪市 北區 長板[431]	1030 〃		天人文樣, 緣辺唐草文 在銘	
	圓城寺 圓満院 鐘	滋賀縣 滋賀郡 大津	1031 〃	高 2尺 5寸	飛天人飛雲, 座蓮房	
	承天寺 鐘	福岡縣 福岡市	1065 以後		飛天과 佛像을 鑄現. 在銘	追刻에 依하면 1498年 以後 當時 入手. 그럼으로 그 前에[432] 日本에 奪去
	正祐寺 鐘	大阪市 南區 天王寺上宮町	1019 〃			
	久米民之助氏 蔵 鐘	東京	1196 〃	高 1尺 5寸, 經 1尺 1寸 3分	在銘	久米 氏에 入手한 것은 明治 36年頃. 그 前에 日本에 奪去
	南部伯 蔵 鐘	東京	1206 〃	高 1尺 9寸	座面	
	天倫寺 鐘	島根縣 八東郡 法吉村	950 〃	高 2尺 8寸, 徑 1尺 7寸 5分		
146	知恩院寺 鐘	京都	1469年 以後		下帶沈紋	
	建仁寺 鐘	京都		高 1尺 3寸, 口徑 1尺 2寸	鐘座飛天垎 四孔郭結에 雷文	
	聖福寺 鐘	福岡縣 福岡市			在銘이나 年記 無	
	志賀神社鐘	福岡縣 糟屋郡 志賀島村		鑄 高 1尺 7寸, 徑 1尺	坐像과 天部立像을 配置. 龍頭形式 S字狀 書 境座 4	

431 '長柄(나가라)'의 오기로 보임.

432 1954년 발행본에는 '에' 앞에 '그 前' 두 글자가 누락되었음. 1949년 발행본을 참조하여 표기했음.

名稱	所在地	製作年代	材料及体績	特徵	奪去年月日
雲樹寺 鐘	島根縣 能義郡 宇賀苑村			樂器를 가진 天女下帶에 優秀한 □□無銘□ 刻銘뿐이다.	
住吉神社 鐘	山口縣 豊浦郡 山村 大字 楠乃			無銘. 上下帶 上向, 下向의 半円한 唐草를 交互로 配置	
杉子 爵 蔵 鐘					
不動院 鐘	広島縣 安芸郡 牛田村			無銘. 上記 住吉神社 것과 같다.	壬辰亂 時 戰利品이라고 傳한다.
大願寺 鐘	広島縣 佐伯郡 嚴島町		高 8寸 5分, 口徑 7寸 3分	在銘이나 年記 無. 文樣組	
観音寺 鐘	岡本縣[433] 上區郡[434] 西大寺町			上下帶紋 □花文, 聖福寺 것과 같다.	
尾上神社 鐘	兵庫縣 加古郡 長町			飛天流麗天蓋佛像有. 無銘	
147 鶴(□)林寺 鐘	兵庫縣 加古郡 鳩里村		高 264寸	無名 撞座[435] 3, 上神社 鐘과 類似	
長安寺 鐘	新潟縣 佐渡郡 阿崎大字				
小宮三保松氏 所蔵 鐘	東京				倭政府時代 旧王職次官 在職 中 入手

433 '岡山縣(오카야마현)'의 오기

434 '上道郡(조토군)'의 오기

435 1954년 발행본에는 '撞'자가 누락되었음. 1949년 발행본을 참조하여 표기했음.

⑺ 在東京 戶田利兵衛 所持 韓國 古美術 骨董品

	號數	品名
	147	鍍金觀音菩薩立像
	49	新羅時代鍍金四佛四菩薩塔
	11	高麗青磁 双獅子枕
	5	同　　　麒麟蓋香爐
	6	同　　　象花文八角面取細口長首瓶[436]
	1	同　　　象嵌双獻花紋壺
	17	同　　　三羽鶴文盤
148	26	同　　　菊花文辰砂入香合
	177	同　　　有台盃
	265	高麗黑細白上象繪雲鶴文梅瓶[437]
	202	三島象嵌牡丹文上扁壺
	86	李朝染付花文散總辰砂德利
	112	總辰砂瓢形染付文字入八角瓶
	93	李朝鉄砂龍文扁壺
	40	白瓷瓶
	169	高麗青磁象嵌雲鶴菊花文長口瓶
	36	高麗青磁象嵌菊花文輪花香合
	9	高麗青磁象嵌雲鶴文盤
	198	同
149	44	三島搔落手双魚文扁壺[438]
	64	粉引勝雲茶碗
	65	鷄龍山月斗銘茶碗
	106	李朝染付山水文角瓶
	94	李朝染付辰砂高品付德利
	267	鉄砂龍文壺
	101	李朝龍文透彫筆筒

436 '象花文'은 '象嵌(상감) 菊花文(국화문)'의 오기임.

437 '黑細白上象'은 '黑釉白土象嵌'의 오기임. 품명은 '高麗黑釉白土象嵌繪雲鶴文梅瓶(고려 흑유백토 상감 회운학문 매병)'으로 추정됨.

438 분청사기에서 바탕을 긁어내는 박지(剝地) 기법으로 만든 도자기. '三島手'는 분청사기, '搔落'은 긁어내는 박지 기법의 일본 용어이다.

	號數	品名
	15	高麗陰刻蓮辨筒茶碗
	189	高麗青磁 陰刻牡丹大梅瓶
	7	同 象嵌牡丹文水注
	10	同 象嵌菊花文朝顔形花瓶
	154	同 象嵌牡丹文台付丸水注
	179	同 象嵌菊花文蓋付小壺
150	19	高麗青磁 象嵌雲鶴菊花文瓢形花瓶
	18	同 〃 黑白唐草文油壺
	173	同 〃 行鳥文大花瓶
	23	同 〃 花文六角香合
	33	同 〃 菊花文香合
	34	同 〃 七寶文油壺
	16	同 〃 唐草文鳥上杯香爐
	37	同 〃 菊花文香爐
	24	同 〃 雲鶴文龍把盃
	31	同 〃 菊花文山壺
	175	高麗青磁辰砂入油壺
	54	高麗青三島搔刷毛牡丹文上
	30	同 牡丹文蘭茶碗
151	170	高麗青三島搔草花魚文扁壺
	28	同 菊花文扁壺
	184	高麗青三島搔落手蓮花文小扁壺
	246	同 唐草魚文瓶
	185	高麗青磁龜形草花文扁壺
	167	同 菊花文德利
	71	三島刷毛目瓢形瓶

⑻ 園田淳 所藏 夢遊桃源圖

時代	作者	品名	所藏者氏名
	安堅 筆	夢遊桃源圖(絹淡彩)	鹿児島市 荒町 園田淳
		金銅觀音像(佛像)	前住所 慶北 大邱 麻內 醫師 市田次郎
李朝中宗時代	李上佐 筆號(學圃)	山水圖(紙淡彩)	横田五郎
李朝燕山君時代	利嚴 筆(靜中)	花島描拘圖[439] 3幅(紙着彩)	岸清一
李朝宣祖時代	鄭弘翼 筆(休庵休公羽)	葡菊圖	進辰馬
李朝仁祖時代	金明國 筆(蓮潭)	3幅 對達磨(中) 梅竹(左右) 3幅圖(紙黑書)	東京美術學校
李朝英祖時代	李寅文 筆(古松流舘眞)	葡菊圖(紙着彩)	〃
李朝憲哲宗時代	金秀哲 筆(北山)	紫陽花圖(紙淡彩)	
李朝英祖時代	李義養 筆(雲齊[440])	山水圖	高橋濱吉

⑼ 國寶 鐵彩自繪唐草文瓶

國寶指定番號	名稱	員數	所有者住所	所有者氏名
第三七二號	鉄彩自繪唐草文瓶	1個	前住所 朝鮮 서울市 中區 旭町 1丁目 181 本籍地(山口縣 山口市 大字 上宇會 2958)	阿川重郎 (阿川重雄)[441]

439 '花鳥猫狗圖(화조묘구도)'의 오기

440 '雲齋(운재)'의 오기

441 阿川重郎(아가와 주로)[阿川重雄(아가와 시게오)]: '아가와 문고'라고 불린다. 조선 국왕이 신하에게 하사한 하사본과 지방 문인들의 문집 철학 문학에 관련한 서적 등이 포함되어 있으며 19세기 자료가 중심이나 16~18세기 자료도 포함되어 있다.

153 # (五) 船舶

1. 在日韓籍船舶

船名	馬力	噸數	登錄港	所有者名	徵發年月日	現在住所豫想地
NO. 12 京仁丸		51.98	仁川	京仁商船株式會社 (仁川)	1945年 8. 20.	下関市
海元丸	130	71.	統營	統營海運株式會社	〃 8. 20.	熊本縣 天草港 壹岐郡 勝本町
鶴友丸	80	20.	〃	〃	〃 9. 30.	佐世保市
鏡城丸	391	372.	釜山	朝鮮汽船株式會社	〃 8. 20.	博多
寶城丸	260	139.	〃	〃	〃	大阪
晃陽丸	200	129.	〃	晃陽汽船株式會社 (麗水)	〃 9.	
三和丸	110	194.	群山	同和海運公社	〃 8.	四國, 今治
黑湖丸		93.	羅津	朝鮮總督府	〃 8. 20.	大分縣
晃運丸		90.	釜山	西日本汽船株式會社 (釜山)	〃 8. 17.	下関
154 No. 6 海南丸		14.116	海南	海南運輸株式會社	1945. 11. 28.	
共進丸	200	198.	木浦	中城喜之助	〃 9. 10.	
龍頭山丸	270	518.32	釜山	西日本汽船株式會社	〃 9. 10.	門司市
南鮮丸	130	71.89	〃	山田峯太郎	〃 9. 30.	
興盛丸	62	69.45	〃	釜山朝鮮重工業會社	〃 9.	
鶴丸	120	35.89	木浦	木浦警察署	〃 8. 20.	大分
明榮丸	39	52.88	〃	昭和海運株式會社 (木浦)	〃 9. 10.	唐津港 又는 下関市
大川丸	20	26.	〃	〃	〃	尾道港
栄浦丸	25	37.30	〃	〃	〃	博多
NO.5 昭海丸	25	40.	〃	〃	〃	唐津港 又는 伊萬里港
NO.8 唐津丸	81	62.94	〃	全南汽船株式會社	〃 8. 17.	四國 堺市 (香川縣)
155 NO.2 旭丸	73	48.66	群山	旭水産株式會社		島根縣 那賀郡 江津町
NO.2 東洋丸		62.94	仁川	船舶統制會社		大阪

船名	馬力	噸數	登錄港	所有者名	徵發年月日	現在住所豫想地
新洋丸	350	263.13	釜山	天津艀船公社	〃 8. 22.	
白洋丸	390	181.35	〃	〃	〃 9. 12.	門司
玄洋丸	400	182.53	〃	〃		浜田
扶餘丸		197.20	仁川	朝鮮郵船株式會社	〃 9. 15.	비루-마[442]
艀 19號		500.	釜山	天津艀船公社	〃 8. 30.	門司
艀 117號		500.	〃	〃	〃	
艀 40號		500.	〃	〃	〃	門司
NO.16 朝日丸		19.	鎭海	鎭海運輸株式會社	〃	廣島 豊臣
NO.18 朝日丸		19.	〃	〃	〃	〃
NO.17 朝日丸	60	19.	〃	〃	〃	〃
156 NO.5 京仁丸	370	435.	仁川	京川商船株式會社	1939. 9. 10.	大湊市
NO.1 京仁丸	370	433.84	〃	〃	1941. 12. 25.	横須市
NO.2 京仁丸	370	433.	〃	〃	1941. 12. 1.	〃
NO.3 京仁丸	407	433.	〃	〃	1942. 1. 20.	大湊市 青島
太平丸	400	193.	釜山	朝鮮汽船株式會社		下関
太西丸	500	228.	〃	〃		博多
金城丸	450	330.	〃	〃	1945. 8. 20.	〃
長安丸	450	330.	〃	〃		〃
光濟丸		1,100	仁川	朝鮮郵船		
栄仁丸	215	1,163	〃	〃		
平安丸	1,064	1,578	〃	〃		博多
157 會寧丸	728	1,584	〃	〃		〃
長白山丸	1,300	2,131	〃	〃		台湾
NO.21 大成丸	92	52	釜山	朝鮮油脂會社		浦崎
連海丸	180	199	〃	朝鮮油漕		下関

442 미얀마(Myanmar)

	船名	馬力	噸數	登錄港	所有者名	徵發年月日	現在住所豫想地
	NO.3 東勢丸	240	360	仁川	〃		〃
	NO.11 良友丸	1,200	261	釜山	〃		
	NO.110 良友丸	135	146	〃	〃		
	NO.32 〃		524	〃	株式會社立石商會		
	白川丸	115	114.99	〃	朝鮮油漕		愛媛
	先天丸	115	149.99	〃	朝鮮油肪會社		山口 八木
	NO.5 大成丸	100	56	〃	〃		門司
	秀丸		16.49	木浦	木浦近海運輸會社		神戸
158	NO.1 鮮海丸		63.80	仁川	近海運輸株式會社		山口縣 析井港[443]
	扶洋丸	210	103.54	釜山	天津艀船公社		門司
	NO.1 大盛丸	460	376.42	〃	〃		大島
	大和丸	15	7.64	墨湖	友仲長	1945. 9. 19.	下関市
	清油丸	18	5.30	〃	今津清吉		岡山縣 上房郡 高梁町
	竹丸	20	9.	〃	竹本政一		山口縣 油田村町
	NO.18 唐津丸	120	187.78	木浦	全南汽船株式會社	1945. 2. 20.	福岡縣 若松町
	無等山丸	130	66	〃	全南道庁		唐津港
	NO.11 唐津丸	81	85.59	〃	全南汽船株式會社	1945. 2. 20.	長崎 帝國之律造船所
	金剛丸	740	117.	〃	木浦警察署		大分
	NO.1 興亞丸	120	150	釜山	興亞海運組合		高知縣 土佐郡
159	新義州丸	490		〃	西日本汽船		博多
	NO.2 興亞丸	120	140	〃	興亞運輸組合		高知縣 土佐郡
	溫陽丸	75	100	〃			下関
	三陽丸	76	100	〃			
	NO.1 救助丸	120	129.18	〃	同船救助會社支店	1945. 9. 30.	門司

443 '柳井港(야나이항)'의 오기로 추정됨.

	船名	馬力	噸數	登錄港	所有者名	徵發年月日	現在住所豫想地
	三和丸	120	194	群山	同和海運株式會社		今治 又는 下関
	盛運丸	98	132	木浦	吉田生駒		
	NO.13 〃		199	〃	〃		
	NO.5 大盛丸	92	51	釜山	朝鮮油脂會社		門司
	NO.6 海南丸		1426	咸南	咸南共同運輸	1945. 9. 30.	
	慶山丸		562.90	釜山	西日本汽船		呉播造船所
	金城丸		330.68	〃	〃		横浜
160	晃山丸		516.62	釜山	西日本汽船		大和島
	충성丸		884.25	〃	〃		
	勇武丸		884.25	〃	〃		門司
	大魚丸		5.68	麗水	丁相根	1948. 11. 26.	長崎縣 下縣郡 岳村 仁佐縣[444] 小崎
	麗信丸		19.70	〃	李金鎭	1947. 9. 27.	佐世保 美軍 34聯隊
	先華丸		51.98		朝鮮總督府	1942. 1. 1.	廣島
	太福丸	50	39		李根済 (仁川府 松鶴洞 2街 18)	1946. 10.	和歌山港
	盛運丸	98	132	木浦	吉田生駒 (木浦府 柳町 3)		
	NO.5 〃	110	170	〃	吉田飯□ (木浦府 柳町 3)		
	NO.13 〃		199	〃	吉田生駒 (〃)		
	NO.17 〃	20	120	三陟	中村 藏		山口県縣 萩
161	大興丸	90	46.29	九龍浦	岡太平	1945. 10. 15.	香川縣 小川
	NO.1 鱗海丸	60	18	〃	〃	〃	下関
	海平丸	100	32	元山	宮本照雄 (咸南 德源郡)		

444 '仁位村(니이촌)'의 오기

2. 一般漁船

(日帝時代 徵用中 惑은 作業中 擊破된 것임.)

船名	類類[445]	所有者	被害內容			
			船舶			
			年月日	屯數	被害	金額
福壽丸	打瀨網船	慶南 統營郡 岩本方根	1945. 5. 3.	14.93	沈沒	896千円
大島丸	運搬船	全南 灵光郡 宮本淳一	〃 5. 4.	17.54	〃	1,052
(3隻)	延繩船	珍島漁業組合員	〃 5. 6.	9.00	〃	540
萬生丸	〃	黃海道 日面 金永淳	〃 5. 22.	3.00	〃	180
千島丸		全北道聯	〃 6. 14.	2.43	〃	68
162 (1隻)		全南漁獲物運組員 金又吉	1945. 6. 25.	19.89	沈沒	1,193千円
(〃)		〃 李德宇	〃	3.00	〃	180
(〃)		珍島漁業組合	〃 5. 26.	16.00	〃	960
(〃)	〃	〃	〃 5. 29.	16.00	〃	960
(〃)	延繩船	全南 海南郡 金昌浩	〃 6. 7.	3.00	〃	180
(〃)	定置細船	咸北 會寧郡 松田寅義	〃 6. 15.	12.70	〃	762
	〃	咸北 淸津府 光村光雄	1945. 6. 16.	12.70	〃	762
	刺網船	全南 莞島郡 新山浩英	〃 6. 26.	16.18	〃	981
(〃)	鮟鱇細船	珍島郡 漁業組合員	〃 7. 1.	3.00	〃	180
龍福丸	打瀨細船	慶南 統營 伊原昌好	〃 7. 5.	14.00	〃	840
163 共進丸	運搬船	忠南 瑞川 朴炳來	〃 5. 29.	9.38	〃	563
(1隻)	鮟鱇船	島島漁細 金本成珍	〃 5. 29.	12.00	〃	180
〃	〃	全南 得[446] 漁組員 山道貞一	〃 〃	〃	〃	〃
〃	〃	全南 灵光 漁業組合員 松井一助	〃 6. 16.	〃	〃	〃
〃	延繩船	珍島 漁業 組合員	〃 6. 27.	〃	〃	〃
合計 20隻				193.75		2,635千円

445 '種類(종류)'의 오기로 보임.

446 1949년 발행본에 의하면 '得粮灣(득량만)'임.

被害內容								合計
附屬品				人員(死)(傷)				
種類	數量	被害	金額	數量	金額	數量	金額	
漁網	1	沈沒	15千円	1	200千円	1	50円	1,161千円
生魚	10屯	〃	500					170
漁網	1統	〃	15	2	400	2	100	1,055
〃	1〃	〃	15	5	1,000	12	150	1,345
生魚	6式	〃	180	2	400	2	100	1,366
生魚	12式	沈沒	360円	2	400千円	2	100円	1,553
漁網	1統	〃	15	〃	〃	〃	〃	195
〃	1〃	〃	15	3	600	2	100	1,675
〃	1〃	〃	〃	4	800	〃	〃	1,775
〃	1〃	〃	〃	1	200	〃	〃	495
〃	1〃	〃	〃	〃	〃	〃	〃	777
〃	1〃	〃	〃	1	200	〃	〃	977
〃	1〃	〃	12	〃	〃	1	50	1,043
〃	1〃	〃	15	〃	〃	〃	〃	195
	1〃	〃	〃	〃	〃	〃	〃	855
生魚	5屯	〃	150	5	1,000	〃	〃	1,712
漁網	1純	〃	15	3	600	〃	〃	755
〃	1〃	〃	〃	1	200	3	150	545
〃	1〃	〃	〃	〃	〃	5	250	445
〃	1〃	〃	〃	〃	〃	〃	〃	195
337天統			1,427千円	28	5,600	21	1,050	19,711千円

(3) 特殊漁船[447]

	船名	種類	前所有者住所 及 姓名	馬力	屯數	船籍地	現在 日本所在地 及 所有者	價格	備考
	富士丸	漁船	舒川郡 長頂邑 小本町 藤永三朗	30	5.2	長頂		1,520,000円	
	第11 朝日丸	〃	群山府 幸町 33의 2 山田刈治	100	47.7	群山	島根縣 那賀区 江津町 宇和本	4,770,000	
164	第12 朝日丸	漁船	群山府 幸町 33의 2 山田刈治	100	47.7	群山	島根縣 那賀区 江津町 宇和本	4,770,000円	
	第5 朝日丸	〃	〃	73	48.66	〃	〃	4,866,000	
	營魚丸	〃	麗水郡 三山面 猪塚勤七	6	3.1	麗水	香川縣 津町 鞆町 1-193 〃	310,000	
	明神丸	〃	麗水郡 □面 森藤太郎	30	15.7	〃	廣島縣 佐賀佃郡 〃	1,570,000	
	勝魚丸	〃	〃 井上武	20	13.8	〃	廣島縣 佐賀佃郡 現波町 2-21	1,380,000	
	晴平丸	〃	〃 太平晴義	20	12.5	〃	香川縣 大川郡 田町 12214	1,250,000	
	第1 金□□丸[448]	〃	鐘紡朝鮮水産 公社	55	21.0	〃		2,100,000	
	第2 〃	〃	〃	55	21.0	〃		2,100,000	
	藩州丸	〃	西大洋漁業 會社	100	19.89	釜山	山口縣 下関市[449] 竹峙町 6 西大洋會社	1,988,000	
	玉城丸	〃	〃	〃	24.97	〃	〃	2,497,000	
165	第1 大成丸	〃	〃	70	18.98	方魚津	〃	1,898,000	
	第2 大成丸	〃	〃	〃	〃	〃	〃	1,898,000	

447 내용상 '2. 一般漁船' 다음으로 연결되므로 소제목 번호가 '(3)'이 아니라 '3.'이 되어야 한다.
448 1954년 발행본에는 '第一'까지만 표기되어 있으나, 1949년 발행본을 참조하여 나머지 부분을 표기했음.
449 '竹崎町(다케자키정)'의 오기로 보임.

船名	種類	前所有者住所 及 姓名	馬力	屯數	船籍地	現在 日本所在地 及 所有者	價格	備考
迎日丸	〃	〃	60	〃	浦項	〃	1,898,000	
近日丸	〃	〃	〃	〃	〃	〃	1,898,000	
第7 大德丸	〃	〃	50	〃	〃	〃	1,898,000	
第5 準丸	〃	〃	25	9.91	方魚津	〃	991,000	
第15 〃	〃	〃	〃	10.43	〃	〃	1,043,000	
第16 〃	〃	〃	〃	12.57	〃	〃	1,257,000	
第19 〃	〃	〃	30	11.61	〃	〃	1,161,000	
第21 〃	〃	〃	〃	9.72	〃	〃	972,000	
聖興丸	〃	高興郡 蓬萊面 德永忠太郎	20	13.0	高興		1,598,000	
神力丸	〃	伊藤童太	30	15.98			1,858,000	
166 浜吉丸	漁船	海南郡 松旨面 中村浜吉	25	8.58	海南[450]		1,858,000	
	〃	〃 中村目太郎	18	10.80	〃	〃	1,080,000	
鶴龜丸	〃	木浦府 柳町 岩本義雄	30	5.85	木浦		1,985,000	
清福丸	〃	木浦府 柳町[451] 岩本晴春	8	5.0	〃		500,000	
魚生丸	〃	莞島郡 靑山面 太平勇	8	5.0	莞島	香川郡 木川郡 港田町 337	500,000	
江口丸	〃	盈德 江口面 烏浦洞 川瀨	15	13.00	江口	福井縣	1,300,000	
金比羅丸	〃	迎日郡 只査面 □岩里[452] 浜垣順一	60	17.16	良浦		1,716,000	
第9 龜島丸	〃	九龍浦 大石芸太郎	80	19.81	九龍浦	香川郡 大川郡	1,981,000	

450 1954년 발행본에는 '南'자가 누락되었음. 1949년 발행본을 참조하여 표기했음.

451 1954년 발행본에는 '柳'자가 누락되었음. 1949년 발행본을 참조하여 표기했음.

452 영일군에는 지사면이 없음. 필사 오기임.

	船名	種類	前所有者住所 及 姓名	馬力	屯數	船籍地	現在 日本所在地 及 所有者	價格	備考
	□□丸[453]	〃	〃	47	19.46	〃		1,946,000	
	第22準丸	〃	西大洋漁業株式會社	30	12.54	方魚津	山口県 下関市 西大洋漁業會社	1,254,000	
167	第25阜丸	〃	〃	25	16.71	〃	〃	1,671,000	
	第32 〃	〃	〃	30	9.83	〃	〃	983,000	
	第33 〃	〃	〃	〃	9.83	〃	〃	983,000	
	第35 〃	〃	〃	〃	9.72	〃	〃	983,000	
	第39 〃	〃	〃	〃	11.54	〃	〃	1,154,000	
	第41 〃	〃	〃	〃	15.76	〃	〃	1,154,000	
	第43 〃	〃	〃	〃	14.91	〃	〃	1,491,000	
	第48 〃	〃	〃	〃	9.72	〃	〃	972,000	
	第49 〃	〃	〃	40	9.15	〃	〃		
	第59 〃	〃	〃	50	17.56	九龍浦	〃	1,756,000	
	第62 〃	〃	〃	〃	17.21	方魚津	〃	1,721,000	
	第63 〃	〃	〃	〃	16.62	〃	〃	1,662,000	
168	第71阜丸	漁船	西大洋漁業株式會社		12.65	方魚津	山口県 下関市 西大洋漁業會社	1,265,000	
	第72 〃	〃	〃		14.72	〃	〃	1,472,000	
	第77 〃	〃	〃		17.92	〃	〃	1,792,000	
	第2千鳥丸	〃	〃	50	15.78	〃	〃	1,578,000	

453 1954년 발행본에는 공란이다. 1949년 발행본을 참조하여 표기했음.

	船名	種類	前所有者住所及 姓名	馬力	屯數	船籍地	現在 日本所在地及 所有者	價格	備考
	第3 〃	〃	〃	〃	15.16	〃	〃	1,516,000	
	第5 〃	〃	〃	〃	14.57	〃	〃	1,457,000	
	第6 〃	〃	〃	〃	15.61	〃	〃	1,561,000	
	第7 〃	〃	〃	〃	18.19	〃	〃	1,819,000	
	第8 〃	〃	〃	〃	17.29	〃	〃	1,729,000	
	第9 〃	〃	〃	〃	15.35	〃	〃	1,535,000	
169	第16 〃	〃	〃	〃	15.16	〃	〃	1,516,000	
	第7 浜丸	〃	〃	〃	12.97	〃	〃	1,297,000	
	日進丸	〃	〃	〃	17.61	群山	〃	1,761,000	
	第2 探照丸	〃	〃	15	8.72	方魚津	〃	972,000	
	第3 〃	〃	〃	〃	11.57	〃	〃	1,157,000	
	第5 〃	〃	〃	〃	9.81	〃	〃	981,000	
	第6 〃	〃	〃	20	12.93	〃	〃	1,293,000	
	三神丸	〃	〃	50	17.98	〃	〃	1,798,000	
	第137 福丸	〃	〃	90	49.96	釜山	〃	4,997,000	
	第15 〃	〃	〃	〃	49.86	〃	〃	4,986,000	
	第48 新生丸	〃	〃	50	17.40	下関	〃	1,740,000	
	第49 〃	〃	〃	〃	17.40	〃	〃	1,740,000	
170	第□ 新生丸	漁船	西大洋漁業 株式會社	70	19.90	下関	山口県 下関市 西大洋株式會社	1,990,000	
	第21 〃	〃	〃	〃	19.90	〃	〃	1,990,000	

船名	種類	前所有者住所 及 姓名	馬力	屯數	船籍地	現在 日本所在地 及 所有者	價格	備考
第22 〃	〃	〃	〃	19.90	〃	〃	1,990,000	
第21 千島丸	〃	〃	50	17.99	〃	〃	1,799,000	
第61 協團丸	〃	〃	80	19.95	釜山	〃	1,995,000	
第1 青魚丸	〃	〃	30	17.10	方魚津	〃	1,710,000	
第6 〃	〃	〃	30	17.10	釜山	〃	1,710,000	
南照丸	〃	〃	80	19.95	方魚津	〃	1,995,000	
若葉丸	運搬船	麗水郡 南面 大陽德光	12	5.0	麗水	大分縣 西國東部[454] 吳崎村	5,00,000	
江口丸	漁船		15	13.0	江口		1,300,000	
171 金比羅丸	〃		60	17.16	良浦		1,716,000	
第□ 青魚丸	〃	九龍浦邑 石原榮	40	18.0	九龍浦		1,800,000	
第5 〃	〃	〃	30	15.66	〃		1,566,000	
耕洋丸	〃		〃	12.66	〃		1,566,000	
第1 富丸	〃	清津府 新岩洞 100-17 辛良極	170	46.63			4,663,000	此 船舶 3隻 所有者 現住所 서울市 龍山區 厚岩洞 358의 23
第2 東洋丸	〃	清津府 天馬洞 辛	60	19.90			1,990,000	
第1 辛丸	〃	清津府 新岩洞 〃	91	122.37			3,237,000	
大和丸	漁業取締	全南道	150	47.34		下関市 長府町 泉原福雄	4,734,000	
大洋丸	漁船	朝鮮水産開發 會社	120	37.04		唐津 天野郎治	3,704,000	
第5 魚勝丸		〃	158	52.74		〃	5,274,000	
大成丸		〃	180	45.84		下関市 天野郎治	4,580,000	

454 '西國東郡(니시쿠니사키군)'의 오기

	船名	種類	前所有者住所 及 姓名	馬力	屯數	船籍地	現在 日本所在地 及 所有者	價格	備考
	第14 金剛丸		〃	135	88.37		〃	7,337,000	
172	第3 南洋丸		朝鮮水産開發 會社	105	88.62		下関市 天野郎治	8,862,000	
	第6 朝洋丸	運搬船	〃	100	68.72		〃	6,872,000	
	第11 日之出丸	〃	〃	60	19.45		〃	1,945,000	
	第1 海平丸	〃	〃	92	69.95		〃	6,995,000	
	第8 水魚丸	漁船	九龍浦 高雄大吉	70	19.41	九龍浦		1,941,000	
	第7 〃	〃	〃	76	16.78	〃		1,678,000	
	明神丸	〃		80	19.81	〃		1,981,000	
	第9 龜島丸	〃	九龍浦 大石芳太郎	70	19.00	〃	香川縣 大川郡	1,900,000	
	第2 吉長丸	〃		50	18.50			1,850,000	
	無等山丸[455]	漁業取締	全南道	185	66.63	元山	山口県 下関市 竹峙町[456]	6,663,000	
173	第2 金比羅丸		九龍浦 井上庄七	50	18.50	九龍浦		1,850,000	
	第1 □□丸[457]		浦項邑 東浜町 丸二漁業會社	88	〃 〃	浦項		1,850,000	
	第5 大□丸[458]		甘浦邑 日浦里 渡井口東吉	101	19.52	甘浦		1,950,000	
	第2 大□丸[459]		〃 松岡益太郎	81	19.52	〃		1,950,000	
	北洋丸	漁業取締	咸南道 水産試驗場	200	69.65	元山		6,965,000	
	第1 東洋丸	漁船	清津府 天馬町 辛鍾	180	54.38	清津	佐賀縣庁	5,436,000	

455 1954년 발행본에는 공란이다. 1949년 발행본을 참조하여 표기했음.

456 '竹崎町(다케자키정)'의 오기로 보임.

457 1954년 발행본에는 공란이다. 1949년 발행본을 참조하여 표기했음.

458 1954년 발행본에는 공란이다. 1949년 발행본을 참조하여 표기했음.

459 1954년 발행본에는 공란이다. 1949년 발행본을 참조하여 표기했음.

船名	種類	前所有者住所 及 姓名	馬力	屯數	船籍地	現在 日本所在地 及 所有者	價格	備考
第8 旭丸	運搬船		92	69.95		下関市 天野郎治	6,995,000	
快洋丸	〃		170	55.78		不明	6,000,000	
合計		108隻		2,582.19			308,705,000円	

174 前記 壹百八隻의 渡日 船舶은 全部 一九四八年 十二月 二十二日附 民事處長 핼믹 少將으로부터 國務總理에 送達된 書翰에 指定한 十四條項에 該當되는 것으로 其 渡日 理由는 一, 解放 前에 日本 海軍에 徵用되였다가 解放된 後 還國치 못한 것임.

二, 解放 後에 日人들이 撤去 時 卽時 返還한다는 約束下에 自己네의 家財道具, 家族等을 실고 가서 返還치 않은 것 等으로 別添의 登錄書類와 如히 當然히 韓國 政府 有給이 分明하고 我國에 返還되지 않을 수 없는 것임.[460]

---

460 이상 두 문단의 내용이 1949년 발행본에는 '3. 특수어선' 앞에 있고, 다음과 같은 제목과 추이가 있다. 제목은 '度日船舶賠償要求說明書'이며, 추이는 '追而. 一般漁船 項目으로 된 二〇隻의 船舶은 日帝時 徵用中 或은 作業中 擊破된 것이옵기 添記함.'이다.

4. 海事 貨物船

175

船名	徵發 年月日	種類	總屯數	荷役 設備	用途	所有者	該船舶의 所屬	本船에 對한 顚末	價格
興東丸	4242年 11. 10.		3,557.36	윈치	貨物船	朝鮮郵船會社		蘭印[461] 附近에서 沈沒	35,520 萬円
興南丸	〃 4. 1.		3,351.95	〃	〃	〃		沖繩에서 戰溜沈沒	35,520
大興丸	4270. 12. 20.		2,984.66	〃	〃	〃		海軍砲艦으로서 出戰 蘭印[462] 附近에서 沈沒	29,840
江原丸	4277. 7. 1.		2,970.97	〃	〃	〃		日本 日-畔에서 沈沒	29,700
新京丸	4277. 9. 2.		2,672.34	〃	〃	〃		南方 싸이빵島[463] 附近에서 戰沒	26,720
八州丸	4276. 10. 12.		2,655.14	〃	〃	〃		호-한자沖에서[464] 戰沒	26,550
泰口丸	4276. 7. 2.		2,633.30	〃	〃	〃		사이빵에서 戰沒	26,330
光州丸	4276. 10. 15.		2,612.87	〃	〃	〃		北보루네오	26,120
安州丸	4276. 11. 12.		2,601.94	〃	〃	〃		하루마해라[465]	26,010
漢城丸	4272. 7. 7.		2,197.66	〃	〃	〃		日本 高□沖	21,970
盛京丸	4273. 10. 15.		2,608.47	〃	〃	〃		日本 東方湖畔	26,080
漢江丸	4272. 10. 26.		1,292.94	〃	〃	〃		日本 竹辺沖	12,920
錦江丸			1,264.88	〃	〃	〃		大連沖	12,640
京城丸	4274. 8. 26.		1,627.71	〃	〃	〃		南方 쓰라기	26,270

461 1954년 발행본에는 '蘭'자가 누락되었음. 1949년 발행본을 참조하여 표기했음. '蘭印(난인)'은 인도네시아(Indonesia)를 지칭함.

462 1954년 발행본에는 '蘭'자가 누락되었음. 1949년 발행본을 참조하여 표기했음.

463 사이판(Saipan)

464 1954년 발행본에는 '호-한'자가 누락되었음. 1949년 발행본을 참조하여 표기했음.

465 인도네시아 말라카 제도(Strait of Malacca)

船名	徵發年月日	種類	總屯數	荷役設備	用途	所有者	該船舶의 所屬	本船에 對한 顚末	價格
176 八光丸	4277. 7. 9.		1,948.53	윈치	貨物船	朝鮮郵船株式會社		日本 九州	194.80
七洋丸			1948.53	〃	〃	〃		日本 留萌沖	194.80
平壤丸	4774. 11. 20.		2,627.69	〃	〃	〃		海軍特殊艦으로 도락크島[466]에서 沈沒	262.70
第8 京仁丸			256.16	〃	〃	京仁商船株式會社		戰災 라바울에서 沈沒	25.60
第9 〃			1,149.71	〃	〃	朝鮮郵船株式會社		麗水 附近 沈沒	24.90
第10 〃			186.89	〃	〃	〃		釜山 〃	18.60
長壽山丸	4272. 11. 1.		2,131.98	〃	〃	〃		日本 沖縄	213.10
長白山丸	4272. 11. 1.		2,131.3	〃	〃	〃		〃	213.10
東海丸	4277年		2,110.90	〃	〃	〃		하란비	211.00
慶安丸	4276. 11. 15.		2,084.62	〃	〃	〃	〃	南方 세부島	208.40
清津丸			1,328.82	〃	〃	〃	〃	日本 尉崎沖	133.80
177 榮江丸			1,113.11	〃	〃	〃	〃	沈沒 與否 不明	116.30
泰昌丸			1,122.67	〃	〃	〃		日本 下関 沖 外	112.20
京畿丸	4273. 10. 13.		1,006.46	〃	〃	〃		에도로푸에서 沈沒	100.60
春川丸	4272. 10. 10.		971.09	〃	〃	〃		스라바야에서 沈沒	97.10
第2 高田丸			866.18	〃	〃	〃		南方 세부島	86.60
第1 〃			279.95	〃	〃	〃		南方 뉴기니야	27.90
第1 京仁丸	4274. 11. 25.	듸젤機關	433.84	〃	〃	京仁商船株式會社	海軍省	日本 橫須賀에서 警備船으로 使用	43.30
第2 〃	4274. 11. 1.	〃	433.83	〃	〃	〃	〃	〃	43.30

466 추크 제도(Chuuk Islands). 미크로네시아 연방 섬으로 태평양 남서쪽에 위치해 있음. 2차 세계대전 당시 일본 해군의 주요기지였음. 1944년 미군과 일본군 사이에 해전이 벌어지기도 했다.

	船名	徵發年月日	種類	總屯數	荷役設備	用途	所有者	該船舶의 所屬	本船에 對한 顚末	價格
	第3 〃	4275. 11. 1.	〃	433.83	〃	〃	〃	〃	日本 青森縣 大湊港 碇泊	43.30
	第5 〃	4272. 9. 10.	〃	433.83	〃	〃	〃	〃	〃	43.30
	第12 〃	4275. 11.	焼玉式機關	406.48	〃	〃	〃	船舶運營會	解放 後 日人이 釜山港에서 盜船 現在 門司 及 大阪 間 運航中	40.60
	寶城丸		汽船往復和機	873.25	〃	〃	朝鮮郵船會社		4287年 8月 18日 元山에서 蘇軍 接受	87.30
178	咸鏡丸		汽船往復和機	2,933.84	윈치	貨物船	朝鮮郵船會社		釜山港內 沈沒中	293.30
	扶余丸		〃	1,972.33		〃	〃		終戰後 和蘭國에 □□ 日本에 도라와 修理했다는 外信도 있음.[467]	197.20
	釜山丸	4276年 11. 15.	〃	1,631.51		〃	〃	日本 C.P.C. 運營	全南 莞島港에 沈沒中	163.10
	平安丸		〃	1,578.34		〃	〃	朝鮮郵船會社 運營中		157.80
	櫻島丸		〃	1,288.36		〃	〃			128.10
	會寧丸		〃			〃	〃	日本 C.P.C. 運營		101.60
			〃		〃	〃	〃	朝鮮郵船會社 運營中		54.60
			〃		〃	〃	〃	終戰後 日本으로부터 英國에 返還		222.20
			〃		〃	〃	〃	朝郵會社 運營中		87.50
	安城丸		〃	882.19	〃	〃	〃	〃		88.20
	金泉丸		〃	3081.15	〃	〃	〃	〃		308.10
179										
	小計			29,684.89屯						7866.25萬円

467 1954년 발행본에는 '外信'자가 누락되었음. 1949년 발행본을 참조하여 표기했음.

5. 韓國 軍艦[468]

管下 京洞 一七一 金允福이 檀紀 四二三七年(明治 三十七年) 當時 陸軍參領으로서 軍物資調查委員과 軍艦 揚武號(六千七百噸)의 機關長 勤務中(當時 韓에 海軍 組織이 없어서 陸軍의 資格으로 軍艦에 勤務함.) 同年 二月 十一日 佐世保 海軍 司令官 海軍 大佐 土山이 仁川에 駐屯하야 月尾島에 碇泊 中인 軍艦 揚武號를 金允福의 無條件 引渡의 强要가 有하[469] 同日 軍部大臣에게 電話로 連絡한 結果 抗議함이 不利하니 强奪에 順從하라는 指示가 有야 不得已 卽日 指示대로 하였음.

韓國 軍物資調查委員會의 資格을 가지고 關係하든 軍艦 廣濟號(二千噸)는 檀紀 四二三二年(明治 三十二年) 神戶에서 製作한 軍艦으로서 此 軍艦의 運轉士는 一官下
180 中央洞 四街 一 醫學博士 愼兌義의 父 舊 愼順晟 中尉인데 檀紀 四二三二年(明治 32年) 仁川灣에 碇泊 中 仁川 海關에 駐屯한 日本人 海軍이 鮮內 燈台 巡廻한다는 理由로 此를 强奪한 것인 바 右 軍艦 二隻은 對日賠償要求資料의 該當할 것을 思料하와 韓國 陸軍 大臣이 發付한 右 金允福의 軍物資調查委員 及 揚武號 機關長 辭令 寫本과 損害要求明細表를 同 報告함.

備考. 右 廣濟號는 八·一五解放 直前에 日本에서 使用한다는 所聞을 金允福이가 드렀다 함.

光濟號 (廣濟號와 重複?)

1. 總 屯數 約 二五〇〇屯. 蒸气機關 三聯成汽機. 馬力 一五〇〇馬力
2. 韓日合倂 後 倭軍에 編入되였음.

---

468 1949년 발행본에는 제목이 '軍艦 三隻 說明書'로 되어 있음.

469 '有하야'의 오기

181 (六) 地圖原版

一. 日本에 保藏되고 있는 由來와 現在 所在地

地形圖 及 地原圖는 各種 産業部門과 學術上에도 絶對 必要할 뿐만 않이라 日本 軍部에서 特히 機密關係 及 製作 技術 問題 等으로 其 原版을 日本에 保管하고 地圖만을 出版하였음.

그 原版의 所在地에 對하여는 日本 東京 小林印刷株式會社, 共同印刷株式會社 及 日本 參謀本部 陸地測量部, 日本 地質調査所 或은 日常時 本 地質調査所長 立岩巖[470]에 問議하면 健實한 所在地를 알 수 있음.

二. 韓國 經費를 使用한 証據

別紙 寫本과 如히 日帝는 當時 總督府 豫算으로 臨時調査局과 地質調査所를 設置하고 韓國 國土의 地形測量 及 地質調査를 施行하여 其 原版製作에 着手하였음으로 當然히 韓國의 經費를 消費하얐음이 分明함.

三. 返還要求의 根據

182 前記와 如한 韓國 經費 使用이 分明하며 그 原版이 日本에 保管되여 있어 最初부터 日本서 地圖만 直接 印刷 發行하야 왔으므로 返還要求의 根據가 됨.

四. 五萬分之一 地形圖는 過政時(昨年) 土木部, 現在 建設局에서 回收한 事實이 있다 하옵기 建設局에 交涉하여 全部 回收 如何를 問議하는 바 現在 其 原版을 全部 國防測地局에 移管하였다 하오며 그 枚数(全 七二六枚)에 漏落 與否는 同 測地局에 問議하여야 明確하다 云云하오니 이 点을 特히 調査하시와 一枚라도 漏落이 없이 回收하여 주심을 仰望하나이다.

---

470 立岩巖(다테이와 이와오): 조선총독부 제3대 지질조사소 소장으로 1934년부터 1939년까지 보물고적명승천연기념물보존회 위원으로 활동하였다.

183 說明書 第六號

地圖原版

調査年月日 檀紀 4282年 2月 28日

賠償(返還) 客體의 表示	日本 國內 現所在地名	奪取(又는 取去) 年月日	奪取(又는 取去) 年月日[471]	國內 所有者名	客體의 價格	備考
百分之壹 韓國全土 白圖原版	日本 地質調査所 있는 것으로 思料됨. 仝 調査所에 現物이 없을 時는 日常時 朝鮮總督府 地質調査所長 立岩嚴에 問議 可	出版技術上 解放 前 爾來 左記 賠償客體인 原版을 日本(小林印刷所?)에서 保管하고 있음.	商工部 地質鑛山研究所	仝左		本 研究所의 絶對的 必要한 重要物品임.
韓國全土 百萬分之壹 地質圖原版	〃	〃	〃	〃		〃
韓國全土 二十万分之壹 原版(65枚)	〃	〃	〃	〃	1,300,000	〃
五万分之壹 地質圖原版 (全 62枚)	〃	〃	〃	〃		〃
韓國各地 五万分之壹 地形圖原版	〃	〃	〃	〃		〃
韓國全土 二万五千分之壹 原版(144枚)	〃	〃	〃	〃	4,320,000	〃
韓國全土 万分之一 原版(52枚)	〃	〃	〃	〃	1,560,000	〃
	日帝時代의 費用合計				27,610,000 既提出分 及 追加分	

471 '年月日'은 '場所(장소)'의 오기로 보임.

185 別紙

證據寫本

著者 京城鑛山專門學校

通俗鑛山測量 教授 志村久志郎[472]

昭和 14年 5月 3日 朝鮮鑛業會 發行

朝鮮の地形測量

朝鮮では曾て臨時、土地調査局を設計、明治四三年三角測量に着手し 大正四年其の外業の全部を修了し 同五年に至って 計算の整理を完成し 其の成果に基き 地籍圖、地形圖、與地形圖等を作った。[473]

其等は 皆陸地測量部の方式に 準拠したもので 其三角測量たるや 大三角測量の 基礎辺長は 全道に 13箇所の基線を設け 其の辺長を中等海面上の長さに 換算せんが為め 五箇所に驗潮所を設け 平均中等潮位を決定して 各基線の高低を測量し 精密な計算を施した。而して其の大三角綱は 朝鮮海峡を越て 對馬に施ける陸地測量部の 一等三角点に連結せしめた。[474]

186 而して三角綱に基いて小三角を配置し又中等潮位の決定に依り 水準測量を施したのである。[475]

朝鮮總督府臨時土地調査局の大三角の辺長は 30km、捕点間の距離は 10km、

---

472 '志村久次郎(시무라 규지로)'의 오기

473 번역하면 다음과 같다. 조선에서는 일찍이 임시 토지조사국을 설계, 메이지 43년(1910) 삼각 측량에 착수하여 다이쇼 4년(1915) 그 외업의 전부를 수료하고, 동 5년에(1916) 이르러 계산의 정리를 완성하고 그 성과에 기초하여 지적도, 지형도, 여지형도 등을 만들었다.

474 번역하면 다음과 같다. 그들은 모두 육지 측량부의 방식에 준거한 것으로 그 삼각 측량인 대삼각 측량의 기초 변 길이는 전도에 13개소의 기선을 마련하고, 그 변의 길이를 중등 해면상의 길이로 환산하기 위해 5개소에 험조소를 마련하여 평균 중등 조위를 결정하여 각 기선의 고저를 측량하고, 정밀한 계산을 하여 그 대삼각강은 조선 해협을 넘어 쓰시마에 미치는 육지측량부의 일등 삼각점으로 연결시켰다.

475 번역하면 다음과 같다. 이리하여 삼각강에 기초하여 소삼각을 배치하고 또 중등 조위의 결정에 따라 수준 측량을 한 것이다.

小三角に於て一等点間 5.2km、二等点間は 2.5km である。[476]

事業綱要

1. 事業期間	自 明治 43年 3月
	至 大正 14年 4月
2. 従事員	12,627人
	外雇員測夫 等 14,000人
3. 事業經費	19,745,732円
4. 總面積	19,745,732円
5. 海岸線長	4,295里
6. 大三角点数	2,801点
7. 小三角点数	31,646点
187 8. 水準点数	2,823点
9. 驗潮場	仁川, 木浦, 鎭南浦, 元山, 清津
最高潮位: +483米	
最低潮位: −4,775米(仁川)	
10. 圖根点数	3,551,606点
11. 市街地圖根採石点	7,434点

476 번역하면 다음과 같다. 조선총독부 임시토지조사국의 대삼각 변장은 30km, 포점간 거리는 10km, 소삼각에서 1등점 사이 5.2km, 2등점 사이는 2.5km이다.

188 ## (七) 其他

項目	區分	金額		摘要	
朝鮮側 銀行 海外店鋪 動産, 不動産		8,103,707	34	日本, 中國, 滿洲 及 關東州 所在 朝鮮 金融機關의 支店 又는 出張所 所有의 動産 及 不動産의 1945年 8月 8日 現在 帳簿價格	
日本 所在 土地		1,721,380	80	朝鮮銀行	1,552,380.80
				殖産銀行	169,000.00
日本 所在 建物		1,479,335	70	朝鮮銀行	1,461,335.70
				殖産銀行	18,000.00
日本 所在 金庫		117,514	00	朝鮮銀行分	
滿洲, 中國 及 關東州 所在 土地		1,213,762	42	仝右	
189 建物		2,897,252	58	仝右	
滿洲, 中國 及 關東州 所在 金庫		764,461	84	仝右	

191 說明書 第八號

其他 2

調查年月日 4282年 2月 25日

賠償(返還) 客體의 表示	日本 國內 現所在地名	奪取 (又는 取去) 年月日	奪取 (又는 取去) 場所	國內 所有者名	客體의 價格	備考
家屋 及 付屬物品	東京都 赤阪區[477] 田町 2의 10			朝鮮電業 會社	194,000	東京電氣會社 東京支店 舍宅 及 垈地 中島靜로부터 買入한 것임. 建坪 11,632坪 付屬物品은 不明
蟾津江發電所 第2號 電機	神戸 三菱造船所			〃		日本에 発註하야 代金을 支佛하고 製品을 荷造하여 놓고 있다 함. (以上 美顧問談)
電氣關係備品 數点	東京都 日本橋區 本町 3丁目 9의 3		博文舘 빌딩 內	京城電氣 會社	2,269	京電 東京支店 備品. 明細는 別紙와 如함.
電話 2介	東京			京城電氣 株式會社	1,600.00	奪取 又는 取法된 것은 아니다.
金庫 2介	〃			〃	527.00	東京에 支店이 所在하는 關係로 日帝時 支店에서 使用하던 備品
도랑 1介	〃			〃	5.00	〃
謄寫版 1介	〃			〃	5.00	〃
軍式名宛 印刷機 1介	〃			〃	10.00	〃
書棚 2介	〃			〃	10.00	〃
本箱 2介	〃			〃	6.00	〃
電氣스도부 1介	〃			〃	45.00	〃
椅子 9介	〃			〃	61.00	〃

477 '赤坂區(아카사카구)'의 오기

第二部

確定債權

193

一. 確定債權의 調書[478]

	款	項	目	金額	備考
	一. 日系通貨				
		一. 日本銀行 小額紙幣 及 日系通貨		1,514,134,098	
	二. 日系有價證券			7,435,103,942	
		一. 日本國債		5,836,250,485	
		二. 日本公債		1,631,737	
		三. 日本政府保證證券		1,048,048,053	
			一. 日本政府保證社債	937,695,010	
			二. 日本政府機關社債	110,353,043	
		四. 日本一般證券		303,627,190	
			一. 日本一般社債	216,476,523	
194			二. 日本一般株券	87,150,667	
		五. 中國 滿洲國 內의 日系公債 及 株式			
			一. 公社債 及 株式	242,637,140	
		六. 其他流通證券		2,909,337	
	三. 上海弗貨	一. 上海弗貨		$4,000,000	
	四. 保險金, 恩給, 其他未收金			6,436,617,521	
		一. 保險金		467,336,159	
			一. 生命保險責任準備金	450,000,000	
			二. 損害保險未拂保證金	17,336,159	
		二. 恩給	一. 韓國人官吏恩給(南韓分)	306,194,970	
		三. 其他未收金		5,663,086,392	
			一. 日本人關係에 對한 貸出金	847,433,010	
195			二. 〃 假拂金	1,165,626	
			三. 〃 未納稅金	162,210,215	
			四. 專賣關係未收代金	5,140,174	
			五. 換去來債權	3,020,659,929	
			六. 日本側 銀行接受計定債權	227,638,722	

478 목차에는 '確定債權調書(확정채권조서)'로 표기되어 있음.

款	項	目	金額	備考
		七. 日本側 銀行에 預置金	6,347,399	
		八. 日本勸業銀行代理店計定債權	21,924,486	
		九. 日本外資金庫預置金利子	232,416,438	
		十. 日本國庫金計定	901,748,844	
		一一. 貿易補償金	117,617,200	
		一二. 貿易保留金	102,577,550	
		一三. 聯合國財産賣却代金 朝銀이 日本에 送金分	15,000,000	
		一四. 蔦工品供給代未收金	3,563,321	
196		一五. 朝鮮電業會社關係未收金	6,187,067	
		一六. 西鮮電氣 〃	132,603	
		一七. 京城電氣 〃	2,207,088	
		一八. 南鮮電氣 〃	801,016	
		一九. 法務部關係未收金	1,933,193	
		二十. 公報處 〃	115,604	
		二一. 麻藥代金未收金	12,985,725	
		二二. 交通部關係未收金	31,980,386	
		二三. 林産物供出代未收金	5,965,627	
		二四. 大韓食糧公社未收金	53,995,432	
		二五. 水利組合聯合會未收金	88,910	
		二六. 農地開發營團未收金	538,348	
197		二七. 韓國馬事會未收金	841,745	
五. 遞信關係特別計定			2,043,506,744	
	一. 爲替[479]貯金 及 歲入歲出金 總豫算에 依한 朝鮮受取勘定		1,475,967,080	
		一. 郵便爲替	74,843,664	
		二. 郵便貯金	1,243,995,199	
		三. 假受金	4,384,533	
		四. 遞信官署歲入金	21,990,045	
		五. 雜部金	68,716	
		六. 逆爲替金	8,147,982	
		七. 振替貯金	122,536,941	

	款	項	目	金額	備考
		二. 貸借決裁基準日 以後 太平洋司令官布告令 第三號에 依한 朝鮮受取金		173,846,433	
198			一. 管區交涉金	9,540,248	
			二. 事故金	7,797,432	
			三. 貯金利子	23,148,593	
			四. 債券類報償	67,167,617	
			五. 海外換金貯金	66,035,227	
			六. 證券保管額	157,405	
		三. 朝鮮簡易生命保險年金關係 朝鮮受取金		391,352,964	
			一. 朝鮮簡易生命保險積立金	286,435,427	
			二. 同 利子	46,836,911	
			三. 朝鮮郵便年金積立金	11,818,709	
			四. 同 利子	1,888,133	
199			五. 朝鮮簡易生命保險餘裕金	20,330,000	
			六. 同 利子	3,792,973	
			七. 朝鮮郵便年金餘裕金	1,400,000	
			八. 同 利了	261,213	
			九. 保險歲入金	16,285,278	
			十. 年金歲入金	1,532,807	
			一一. 業務歲入金	254,786	
			一二. 海外保險年金	516,719	
		四. 郵便收入		650	
		五. 電信收入		53,478	
		六. 電話收入		1,020,904	
		七. 雜收		22,075	
		八. 萬國郵便聯合總理局 雜持費		1,243,160	

479 爲替(위체): '換(환)', '환전(換錢)'을 의미한다. 일본어로 '가와세'이며, 현재 한국에서는 사용하지 않는 용어이다.

200 # 二. 說明書

(一) 日系通貨

項目	區分	金額		摘要
日系通貨		1,514,134,098円	81	朝鮮 內에 保管中에 있는 日系通貨
	日本銀行券	1,491,932,177	00	法令 第五七號 及 第五九號에 依한 預入分 531,843,139円 00 朝鮮銀行所持分 及 日本으로부터의 歸還同胞에 對한 換金 及 金組聯所持分 960,089,038円 00
	滿洲中央銀行券	1,915,479	86	朝鮮銀行의 保有金 及 解放 直後 1945年 8月 15日 總督府 財務局 理財課長 通牒에 依한 預入金
201	臺灣銀行券	15,963	00	朝鮮銀行保有金
	北支聯銀行	64,289	30	〃
	中支儲備券	43,506	61	〃 右 但 100對 18對로 換算한 것임.
	日本軍票	23,225	00	朝鮮銀行保有金
	日本政府小額紙幣	20,139,453	04	現在 流通 中의 小額紙幣이나 銀行保有分만 計上하고 一般市中의 流通分은 包含치 않음.
	蒙彊銀行券	5	00	朝鮮銀行保有分

備考. 本 調書에 對한 證憑書類는 大韓民國政府 財務部가 保管함.

202 (二) 日系有價證券

	項目	區分	金額		摘要
	日系有價證券		7,435,103,942円	97	朝鮮 內 金融機關이 保有하고 있는 日系有價證券. 1945年 8月 8日 利拂期日 到來의 確定未收利子 80,137,333円 74는 包含치 않음. 但 一般民間 及 其他機關의 保有分은 目下 調査 中임.
		日本政府國債	5,836,250,485	21	日本政府國債는 日本政府 名義로 發行된 各種 國債 及 食糧證券을 稱함.
		日本國內地方債	1,631,737	00	日本 國內 各 府, 縣, 市 及 町債 等을 稱함.
203		日本政府保證社債	937,695,010	30	各 會社 及 日本特別法으로써 設立된 政府機關에서 發行한 社債 及 特別債 中 其 額面에 있어서 此 元利金은 日本政府에서 保證한다는 表示가 有한 것을 稱함.
		日本政府機關社債	110,353,042	63	日本特別法으로써 日本 內에서 設立된 政府機關에서 發行한 社債 及 特別債를 稱함.
		日本一般社債	216,476,523	00	本社가 日本에 所在한 會社의 社債를 稱함.
		日本一般株式	87,150,667	30	本社가 日本에 所在한 會社團體, 金庫 等의 株式 及 出資證券을 稱함.
		中國, 滿洲國 內의 公社債 及 株式	242,637,140 4,000,000	00 00	舊 滿洲國 及 中國 內의 日系公社債 及 株式을 稱함.

備考. 本 調書에 對한 證憑書類는 大韓民國政府 財務部가 保管함.

204 (三) 上海弗貨

(確定債權調書 三款 參照)

保險金, 恩給, 其他未收金[480]

1. 保險金關係

項目	區分	金額		摘要
(一) 生命保險責任準備金		450,000,000円	00	日本側 19生命保險會社의 朝鮮人 契約者에 對한 責任準備金 及 未經過保險料. 此 責任準備金은 朝鮮서 一方的으로서는 算出하기 困難함으로 美人「액츄애리」가 日本 左記 生命保險會社와 連絡하여 契約者 30萬名으로 推算하야 算出하였으나 實際와도 大同小異할 것이다.
	責任準備金	400,000,000	00	
	未經過保險料	50,000,000	00	
				千代田生命保險相互會社 45,000,000円 00
205				大同生命保險株式會社 11,000,000.00
				第百生命保險株式會社 4,500,000.00
				第一生命保險株式會社 84,000,000.00
				第一徵兵保險株式會社 30,000,000.00
				富國徵兵保險株式會社 10,000,000.00
				板谷生命保險株式會社 1,500,000.00
206				明治生命保險株式會社 45,000,000.00
				三井生命保險株式會社 15,000,000.00
				日本生命保險株式會社 55,000,000.00
				日本徵兵保險株式會社 15,000,000.00
				日本教育保險株式會社 1,500,000.00

480 소제목 번호 '(四)'가 누락되었음.

	項目	區分	金額		摘要
					日産生命保險株式會社 5,000,000.00
207					野村生命保險株式會社 15,000,000.00
					住友生命保險株式會社 9,000,000.00
					大正生命保險株式會社 1,500,000.00
					太陽生命保險株式會社 5,000,000.00
					帝国生命保險株式會社 45,000,000.00
					安田生命保險株式會社 45,000,000.00
208	(二) 損害保險未拂保險金		17,336,159円	18	日本側 14損害保險會社의 朝鮮 個人 又는 法人 契約者에 對한 未拂保險金支拂金 及 朝鮮火災海上保險會社의 日本側 損害保險會社에 對한 再保險回收金
		未拂保險金支拂金	7,305,468	33	
		再保險回收金	10,030,690	85	
					千代田火災 17,705円.71
					同和火災 260,212.80
					興亞海上 313,005.50
					共榮火災 1,780.00
					日本火災 95,868.34
					日本動産 141,541.00
					日産火災 1,737,520.00
					日新火災 1,060.00
					大倉火災 114,945.06
209					大阪住友 1,306,565.00

項目	區分	金額	摘要
			大正海上 17,016.48
			東京海上 2,364,334.86
			安田火災 933,913.58
			未拂保險金支拂金合計 7,305,468.33

備考. (保險金關係 證憑書類는 大韓民國政府 財務部가 保管함.)

2. 恩給關係

前 朝鮮總督府時代 韓國人 官吏의 恩給은 日本政府가 負擔할 義務가 有하므로 日本
210 政府에 請求키 爲하여 恩給額을 調査함에 當하여 全鮮을 調査할 것이나 三八障壁으
로 因하여 不得已 別紙와 如히 左의 方法으로 三八以南을 調査하고 調査不能處는 比
率的으로 算定함.

一. 各道에 依賴하여 一九四五年 八·一五 現在로 各道裁定의 未裁定分을 調査함.

二. 第一次 所屬官署에 依賴하여 一九四五年 八·一五 現在로 日本內閣 恩給局 及 前 朝鮮總督府 裁定分을 調査함.

三. 遞信局에 依賴하여 各 郵便局에서 支拂하여 오던 旣裁定分을 調査함.

四. 恩給金庫에 依賴하여 恩給金庫에 恩給證書擔保貸付로 因하여 郵便局에 支拂停止된 것을 調査함.

五. 解放 當時에 日政이 書類燒却 等으로 因하여 調査不能과 三八以北, 海外郵便局分 等은 調査分에 依하여 比率的으로 算定함.

備考. 證憑書類는 大韓民國政府 總務處가 保管함.

211

恩給調査書

一. 38以南			
1. 年金	旣裁定分	11,541人	69,281,700円
	未裁定分	9,535人	104,505,300〃
	計	21,076人	173,787,000〃
2. 一時金	旣裁定分	95人	78,020〃
	未裁定分	12,066人	9,851,962〃
	計	12,161人	9,929,982〃
二. 38以北			
1. 年金	旣未裁定分	14,044人	115,858,000〃
2. 一時金	旣未裁定分	8,107人	6,619,988〃
三. 總合計			
212 1. 38以南分		33,227人	183,716,982〃
2. 38以北分		22,151人	122,477,988〃
計		55,378人	306,194,970〃

備考. 上記 調査內譯은 別紙 調査內譯書와 如함.

年金 旣裁定分 調査內譯書 (38以南)

一. 各 郵便局 報告에 依한 調査分

道別	人員	金額	摘要
京畿	1,781人	610,200円	
忠淸北	306	85,0780	
忠淸南	529	153,365	
全羅北	342	93,095	
全羅南	515	143,181	
213 慶尙北	658	185,444	
慶尙南	534	141,300	
黃海	17	4,559	
江原	297	79,539	
計	4,979	1,495,985	

備考. 三八以南 郵便局 六九〇個所 中 旣報告分 六六八個所, 未報告分 二二個所. 三八以北 郵便局 三三六個所

二. 報告 未提出局 調査分

本 調査는 既報告局分을 參酌하여 左記와 如히 推定의 方法을 取하여 決定함.

記

1. 既報告局分 668個所에 對한 人員 4,978人

214 右 1個所當 人員 74人

2. 未報告局分 22個所에 對한 人員 1,628人

3. 既報告局分 4,979人에 對한 金額 1,495,985圓

右 1人當 金額 300圓

4. 未報告局分 1,628人에 對한 金額 488,400圓

5. 算出表

未報告局個所	人員	金額	備考
22	1,628人	488,400圓	

三. 恩給金庫 調査分

本 調査는 各 郵便局 報告 提出할 際 恩給金庫에 恩給證書를 擔保 貸付된 者는 報告되지 아니 하였으므로 前記 一人當 三○○圓으로 計算하여 一,四八○,二○○圓을 推定함.

215 四. 總合計

上記 各項 數字는 一九四五年 八月 一五日 現在이며 日本恩給法에 依하여 恩給受取人 平均存續年數가 二十年은 繼續하는 統計이므로 二十年으로 認定하야 在記와 如히 算定함.

記

區分	人員	金額	上記金額에 20倍한 金額	摘要
各局 報告에 依한 分	4,979人	1,495,985		
報告未濟局分	1,628	488,400		
恩給金庫分	4,934	1,840,200		
計	11,541	3,464,584	69,281,700	

216 年金 未裁定分 調査內譯書 (38以南)

一. 內閣 及 本府 未裁定年金 調査分

	順次	本廳 各局 官房課 及 第一次 所屬 官署別	勅任官年金恩給		奏任官年金恩給		判任官年金恩給		備考
			員數	金額	員數	金額	員數	金額	
	一	官房會計課	人	圓	1人	1,179圓	人	圓	
	二	財務局					14	6,515	
	三	鑛工局					1	470	
	四	農商局			1	1,315	1	400	
	五	法務局					1	374	
	六	學務局	1	2,660					
	七	遞信局			1	707	1	573	
	八	交通局			5	3,896	19	11,943	
217	九	高等法院			1	1,451			
	十	大邱地方法院					1	456	
	一一	京城地方法院			3	3,174	3	1,126	
	一二	大田地方法院					2	778	
	一三	釜山地方法院			1	960	2	715	
	一四	光州地方法院			2	1,840	2	779	
	一五	全州地方法院			3	3,101	3	1,320	
	一六	京城地方法院 檢事局			1	1,062			
	一七	大田地方法院 檢事局					1	347	
	一八	大邱地方法院 檢事局			1	684	2	840	
	一九	釜山地方法院 檢事局					1	340	
	二十	全州地方法院 檢事局					2	802	
	二一	京城帝國大學					1	460	
218	二二	京城高等工業學校					1	551	
	二三	水原高等農林學校			1	1,075			
	二四	晉州師範學校					2	651	
	二五	淸州 〃					1	351	
	二六	京城刑務所			1	834	37	9,069	
	二七	公州 〃			1	726	4	1,279	
	二八	大田 〃					16	3,922	

	順次	本廳 各局 官房課 及 第一次 所屬 官署別	勅任官年金恩給		奏任官年金恩給		判任官年金恩給		備考
			員數	金額	員數	金額	員數	金額	
	二九	大邱〃					11	4,061	
	三十	釜山〃					16	4,363	
	三一	光州〃					12	3,045	
	三二	木浦〃					8	2,581	
219	三三	全州〃					12	3,037	
	三四	春川〃					2	660	
	三五	開城少年刑務所					5	1,665	
	三六	金泉〃					7	1,938	
	三七	安東〃					5	1,340	
	三八	濟生院					1	340	
	三九	京畿道			22	16,726	44	26,618	
	四十	忠清北道			11	7,402	6	2,608	
	四一	忠清南道	1	2,288	7	5,320	6	2,715	
	四二	全羅北道	1	2,080	17	22,880	9	3,598	
	四三	全羅南道			15	10,367	4	1,977	
	四四	慶尙北道	2	2,418	18	13,871	29	12,885	
	四五	慶尙南道	1	1,952	17	13,033	27	11,445	
220	四六	江原道			22	18,567	17	6,892	
	合計		6	11,398	152	120,170	339	35,929	
	總計								
	年金恩給 總計		497	267,497					

二. 道 未裁定年金 調査分

	道別	敎育職員		警察監獄職員		地方費文官		地方費警察監獄職員		備考
		人員	金額	人員	金額	人員	金額	人員	金額	
	京畿	266	99,149円	377	116,211円	1	456円	7	2,342円	
	忠淸北	80	36,640	94	24,765	5	6,953			
221	忠淸南	147	49,346			1	400			
	全羅北	140	47,677	162	45,192	2	1,027			
	全羅南	211	310,728			13	14,590			
	慶尙北			215	73,083	44	33,044			
	慶尙南	176	286,758	207	91,760	5	1,500			
	江原	87	34,979	175	47,261	4	1,695			
	計	1,107	865,277	1,230	398,272	75	59,665	7	2,342	

合計　二, 四一九人 一,三三〇,五五六圓

三. 其他 調査分

前記 第一, 二項 調査分은 道 警察部 書類 燒却과 道 學務課 書類 紛失 또는 報告未提出分 及 一九四五年 八月 一五日 現在로 調査한 故로 其 現在 以前 七年間에 退職한 者로 未裁定된 者 等으로 因하여 確實한 數字를 揭載키 困難함으로 一九四五年
222 八月 一五日 現在 公務員數(判任 以上) 一五,八二二人을 參酌하여 左記와 如히 推定計算하여 追加分을 認定함.

記

1.第一, 二項　合計人員數　二,九一六人

金額　一,五九八, 〇五三圓

右 1人當　金額　五四八圓

2. 書類燒却紛失 또는 報告未提出分의 件數를 旣報告分 二,九一六人의 約 1割 二九二人으로 認定하여 右 一人當 金額 五四八圓을 適用한 金額 一五九,四六八圓을 推定함.

3. 一九四五年 八月 一五日 現在 以前 七年間에 退職한 者로 未裁定分은 同上日 現在 韓國人 公務員 總數 一五,八二二人의 約 四割 六,三二八人으로 認定하여

前記한 一人當 五四八圓을 適用한 金額 三,四六七,七四四圓을 推定함.

223 4. 合算

區分	人員	金額	摘要
前記 2號	291人	159,468円	
前記 3號	6,328	3,467,744	
計	6,619	3,627,213	

四. 總合計

上記 各項 數字는 一九四五年 八月 一五日 現在이며 日本恩給法에 依하여 恩給受取人이 平均存續年數가 二十年은 續継하는 統計임으로 認定하여 左記와 如히 算定함.

記

區分	人員	金額	上記金額에 20倍한 金額	摘要
內閣 及 本府 未裁定 調査分	497	267,497円		
各道 未裁定 調査分	2,419	1,330,556		
224 其他 調査分	6,619	3,627,212		
計	9,535	5,225,265	104,505,300	

一時金 既裁定分 調査內譯書 (38以南)

本 調査는 休戰 前後에 日本內閣 恩給局 朝鮮總督府 又는 各道에서 裁定하였으나 其 裁定通知書가 貯金局을 通하여 支拂郵便局까지에 到着치 못한 것과 本人에게 到着치 못한 것 또는 到着되었어도 解放 以後 支拂 拒絶된 것 等으로 因하여 調査키 極困難함으로 一時金 未裁定報告分人員 九,五三一人의 約 一分 九五人을 推定하야 同上 報告分 金額 七,七八三,四〇二圓에 對한 一人當 金額 八一六圓을 適用하여 七八,〇二〇圓을 認定함.

算出 九五人 七八〇二〇圓

225 一時金 未裁定分 調査內譯書 (38以南)

一. 內閣 及 本府 未裁定 一時金 調査分

	順次	本廳 各局 官房課 及 第一次 所屬 官署別	奏任官 年金恩給		判任官 一時恩給		備考
			員數	金額	員數	金額	
	一	官房企劃課	1	2,309	2		
	二	官房會計課			1	2,290	
	三	官房地方課			81	1,330	
	四	財務局	3	5,276	18	50,510	
	五	鑛工局	5	13,140	7	8,720	
	六	農商局	1	1,614	6	3,375	
	七	法務局	4	4,851	16	4,175	
	八	學務局	3	4,559		11,360	
226	九	警務局	1	2,309	1	1,100	
	一〇	遞信局	4	9,615	324	136,588	
	一一	交通局	5	12,373	241	141,860	
	一二	大邱覆審法院	2	2,567			
	一三	京城地方法院	7	7,685	21	11,695	
	一四	大田 〃	1	2,167	12	6,100	
	一五	大邱 〃	1	3,305			
	一六	釜山 〃	3	2,384	17	7,870	
	一七	光州 〃	4	4,298	13	4,295	
	一八	全州 〃	3	4,338	10	5,545	
	一九	春川 〃			5	2,660	
227	二〇	京城地方法院 檢事局			10	4,925	
	二一	大田 〃	2	2,355	7	4,095	
	二二	大邱 〃	1	607	7	3,760	
	二三	釜山 〃	2	1,984	10	3,675	
	二四	光州 〃	4	2,040	9	5,185	
	二五	全州 〃	2	3,795	8	5,730	
	二六	春川 〃	1	412	3	1,888	
	二七	京城帝國大學	1	368	10	4,005	
	二八	京城醫學專門學校	1	490	2	1,180	
	二九	京城高等工業學校	1	867			

	順次	本廳 各局 官房課 及 第一次 所屬 官署別	奏任官 年金恩給		判任官 一時恩給		備考
			員數	金額	員數	金額	
	三〇	京城鑛山專門學校	2	4,675			
	三一	水原高等農林學校	1	2,134	1	225	
	三二	京城師範學校	2	3,108	2	1,600	
228	三三	大邱師範學校			2	1,520	
	三四	全州 〃			11	5,505	
	三五	光州 〃			3	2,180	
	三六	春川 〃			7	4,050	
	三七	晉州 〃			7	4,140	
	三八	淸州 〃			2	1,655	
	三九	京城女子師範學校	1	1,788			
	四〇	公州 〃	1	2,500	4	1,705	
	四一	京城刑務所	1	490	36	42,744	
	四二	公州 〃	1	1,847	20	6,946	
	四三	大田 〃			47	16,331	
229	四四	大邱 〃			28	9,765	
	四五	釜山 〃			37	11,943	
	四六	光州 〃	1	1,412	21	7,249	
	四七	木浦 〃			14	4,220	
	四八	全州 〃			29	11,358	
	四九	春川 〃			12	3,632	
	五〇	開城少年刑務所	1	1,075	14	5,135	
	五一	金泉 〃			10	3,195	
	五二	安東 〃			14	5,279	
	五三	京城少年院			2	480	
	五四	濟生院			3	3,380	
	五五	木浦學校(感化院)			1	300	
	五六	農業試驗場	1	1,103	3	2,980	
230	五七	水産試驗場	1	3,375	2	755	
	五八	林業試驗場			2	2,740	
	五九	京畿道	18	40,214	344	191,548	
	六〇	忠淸北道	7	13,679	136	71,065	
	六一	忠淸南道	10	21,334	102	59,350	
	六二	全羅北道	4	3,922	111	60,730	

順次	本廳 各局 官房課 及 第一次 所屬 官署別	奏任官 年金恩給		判任官 一時恩給		備考
		員數	金額	員數	金額	
六三	全羅南道	9	17,499	185	101,706	
六四	慶尙北道	11	20,252	179	106,170	
六五	慶尙南道	8	11,417	214	130,825	
六六	江原道	10	15,452	152	94,278	
六七	氣象台			5	4,010	
231 六八	療養所小鹿島更生園			2	1,660	
	合計	153	262,985	2,705	1,417,270	
	總計					
	一時恩給總計	2,858	1,680,255			

二. 道 未裁定 一時金 調査分

道別	教育職員		警察監獄職員		地方費文官		地方費警察監獄職員	
	人員	金額	人員	金額	人員	金額	人員	金額
京畿	965	461,829円	555	218,855円	152	40,449円	20	31,313円
忠淸北	404	195,350	121	49,929	43	16,700		
忠淸南	560	263,111			47	2,915,826		
全羅北	392	177,333	225	86,598	51	23,660		
232 全羅南	591	283,52円			217	72,450円		
慶尙北			276	104,566	187	136,626		
慶尙南	738	564,396	353	179,991	50	29,800		
江原	327	121,339	224	93,649	71	35,857		
計	3,977	2,066,877	1,758	733,588	818	3,371,368	120	31,313

合計 六,六七三人 六,一〇三,一四七圓

三. 其他 調査分

前記一, 二項 調査分은 道 警察部 書類燒却과 道 學務課 書類紛失 또는 報告 未提出分 及 一九四五年 八月 一五日 以前 退職者로서 未裁定된 者 等으로 因하여 確實한 數字를 揭上키 困難함으로 左記와 如히 推定計算하여 追加分을 認定함.

233 記

1. 第一, 二項 合計 人員數 九,五三一人

第一, 二項 合計 金額 七,七八三,四〇二圓

右 一人當 金額 八一六圓

2. 書類 燒却紛失 及 報告 未提出分에 對하여서는 既提出分 九,五三一人의 一割 九五三人으로 推定하여 此에 右 一人當 金額 八一六圓을 適用한 金額 七七七,六四八圓을 算함.

3. 一九四五年 八月 一五日 以前 退職者로서 未裁定된 者는 上記日 現在 韓國人 公務員 總數 一五,八二二人의 約 一割 程度 一五八二人으로 推定하여 此에 一人當 金額 八一六圓을 適用한 金額 一,二九〇,九一二圓으로 算定함.

4. 合計

234

區分	人員	金額	摘要
前記 2號	553人	777,648円	
前記 3號	1,582	1,290,912	
計	2,535	2,068,560	

四. 總合計

區分	人員	金額	摘要
內閣 及 本府 裁定 調査分	2,858	1,680,255円	
各道 裁定 調査分	6,673	6,103,147	
其他 調査分	2,535	2,068,560	
計	12,066	9,851,962	

481 목차에는 '其他未收金關係(기타미수금관계)'라고 표기되어 있음.

3. 其他 未收金關係 說明[481]

	項目	區分	金額		摘要
235	項目	區分	金額		摘要
	(一) 日本人關係에 對한 貸付金		847,433,010	00	各 金融機關이 日本人 及 日本 關係 法人團體에 對한 貸出金. 但 未收利子 30,557,321.66은 包含하지 않음.
		日本人 個人	211,241,763	13	日本人 個人에 對한 貸付金
		日本 內 登記法人	386,718,967	39	日本 國內에서 登記한 法人에 對한 貸付金
		私營利産業團體	74,012,939	88	朝鮮 所在 日本人 關係의 私營利法人 及 團體에 對한 貸付金
		其他 日本人關係法人	48,729,340	24	以上에 包含되지 않은 日本人關係 法人에 對한 貸出金
236		滿洲興業銀行	40,000,000円	00	滿洲興業銀行 設立에 對하여 그 援助資金으로서 朝鮮銀行에서 借款을 貸與한 貸出金
		戰時金融金庫	69,880,000	00	日本戰時金庫 代理事務取扱에 隨伴하여 發生한 殖産銀行이 日本戰時金庫에 對한 貸出金
		産業設備營團	16,850,000	00	日本産業設備營團 代理事務取扱에 隨伴하여 發生한 殖産銀行이 日本産業設備營團에 對한 貸出金
	(二) 假拂金		1,165,626	40	對 日本人 假拂金額(帳簿價格)
	(二) 未納稅金		162,210,215	00	對 日本人關係
		國稅	146,775,640	00	(帳簿價格)
237		地方稅	15,434,575	00	
	(四) 專賣關係未收金		5,140,174	00	(帳簿價格)
		煙草代金	3,200,801	00	
		塩蔘代金	1,678,147	00	
		不用品拂下代金	261,225	00	
	(五) 對日本換錢		3,020,659,929	95	朝鮮金融機關 및 一般個人의 日本金融機關에 對한 爲替去來로 因하여 發生한 債權(換끝)
		在日本支店換錢	2,975,928,151	74	朝鮮銀行 2,934,564,937.39 殖産銀行 41,363,214.35
		對日換代金未請求分	5,640,620	47	換集中決濟制度에 依하여 支拂한 對日他銀行換代金 中 請求未了分
238		對日換代金未決濟分	527,166	11	集中決濟制에 依하여 支拂한 對日換代金 中 請求手續이 完了되고 決濟未完了로 代金未受取分
		海外他店計定債權	37,767,131	96	台湾, 中國, 滿洲 及 關東 所在 地店에 對한 他發當發의 借殘. (債權)
		一般個人分	796,859	67	日本 國內 銀行 振出 送金爲替

項目	區分	金額		摘要
(六) 日本側銀行接受計定		227,638,722	25	朝鮮人 又는 朝鮮法人에 對한 負債를 代佛한 것만을 計上함. 但 債權 總計 331,502,982.57에서 現金殘高 103,864,260.32을 控除하였다.
239	朝鮮人個人預金	4,516,246	14	接受銀行이 朝鮮人 個人 預金을 代拂한 金額
	朝鮮法人預金	46,434,655	78	接受銀行이 朝鮮 法人 預金을 代拂한 金額
	日本人預金	164,355,000	30	接受銀行이 日本人 預金을 代拂한 金額
	換退結代拂金	113,310,138	90	接受銀行이 換退結金을 代拂한 金額
	其他	2,886,941	45	接受銀行이 代拂한 其他 雜費
(七) 日本側 銀行에 預置金		6,347,399	83	
	朝鮮信託銀行分	11,761	07	
	一般個人分	6,236,638	76	
240 (八) 日本勸業銀行代理店		21,924,486	22	朝鮮殖産銀行이 日本勸業銀行의 代理店으로써 貯蓄債券, 報國債券, 戰時貯蓄債券, 戰時報國債券, 復興貯蓄券, 特別報國債券 及 貯蓄債券 等을 取扱함에 因하여 發生한 日本勸業銀行에 對한 債權(帳簿價格)
(九) 日本外資金庫利子		233,416,438	35	自 1945年 3月 2日 至 1945年 8月 9日間의 利子 自 1945年 8月 10日 至 1947年 8月 10日間의 利子 3,211,078,355.88은 計上하지 않음. 1945年 8月 10日 現在 元金 42,430,000,000.00(帳簿價格)

241 說明

元來 朝鮮 內에서 收入되는 全 國庫金은 日本銀行 서울 代理店 內에 統轄 設置되어 있는 各 行政官, 陸海軍關係 其他政府預金 等으로 預入되는 同時에 同 預金에 該當되는 金額이 一九二五年 四月 一日 朝鮮銀行에 設置된 日本銀行 預入計座에 貸記
242 되고 反對로 全 國庫金支出은 各 該當 國庫預金에서 支出되는 同時에 同 金 北支聯銀에 支拂하였으나 外資金庫는 同額의 預置金 利息을 朝鮮銀行에 未拂로 되어 있다.

項目	區分	金額		摘要
(十) 日本國庫金		901,748,844	65	(帳簿價格)
	日本銀行代理店	742,859,002	80	註(一)
	日本銀行貸越金	158,889,841	85	註(二)

說明

註(一)

元來 朝鮮 內에서 收入되는 全 國庫金은 日本銀行 서울 代理店 內에 統轄 設置되어 있는 各 行政官, 陸海軍關係 其他政府預金 等으로 預入되는 同時에 同 預金에 該當되는 金額이 一九二五年 四月 一日 朝鮮銀行에 設置된 日本銀行 預入計座에 貸記되고 反對로 全 國庫金
243 支出은 各 該當 國庫預金에서 支出되는 同時에 同 金額이 日本銀行 預入計座에 借記되었다. 이리하여 日本銀行 預金殘이 一定한 金額을 超過할 境遇에는 (約 四百萬圓 乃至 五百萬圓) 每日 朝鮮銀行 東京支店을 通하여 日本銀行 本店에 電信送金으로 回收되었든 것이다.

然故로 日本銀行 代理店 內에 統轄 設置되어 있는 諸 國庫預金은 實際에 있어서 大部分이 資金 없는 無實預金임으로 同 國庫預金을 引出할랴며는 于先 日本으로 送金하였든 現金을 다시 返還시켜야만 可能하였든 것이다. 然而 他面 日本은 降伏 後 其 殘滓勢力을 利用하여 美軍이 進駐하든 前後까지 治安에 當하는 동안에 各 支出官은 全然 日本銀行預金에서 支出되는 것이 아닌 無實歲出豫算預金을 支出하여 約 十四億圓에 達하는 朝鮮銀行券을 發行하였든 것이다.

上記와 如한 日本銀行 代理店 計定을 朝鮮美軍政廳이 引受하게 되자 如斯한 空虛預金을 解決하기 爲하여 다음과 如한 方法을 採擇하여 對日淸算金額을 算出하였든 것이다.
244 卽 一九四五年 八月 九日 以前에는 勿論 八月 九日 以後에 있어서, 또 日本陸海軍關係 及 行政官 等을 爲한 無實歲出豫算預金, 其他 出納官吏 等의 空虛한 預金支出이 莫大하지만 此는 一切 不問에 부치고 八月 八日 現在 各 計定의 殘高 及 八月 九日 以後 全 去來를 一一히 細密히 分析檢討하여 直接 朝鮮人에게 利害關係되는 官廳 及 個人計定(追後 朝鮮人計定이라 稱함) 分만을 摘出算出하여 對日 淸算을 要求한다. 그럼으로 서울 日本銀行 代理店에 있는 總바란스시트[482] 各 計定을 個別的으로 分析檢討한 後 于先 明確한 純日本計定을 除外하고 多少라도 朝鮮人計定에 關係 있는 計定에 對하여는 其 殘高를 關係 帳簿 及 約 四萬 以上 되는 證憑書를 一一히 檢討하여 此를 朝鮮人計定으로써 對日 淸算으로 要求한 것이며 其 額은 七四二,八五九,〇〇〇圓 八〇戔이다.

註(二)

解放 以後(一九四五年 八月 九日부터 同年 十月 二十五日까지) 日本殘滓政權이 諸 官吏의 給與, 陸海軍關係의 終戰事務費 及 諸 債務償還 等을 爲한 國庫金出納 及 其他 受拂로 因하여 朝

482 balance sheet(대차대조표)

鮮銀行에 設置된 日本銀行 預金計座가 一五八,八八九,八四一.八五의 貸越을 보게 되었다.
245 以上 請求金額 以外에 前記 二項 金額의 利子가 有하나 此는 別途로 算出하여 請求할 것이다.

備考. (未收金 (一) 乃至 (一〇)까지의 證憑書類는 大韓民國政府 財務部가 保管함.)

(一一) 貿易補償金

解放 前 韓國에는 日人의 所謂 低物價政策에 依據하여 公定價格制가 實施되고 있던 關係上 外地(滿洲·北·中·南支那 及 南洋 一帶)와의 物價의 差가 甚하였다. 그러나 日本이 戰爭 遂行上 必要한 物資에 限하여는 國內 價格 如何를 不問하고 外地로부터 韓國에 輸入하여 其 價格差損額을 日本 大藏省으로부터 日本法律「爲替交易調整法」第二章 十二條(政府ハ命令ヲ以テ 定ムル 交易関係者ニ 對シ 命令ヲ 以テ 定ムル 物資ノ交易上生ズル 價格差損ヲ 補償スル爲 價格差損 補償金ヲ 交付スル 契約ヲ 爲スコトヲ得 前項ノ契約ハ之ニ 基キ 交付スベキ 價格差損 補償金ノ 總額ガ 帝国議会ノ 協賛ヲ 經タ
246 金額ヲ 越エザル範囲内ニ 於テ之ヲ 爲スコトヲ要ス 第一項ノ 價格差損ヲ 決定スル 基準ハ政府之ヲ定ム[483])에 依據하여 當時 交易을 擔當한 機關에게 補償支拂키로 되어 있음.

內譯

1. 補償金總額	九九, 〇一〇,七八六圓 (帳簿價格)
a. 日本 大藏省에 報告分	九七, 〇九五,一二五 〃
b. 日本 大藏省에 未報告分	一,九一五,六六二 〃

483 번역하면 다음과 같다. 정부는 명령으로 정하는 교역 관계자에 대해 명령으로 정하는 물자의 교역상 발생하는 가격차손을 보상하기 위해 가격차손 보상금을 교부하는 계약을 맺기로 한다. 전항의 계약은 이에 근거하여 교부해야 할 가격차손 보상금의 총액이 제국의회의 협찬을 거쳐 금액을 넘지 않는 범위 안에서 하기로 한다. 제1항의 가격차손을 결정하는 기준은 정부가 이를 정한다.

(一二) 貿易保留金

貿易保留金 亦是 貿易補償金과 如히 「爲替交易調整法」 第二章 第十一條(命令ヲ 以テ 定ムル 交易関係者ハ 命令ノ定ムル 所ニ依リ 命令ヲ以テ 定ムル 物資ノ交易上 生ズル價格差益ヲ 價格差益 納付金トシテ 政府ニ 納付スベシ[484])에 依據하여 交易上의 利益金을 日本 大藏省에 納入키로 되어 事前에 其 豫測差益金額을 預置해 둔 것을 解放으
247 로 取引[485] 中止되었으니 同 預置金의 返還을 要求함.

要求額 五四,六九八圓 (帳簿價格)

備考. 貿易補償金 及 保留金 關係 證憑書類는 民國政府 商工部에서 保管하고 있으며 本 要求는 勿論 韓國人 機關에 限함.

(一三) 聯合國人 財産賣却代金 中 朝鮮銀行이 日本에 送金分

日帝時 日本政府가 聯合國人 財産을 賣渡한 代金 中 日本으로 送金한 것(朝鮮銀行으로부터 橫濱正金銀行으로 移管)

送金年月日	金額	備考
西紀 1943. 7. 7.	2,500,000円	
〃 . 11. 27.	9,500,000	
西紀 1944. 2. 16.	1,000,000	
248 西紀 1944. 8. 14.	2,000,000	
計	15,000,000	(帳簿價格)

備考. 本 調書의 證憑書類는 民國政府 臨時管財總局이 保管함.

---

484 번역하면 다음과 같다. 명령으로 정하는 교역 관계자는 명령이 정하는 곳에 의해 명령으로 정하는 물자의 교역상 발생하는 가격차익을 가격차익 납부금으로 정부에 납부해야 한다.

485 取引(취인): '거래'를 뜻하는 일본어

(一四) 藥工品 供給代 未收金

日政時 朝鮮總督府 指令에 依하여 朝鮮興農會社가 代行機関이 되어 朝鮮銀行으로부터 融資를 받어 左記 各 團体 及 個人業者에게 藥工品을 供給하고 此 代金이 未回收된 채 解放이 되었음으로 現在 朝鮮銀行은 此 代金을 興農會社로부터 回收치 못하고 있음.

要求額 三,五六三,三二一圓 (帳簿價格)

内譯

249

供給處	未收金	供給處	未收金
咸北姫野照雄	2,597円	三井物産會社	1,378,193円
咸北宮本照雄	5,421	大日本塩業會社	12,225
日本窒素會社	1,358,113	滿洲興農會社	255,613
華北藥工品會社	470,183	豊農製油會社	77,976

合計 三,五六三,三二一圓

備考. 本 調書의 供給處 對象은 日本 個人 及 本社가 日本에 在한 日本人 會社에 限하며 證憑書類는 民國政府 農林部가 保管함.

(一五) 朝鮮電業會社 注文品代 內拂金

	賠償返還客體의 表示	日本 國內 現所在地	奪取 (又는 取去) 年月日	奪取 (又는 取去) 場所	國內 所有者名	客體의 價格		備考
	150m/m 다-빈폼프用 鋼鉄製	三井物産	1933年 5月 27日		朝鮮電業 株式會社	3,096	00	朝鮮電業 株式會社 注文品 (前渡金)
250	드립파付벨트콤베야	岡商行	1943年 12月 18日		朝鮮電業 株式會社	5,700	00	朝鮮電業 株式會社 注文品 (前渡金)
	벨트콤베야	〃	1942年 11月 30日		〃	8,355	00	〃
	〃	〃	〃		〃	13,380	00	〃
	〃	〃	〃		〃	15,750	00	〃
	드립파付벨트콤베야	〃	1943年 12月 13日		〃	8,445	00	〃
	벨트콤베야	〃	〃		〃	4,905	00	〃
	〃	〃	1942年 11月 30日		〃	18,000	00	〃
	스크류콤베야	〃	〃		〃	5,400	00	〃
	30HP捲場用기어	亀戸機械	1943年 7月 1日		〃	1,197	00	〃
	20HP 〃	〃	〃		〃	1,180	00	〃
	15HP 〃	〃	1943年 12月 13日		〃	570	00	〃
	捲揚機 10台	岡商行	1942年 8月 5日		〃	33,300	00	〃
251	隧道內捲揚機(25HP) 4台	九久機械	〃 5月 30日		〃	11,600	00	〃
	上水用 100HP軍銅捲揚機 1台	〃	〃 12月 30日		〃	9,300	00	〃
	天井固定起重機 1台 外 2桌	櫻田機械	1941年 6月 17日		〃	38,130	00	〃
	自動車結器 30組	中山商會	〃 7月 17日		〃	15,200	00	〃
	1立方嗎스게-므쇼베루 1台	第一機械	1942年 6月 27日		〃	54,600	00	〃

賠償返還客體의 表示	日本 國內 現所在地	奪取 (又는 取去) 年月日	奪取 (又는 取去) 場所	國內 所有者名	客體의 價格		備考
350手昇機 1台	東邦輸送	1942年 9月 1日		〃	5,100	00	〃
杜鐵用도로리車輪 60台	日東商工	1943年 6月 26日		〃	2,900	00	〃
馬蹄型슈-도 50台	〃	〃 7月 3日		〃	1,091	66	〃
企劃院製定 第四種 上作用連結器 100個	高田商会	1942年 3月 3日		〃	10,050	00	〃
30手 사이도당구蒸氣機關車 2輛	〃	1943年 3月 6日		〃	42,420	00	〃
7粍 구렛샤-무注水器 10輛分	〃	〃 7月 10日		〃	3,716	00	〃
時中变電所 66KV 30A 積算電力裝置	東京計器試驗所 日立製作			〃	2,643	00	〃
252 江界 第一發電所 配電盤 追加分 前面銅板盤 1式, 背面大理石盤 1式, 屋內用 스윗지 1式, 電磁接觸器函 1式, 豫備器 1式	日立製作所			朝鮮電業株式會社	22,805	00	朝鮮電業株式會社 注文品 (前渡金)
長津江変電所 5,500KVA 変圧器 三相油入自冷式 屋外用	〃			〃	14,780	00	〃
平北四發電所 所內 配電盤	〃			〃	9,020	00	5荷業 11,185 나루모 未拂 前渡金 相殺 9,020
江界 第二發電所 配電盤 追加分 背面大理石盤 1式, 253 屋內用 스윗지 1式, 電磁接觸器函 1式, 豫備器 1式	日立製作所			朝鮮電業株式會社	9,030	00	朝鮮電業株式會社 注文品 (前渡金)
江界 第三發電所 230KV 連絡用母線器具 1式	〃			〃	43,600	00	〃
順天開閉所 開閉折裝置 1式	〃			〃	183,000	00	〃

	賠償返還客體의 表示	日本 國內 現所在地	奪取(又는 取去)年月日	奪取(又는 取去)場所	國內 所有者名	客體의 價格		備考
	重要変圧器 補助 自動変圧調査器	東京 芝浦			〃	7,000	00	〃
	長津江發電所 사-지아부-소-바	三井物産			〃	6,109	00	〃
	制御用 蓄電池 長津江發電所	〃			〃	1,552	00	〃
254	平壤變電所用 OF蓄電池 288台, 架台 2式, 直列 리아구도루 2個, 放電線輪 12台, 油入遮斷器 12台, 油入豫備 1式, OF蓄電器 2台, 直列 리아구도루 2個, 枚電線輪 2台, 配電盤 1式	住友 本社			〃	216,601	00	〃
	主要変圧器 補助変圧器 調整裝置	東京 芝浦			朝鮮電業株式會社	7,000	00	朝鮮電業株式會社 注文品(前渡金)
	60,000KVA変圧器改造	〃			〃	50,240	00	〃
	15,000KVA変圧器改造	〃			〃	8,035	00	〃
	長津江發電所 사-지아부-사-바	三井物産			〃	6,109	00	〃
	長津江三發電所 制御用 蓄電池	〃			〃	1,552	00	〃
255	盧川江一發 自動一酸化炭素發生裝置	〃			〃	3,660	00	〃
	空氣圧縮用 75KV메-타他	安川			〃	9,396	00	〃
	곤베-야用 〃	〃			〃	7,356	00	〃
	다빈폼프用 〃	〃			〃	5,664	00	〃
	平壤 21萬KVA負荷 電壓調整用 아레스다-	三井物産			〃	6,800	00	〃
	鎭南浦 〃	〃			〃	6,800	00	〃
	多師島 〃	〃			〃	6,800	00	〃
	平北工場用 配電盤 其他	井上電氣			〃	47,076	67	〃
	輪城工場用 配電盤 其他	〃			〃	90,103	33	〃
	平北工場用 屋內單極單投断路器 其他	高岳			〃	8,220	00	〃
	輪城工場用 〃	〃			〃	18,840	00	〃

	賠償返還客體의 表示	日本 國內 現所在地	奪取 (又는 取去) 年月日	奪取 (又는 取去) 場所	國內 所有者名	客體의 價格		備考
256	端川工場用 屋內單極單投断路器 其他	高岳			朝鮮電業株式會社	34,821	00	朝鮮電業株式會社注文品(前渡金)
	端川工場用 受電盤	立正			〃	203,413	00	〃
	三相積算無效電力計	津田電気計器			〃	10,666	00	〃
	乾式單相 9KVA変圧器	東京変圧器			〃	1,030	00	〃
	75HP電動機	富士電気			〃	10,730	00	〃
	義州 雲峰 水車引當	電業社			〃	1,000,000	00	〃
	水豊發電所 水圧鐵管	日本鋼管			〃	130,142	00	〃
	水豊發電所 TSWM電機 3台 中 2台分	富士電機			〃	2,000,000	00	〃
	変電所 發電所 도랑구오이루	東京 芝浦			〃	約 450,000	00	〃
	柴田式 自動連結器用	高田商会			〃	4,965	00	〃
	空氣圧縮機 1組 外 2点	〃			〃	1,760	00	〃
257	大型製釘機 外 1点	服部組			〃	4,818	00	〃
	4平 蓄電池機関車 修理 及 附属品	東光電気			〃	9,625	00	〃
	30平 蒸氣機関車 5輛	市川重工業			〃	90,862	00	〃
	NK530平 蒸氣機関車	〃			〃	4,800	00	〃
	15平 無蓋車 40輛	〃			〃	202,300	00	〃
	NKS8平 蒸氣機関車 6輛	〃			〃	47,960	00	〃
	15平 無蓋車用 軸箱	〃			〃	22,920	00	〃
	NKS30平 蒸氣機関車	〃			〃	89,300	00	〃
	30平 車道部分	日本車道			〃	127,069	50	〃
	세멘트粉末機	東洋工業社			〃	60,396	00	〃
	150HP 複胴捲揚機	後滕機械			〃	32,400	00	〃
	6平 깨소링[486]機關車 4台	日本轉車			鴨綠江水電	30,240	00	〃
258	6平 깨소링機關車 2台	日本轉車			鴨綠江水電	15,120	00	
	200平 天井走行起動機 2台 外 2点	日本起重機			〃	189,075	00	
	YIIV型 320m/m 超高速力 卓上보-루盤 1台	守谷商会			〃	412	50	

賠償返還客體의 表示	日本 國內 現所在地	奪取 (又는 取去) 年月日	奪取 (又는 取去) 場所	國內 所有者名	客體의 價格		備考
300平 天井走行起動機 2台分	東京 石川			〃	293,100	00	
蓄電池用機関車 蓄電池	日本電池			朝鮮電業 株式會社	5,965	00	朝鮮電業 株式會社 注文品 (前渡金)
合計		6,187,067圓(帳簿價格)					

備考. 證憑書類는 民國政府 商工部가 保管함.

(一六) 西鮮合同電氣株式會社 注文品代 內拂金

	確定債權의 表示	金額		債權確定의 根據	賠償相對方	備考
259	注文物品代에 對한 內拂金	4,800	00	4275年 2月 12日 注文. 屋外 3P 断路器 66KV 300A 8台 @₩1,800圓 ₩14,400圓에 對한 內金	神奈川縣 川崎市 田邊新田 1番地 富士電機製造株式会社	
	〃	7,200	00	4275年 3月 14日 注文. 積算電力計 66KV 75A 1組, 300A 1組, 15A 1組 7,200圓, ₩21,600圓	〃	
	〃	4,800	00	4275年 9月 1日 注文. 66KV 計量裝置 750/5A 油付 2組 @₩7,199圓 ₩14,398圓	〃	
260	注文物品代에 對한 內拂金	11,978	00	4276年 3月 22日 注文. 屋外膨張断路器 80.5KV 600A 300－15015A 1,000MVA 1台 ₩22,805圓. 手動操作三極斷路器 屋外 80.5KVA 400A 3台 @₩1,720圓 ₩5,160圓. 計器用変圧変流器函 屋外 66KV/110V 150/5A 台 ₩6,664圓. 輸送用充塡油 乙 1,600立 ₩1,135圓. 79特高変圧代金 中	神奈川縣 川崎市 田邊新田 1番地 富士電機製造株式会社	
	〃	19,284	80	4278年 4月 5日 注文. 電球 13W 5,000介, 25W 4,000介代 先金 10,000圓		電球
261	〃	19,866	00	4278年 4月 23日 注文. 電球 20W 10,000介代 6,436圓 5月 1日 注文. 20W 5,000介代 3,430圓	大阪 京阪沿線 門眞 松下電氣産業株式會社	

486 가솔린을 말한다.

確定債權의 表示	金額		債權確定의 根據	賠償相對方	備考
〃	1,500	00	4275年 4月 23日 注文. 計器用 変成器 試驗器 1組代	東京市 品川區 五反田 1의 2636 大崎電機工業Co.	
〃	300	00	4276年 11月 15日 注文. 電流変成器 屋外用 油入 3P 3.30/1.10V 電圧 200/5A 1組代 ₩600×1/2	東京市, 大阪市 安宅産業Co.	
〃	25,758	33	4275年 9月 4日 注文. 蓄電器 150MF 545台	中國配電Co. 製作所	
262 注文物品代에 對한 內拂金	10,319	33	4276年 7月 29日 注文. 進相用 蓄電氣 3P 200V 75MF 23台 @₩65圓 1,755圓, 100MF 607台 @₩85圓 ₩51,595圓, 150MF 246台 @₩123圓 ₩30,258圓. 計 83,608圓×1/3 先金 ₩27,869.33戔	中國配電Co. 製作所	
〃	2,720	00	4277年 1月 8日 注文. 單相計器用 硝子카-바 3,500介代 8,160×1/3 先金	大阪市 北區 堂島北町 津田電氣計器工業所	
〃	14,777	00	263 4277年 2月 15日 注文. 三相計器 220V 60e 670介, 單相計器 100V 60e 100介代 ₩44,331圓×1/3	〃	
〃	2,300	00	4277年 6月 16日 注文. 單相試驗器 2台 @₩3,500圓 ₩7,000圓 先金	〃	
〃	7,000	00	4277年 6月 16日 注文. 單相計器用 硝子카-바-1-4G型 4000介, MA型 1,000介代 21,000圓×1/3	〃	
計	132,603	46	(帳簿價格)		

備考. 證憑書類는 民國政府 商工部가 保管함.

264 (一七) 京城電氣株式會社 注文品代 內拂金

	確定債權의 表示	金額		債權確定의 根據	賠償相對方	備考
	注文物品代에 對한 內拂金	49,000	00	注文 NO. 購57 富平変電所 建設用[487] 電氣 1式 註文金額 147,000에 對한 1/3 內拂金	三菱商事株式會社	
	〃	42,000	00	註文 NO. 69-1 金化開閉所 建設用 配電盤 及 開閉裝置 諸 機械器具 註文金額 126,266.00	〃	
	〃	35,800	00	註文 NO. 69-2 淮陽開閉所 建設用 配電盤 及 開閉裝置 諸 機械器具 註文金額 107,540,000	〃	
265	〃	16,407	00	註文 NO. 物6 金化開閉所 增設用 電機器 1式 註文金額 22,560.00	〃	
	〃	2,868	90	註文 NO. 物17-2 積算電力計 各種 6,448介 註文金額 144,250.40. 內拂金 48,080.00 中 一部 納品代를 除한 殘額	〃	
	〃	69,500	00	60屯 電氣機関車 1台 註文金額 208,500.00	〃	
	〃	11,698	50	注文 NO. 物41-2 單相計器 2,127介 注文金額 35,095.50. 途中 注文取消하였으나 內拂金 返還치 않었음.	〃	
266	注文物品代에 對한 內拂金	833	30	注文 NO. 5420 電氣空氣压縮機 1台 注文金額 2,500.00	三菱商事株式會社	
	〃	12,526	00	注文 NO. 物46 轉轍器 6組分 岐轍叉 1組 注文金額 37,580.00 內拂金 12,526.00	〃	
	〃	63,880	00	注文 NO. 購10-2 東京芝浦製 50馬力 電車電動機 60台 電車用制御裝置 1式 30輛分, 電車用空氣制動機 30輛分 注文額 453,000.00 內拂額 151,000.00 中 一部分 入荷. 殘은 未納	〃	

487 1954년 발행본에는 '建'자가 누락되었음. 1949년 발행본을 참조하여 표기했음.

	確定債權의 表示	金額		債權確定의 根據	賠償相對方	備考
267	〃	1,297	00	註文 NO. 購71 富平開閉所 66KU系統用 逍孤線輪裝置 1式 註文金額 70,550.00. 內拂額 23,517.00 中 一部 納金한 残額	三井物産株式會社	
	〃	5,877	00	註文 NO. 78-1 單相變壓器 各種 註文金額 28,085.00. 內拂金 9,362.00 ┌ 3KVA 14台 @9,100 │ 5KVA 14台 │ 75〃 〃 │ 10〃 27 │ 15〃 14 │ 20〃 14 └ 30〃 20 中 3KVA 14台, 5KVA 14台, 10KVA 27台 入荷한 未納品에 對한 残	〃	
268	〃	1,629	60	註文 NO. 25-2 254耗捲垂 硝子 600介 @485 註文金額 29,100.00. 內拂金 20,350.60 中 4,992介 納品. 未納 1,008介에 對한 內拂残額	泰平洋行	
	注文物品代에 對한 內拂金	220,500	00	註文 NO. 物 66 電車用電氣品 1式 註文金額 661,758.00	泰平洋行	
	〃	4,480	00	註文 NO. 物13 森尾式 電車燈火管制用 抵抗器 各種 175介 註文金額 17,660.00. 內拂金 5,880.00 中 旣納物品代 1,400.00을 除한 残	〃	
	〃	127,610	00	註文 NO. 物 49 電車用 電氣用品 1式 註文金額 382,800.00		
269	〃	1,900	00	註文 NO. 49-2 電車用 電氣品 豫備品 1式 註文金額 5,740.00		
	〃	3,200	00	註文 NO. 物19 竹製吊手 10,000本 @2.40 註文金額 24,000.00. 內拂金 8,000.00 中 60,000本 納入. 400,000 本 未納品에 對한 残	〃	

	確定債權의 表示	金額		債權確定의 根據	賠償相對方	備考
	〃	22,666	67	註文 NO. 物18 구라이타 水銀整流器 1式 註文金額 68,000.00	大倉商事株式會社	
	〃	36,976	00	註文 NO. 物82 水銀整流器裝置 1式 註文金額 110,848.00	日立製作所	
270	〃	64,704	00	註文 NO. 物63 襄陽變電所 增設工事用 電氣機械 1式 註文金額 194,112.00	〃	
	注文物品代에 對한 內拂金	1,087	38	註文 NO. 2439-2444 電車制御器用 接觸子 他 車輛材料 註文金額 45,200.50. 內拂額 15,000.00 中 一部 納品한 残	大阪電業株式會社	
	〃	8,610	00	註文 NO. 2493-2495 電車電動機用 整流子 註文金額 25,830.50	〃	
	〃	419	04	註文 NO. 4755 二重線卷線 2.6m/m 180kg 註文金額 419.04	電線配給株式會社	
271	〃	343	12	註文 NO. 1180 丸型 被覆 고무線 27/12m/m 296m 註文金額 343.12	〃	
	〃	440	27	註文 NO. 1044 4×14(7/6m/m) 100m 被覆線 4×22 (7/20m/m) 100m 註文金額 750.28. 內拂 700.28 中 4×14 (7/6m/m) 100m은 入荷. 未納品에 對한 残	〃	
	〃	4,790	00	註文 NO. 物22 硝子畜 各種 9,600介 註文金額 17,280.00 內拂 5,760.00 中 1,140介 納品. 未納에 對한 残	津田電氣計器工業社	
272	〃	3,200	00	註文 NO. 11343 相積算電力計 200V 60-75A 100介 註文金額 9,700.00	〃	
	注文物品代에 對한 內拂金	3,300	00	註文 NO.11353 相積算電力計 200V 60-100A 100介 註文金額 9,900.00	津田電氣計器工業社	
	〃	11,433	87	註文 NO. 物65 瓦斯發生爐用 耐火煉瓦 各種 註文金額 29,748.87. 內拂 10,874.44 中 一部 納品한 残	出光興業株式會社	

	確定債權의 表示	金額		債權確定의 根據	賠償相對方	備考
	〃	1,700	00	車輛油 17D/M, 마신油 100罐 注文金額 5,100.00. 內拂金 5,100.00. 車輛油 17D/M은 納入하고 未納한 마신油代	〃	
273	〃	3,265	66	注文 NO. 物104 屋內 碍子 及 碍管 注文金額 9,797.00	大阪陶業株式會社	
	〃	736	45	注文 NO. 1577 黃銅 9倖 注文金額 736.45	压延金属東京第一配給所	
	〃	67	40	注文 NO. 1588 鉛 100kg 注文金額 67.40	金属配給統制株式會社 湊町 池金配給所	
	〃	546	84	注文 NO. 3964 棒半田 特一號 196kg 注文金額 546.84	東京半田錫工業組合	
	〃	20,000	00	積算電力計 各種 注文金額 20,000.00	大日本電気會社	
	〃	1,248	17	大同炭 拂下代 385 @32.42	松下電氣株式會社	
274	注文物品代에 對한 內拂金	368	10	注文 NO. 物71 5A @9,20 2,736介 電流制限器, 10A @9.30 644介 注文金額 31,346.40. 全部 納品 中 不足 及 不合格으로 返還한 分	大島商行	
	〃	55,000	00	注文 NO. 物25 테사덴트셋드型 랑자사-式 汽罐 2基 及 附属品 1式 注文金額 55,000.00	六三商會	
	〃	14,250	00	注文 NO. 物75 往十里 瓦斯製造所 汽罐据付 及 築爐建設工事 請負金 工事金額 28,500.00	〃	
275	〃	17,250	00	와신톤뽐뿌 6×4×6 4台, 6AA 8×5×10 1台 注文金額 34,500.00	〃	
	〃	13,728	00	注文 NO. 物 58-1 145MS型 미기사-4台 注文金額 54,912.00	朝鮮重機工業株式會社	
	〃	9,250	00	注文 NO. 58-2 고구랏샤-1台 注文金額 18,500.00	〃	

	確定債權의 表示	金額		債權確定의 根據	賠償相對方	備考
	〃	6,150	00	註文 NO. 2533, 2534, 2537 管制用 스윗지 1,000介, 스와소게트 5,000介 註文金額 18,450.00	安滕電氣商會	
	〃	8,700	00	註文 NO. 11146-11149 註文金額 26,200.00	〃	
276	注文物品代에 對한 內拂金	15,882	68	註文 NO. 6499-6963 케치호루다-@387 50A 1,000介, @508 100A 5,000介 註文金額 64,100.00. 內拂 213,601 中 50A 2,230介, 100A 1,537介 納品. 未納品에 對한 残	安滕電氣商會	
	〃	533	83	註文 NO. 3911 半田錫 特一號 177 註文金額 533.83	井澤池金商店	
	〃	4,112	00	計量器部分品 註文金額 4,112.50	京電 東京支店 內 川上 333	
277	〃	3,244	50	註文 NO. 4956 丁型 도라바-1989介 @400 註文金額 7,992,50. 內拂 7,992,50 中 1,187 納品하고 未納品에 對한 残임.	도미自動車商行	
	〃	2,402	40	註文 NO. 1303 銀行 락가에나멜 4kg 入 120罐 註文金額 2,402.40	辰己物産株式會社	
	請負金	286,905	20	製鐵工場新築에 依한 倉庫新築工事金	中島組	
	〃	58,163	89	製鐵工場 〃	和田工務店	
	〃	55,675	66	製鐵工場基礎 〃	住吉組	
278	請負金	66,404	75	製鐵工場 木工工事金	田淵組	
		152,604	70	〃 바케트코레아 1外 製作費	安本工務所	
		14,500	00	〃 波板 스레-트 葺工事	浅野스레-트	
	石炭代 前渡金	419,236	73	瓦斯用 石炭代 前渡金	宝榮商事	
		2,158	20	〃	梅根商事	
		6,978	96	〃	三笠商會	
		133,911	28	〃	三菱鑛業	
		3,144	60	〃	仁川 陸軍造兵廠	

總計 二,二〇七,〇八八.一五 (帳簿價格)

備考. 證憑書類는 民國政府 商工部가 保管함.

279 (一八) 南鮮電氣會社 註文物品代 內拂金

	客体의 表示	住所 及 氏名	年月日	場所	金額		備考
	第1113號 電用品 前渡金	東京市 麴町區 丸の內 2丁目 12 日立製作所	19. 12. 3.	서울	9,674	13	서울市 古市町 12番地 京城營 業所
	第11061號 〃	〃	19. 10. 9.	〃	219,325	86	〃
	第8217號 〃	〃	17. 9. 21.	〃	1,223	00	〃
	〃	〃	17. 9. 21.	〃	1,679	00	〃
	第17998號 変圧器代 前渡金	京城府 南大門通 2丁目 大阪変圧 器株式會社	19. 2. 5.	〃	3,135	00	物品契約金으 로 支拂
	第18906號 〃	〃	19. 2. 29.	〃	6,303	00	〃
	第10451號 〃	〃	16. 10. 3.	〃	23,174	00	〃
	電用品代 第30號	三菱商事 京城支店	20. 3. 9.	〃	10,540	00	〃
280	電用品代 第69號	三菱商事 京城支店	19. 12. 2.	서울	17,527	00	物品契約金으 로 支拂
	配電盤 第17號	京城府 中區 黃金町 1丁目 80 安宅産業京城支店	20. 3. 28.	〃	2,001	33	
	第190號配電盤 1/3 追加手付金	〃	20. 3. 28.	〃	2,001	33	
	〃 第18號	〃	〃	〃	2,001	34	
	変圧油代 前渡金	京城府 南大門通 3丁目 94 朝鮮特殊鑛油會社	20. 3. 7.	〃	17,527	50	
	〃	〃	20. 6. 8.	〃	1,726	40	
	物品代 前渡金	京城府 南大門通 4丁目 金千代빌 松風工業株式會社	17. 9. 30.	〃	1,464	00	
	〃	〃	17. 9. 21.	〃	1,048	50	
	工事 前渡金	京城府 龍山區 漢江通 2丁目 133 温井祥夫商店	19. 12. 13.	〃	4,334	00	
281	〃	〃	19. 12. 19.	〃	4,306	67	
	〃	〃	20. 6. 8.	〃	5,320	00	
	40K發電氣 移設工 事 契約金 前渡金	〃	20. 6. 8.	〃	6,750	00	
	〃	〃	20. 6. 8.	〃	580	00	
	工事 前渡金으로	〃	19. 2. 13.	〃	2,350	00	

	客体의 表示	住所 及 氏名	年月日	場所	金額		備考
	山淺送電線路 撤去工事 支線工事 全額. 第259號	京城府 旭町 2丁目 6 山嘉商會 京城出張所	18. 12. 30.	〃	186	67	
	500KVA 變壓器代 外	京城府 龍山區 元町 1丁目 44 守谷機械興業會社	19. 5. 21.	〃	26,422	76	
	物品代 前渡金으로	宮崎縣 延岡市 北小路 松田金右衛門	17. 10. 20.	〃	598	40	
	電話機材 1式代	日本 小石川 武島町 古川建一	19. 11. 6.	〃	1,700	00	
282	積算電小計 15組代 前渡金으로서	京城府 御成町 88 協隆洋行	17. 9. 14.	서울	5,434	00	
	物品代 第207號	東京市 芝浦区 濱松町 2의 5 建興商會	17. 10. 14.	〃	569	50	
	物品代 前渡金	京城府 中區 本町 1의 39 大澤産業會社	19. 2. 29.	〃	107	00	
	〃 小切手	神奈川縣 川崎市 東京芝浦電氣Co.	19. 2. 29.	〃	18,449	90	
	第830號 亞鉛引鐵線 拂下代	朝鮮總督府	19. 3. 22.	〃	38,107	91	日本銀行 京城代理店 拂
	第1488號 変電所機器 拂下代	〃	19. 3. 29.	〃	122,033	95	〃
	腕木 200本代 契約金	京城府 古市町 37 松本工業所	17. 9. 30.	〃	8,949	45	〃
	低压用 고무被鉛線 60M	京城府 黃金町 1의 101 住友本社販賣店	17. 9. 21.	〃	71	56	
283	屋井手角井四乾電池 20介代	〃	17. 9. 30.	〃	199	40	
	自轉車 契約金으로	京城府 黃金町 3丁目 148 朝鮮自轉車小賣組合	20. 6. 28.	〃	3,720	00	
	物品代 前渡金	大阪市 北区 當島北町 36 津田電氣計器Co.	19. 3. 24.	〃	32,712	00	
	第227號 契約金으로서	天安邑 天安 이모노	20. 7. 22.	〃	12,388	37	
	第312號 本21676號 電柱 契約金	京城府 黃金町 1의 83 日本木材Co.	17. 9. 30.	〃	8,614	30	
	根木加丸太代	京城府 南米倉洞 19 勝本組	16. 4. 9.	〃	2,135	20	
	第11198號 物品代 前渡金	東京市 麴町区 丸の内 2丁目 12 日立製作所	20. 1. 6.	〃	5,572	76	京城營業所 拂
	第11197號 66KV送電盤代	〃	20. 1. 6.	〃	22,402	72	〃

客体의 表示	住所 及 氏名	年月日	場所	金額		備考
284 電柱 第76號 75號에 依함.	京城府 中区 古市町 14 朝鮮鐵道協會資材部	20. 3. 2.	서울	20,000	00	
車輛用材 138石代	〃	20. 4. 1.	〃	10,724	58	
濟州島 40KV 發電所 設備工事 契約金	京城府 漢江通 2丁目 123 温井祥夫商店	19. 11. 6.	〃	7,000	00	
〃 追加分	〃	19. 11. 9.	〃	34,800	00	
腕木代	京城府 中区 永樂町 2丁目 60 興亜木材Co.	20. 3. 22.	〃	2,535	70	
第1145號 物品代 前渡金	大阪市 쯔다電氣Co. 嘉納神一	19. 11. 22.	〃	10,000	00	
物品代 前渡金	京城府 西大門区 貞洞町 21 順榮商會印刷所	20. 4. 7.	〃	2,819	50	
絶緣油 甲2號 114D/L代	京城府 南大門通 3丁目 94 朝鮮特殊鑛油Co.	19. 3. 13.	〃	15,108	36	
285 第45號 低压進相用蓄電池代	京城府 南大門通 4丁目 松風工業株式會社	19. 3. 31.	〃	1,190	00	
丸型交流計 4個代	京城府 南大門通 4丁目 泰平洋行 京城出張所	19. 3. 31.	〃	610	00	
釜山(契約金) 谷町變電所 防空設工事	京城府 本町 3丁目 34 林土木株式會社	20. 2. 7.	〃	19,300	00	
〃	〃	20. 7. 26.	〃	17,350	00	
計				801,016	05	(帳簿價格)

備考. 證憑書類는 民國政府 商工部가 保管함.

(一九) 法務部 關係 未收金

韓人이 日本 軍部 又는 其他 日本 政府機關에 寄託한 現金, 軍票 及 先納한 物品代金 等으로써 解放으로 未收된 것임.

286 內譯

債權者	債務機關名	金額	事由
海南島 韓人報國隊	海南島 海軍經理部長	576,012円	軍票의 寄託
邊東圭	北石方 12702部隊 經理部 主計少尉 吉川親雄	222,121	薪炭代金
朴海鳳	日本獨立混成 第 7旅團	35,060	送金依賴로 寄託
尹辛龍	海運局 福岡支局	10,000	寄託
金進重	日本 第 7方面 軍政管下 岡10356部隊	1,090,000	原木其他代金
合計		1,933,193	(帳簿價格)

(二十) 公報處 關係 未收金

日本人에게 物品購入代金 一時 假拂한 未收金 金 一一五,六〇三圓 九四錢也 (帳簿價格)

287 1. 被害原因

東京 駐在員에게 機器具 購入資金으로 假拂하여 왔으나 該當 物品을 完納치 않고 解放되자 殘餘貸與金도 返還치 않고 現在 未收金으로 있음.

2. 賠償請求의 根據와 被害額의 算出基礎

	日附	氏名	假拂額		淸算額		殘高額 要求額		摘要	算出基礎
	1945. 4. 1.	橋本又次郎	4,136	00					部分品 엠히라맨트 外代	當時 帳簿에 依함.
	〃	〃	2,655	00					部分品 바리우무겟다代外	〃
	〃	〃	1,100	00					特配眞空管代 及 運賃	〃
	〃 4. 2.	〃	70,000	00					放送機器 購入資金	〃
	〃	〃	90,772	30			168,663	30	〃	〃
	〃 5. 21.	〃			704	85			特配眞空管 通信用 納品	〃
	〃	〃			4,535	00	163,423	45	세도러세푸 外 部分品 納品	〃
288	1945. 6. 31.	橋本又次郎	12,480	00			175,903	45	電解蓄電器 6,500個 外代	當時 帳簿에 依함.
	〃	〃			22,115	00			機械購入資金 一部 淸算	〃
	〃 7. 30.	〃			56,986	00			部分品代로 淸算	
	〃	〃			12,942	51			受信機代로 淸算	
	〃 8. 31.	〃			2,256	00	81,603	94	日電 겟다 購入 淸算	
	〃	小計	181,143	30	99,539	36	81,603	94		
	〃 5. 31.	杉山達郎	22,000	00			22,000	00	保修用 眞空管 6,750本代	
	〃 8. 31.	和田秀吉	12,000	00			12,000	00	乾蓄電氣 製作用 機械代	
		合計	215,143	30	95,539	36	115,603	94		

(二一) 麻藥代金 未收金

289 要求額 一二,九八五,七二五圓

內譯(一)

供給處	品名	數量	單價	金額		摘要
臺湾專賣局	生阿片	224瓩 292瓦	瓩當 360圓	80,745圓	12	
鎭海 海軍經理部 京城支部	〃	2,997瓩 162瓦	〃 350圓	1,049,006	70	
日本厚生省	〃	8,440瓩 224瓦		1,084,573	87	몰핀 總量 985瓩 976瓦. 瓩當 1,100圓
小計				2,214,325	69	

但 一瓩當 價格 算出基準은 當時 公正價格에 依함.

290 內譯(二)

一九四八年 七月 美軍政廳 保健厚生部 藥務局 美人 顧問官 주-바 大尉가 日本에 輸出한 韓國 所在 麻藥代

1. 生阿片 二八,〇三五瓩 一〇,〇九二,六〇〇圓

(本 價格은 解放 當時에 規定한 生阿片 一瓩當 三六〇圓으로 計上함.)

2. 半製品 몰핀 八一六瓩 六二八,三二〇圓

(本 價格은 規定된 價格이 없음으로 解放 當時 모르핀 一瓩當 一,一〇〇圓에 對한 三割을 減한 價格으로 計上함.)

3. 粗製 몰핀 四六瓩 四〇,四八〇圓

(本 價格은 規定된 價格이 없음으로 解放 當時 몰핀 一瓩當 一,一〇〇圓에 對한 二割을 減한 價格으로 計上함.)

小計 一〇,七六一,四〇〇圓

總計 一二,九八五,七二五圓

291 備考. 本 調書의 證憑書類는 民國政府 保健部가 保管함.

(二二) 交通部 関係 未收金

要求額 三一,九八〇,三六八圓 (帳簿價格)

1. 前渡 未淸算額 一六,八七九,二四九圓

遠隔地에 있는 日本人 官吏에게 前渡되었든 各種 資金 中 終戰으로 未淸算된 金額

2. 連帶淸算金 未收額 一八五,六〇六圓

在日本 運輸機関과의 連絡營業으로 發生한 債權 中 未淸算한 채 終戰으로 回收치 못한 分

3. 東亞交通公社 乘車券 代理販賣代金 未收額 四,四三七,一四六圓

交通部의 代行機関으로 東亞公社에서 乘車券類를 代理販賣한 金額 中 未回收金

4. 後拂運賃 未收金 一〇,三二八,三八五圓

292 軍用貨車 日本 政府機関 및 日本 個人 等 後拂 取扱한 運賃 中 未納된 金額

內譯

a. 日軍関係分	一〇,一七七,七〇三圓
b. 日本政府機関分	七八,三五〇 〃
c. 日本個人分	七二,三三二 〃

5. 注文物品代 未收金 五〇,〇〇〇圓

大阪市 東區 東雲町 1의 9 新興商會 山川萬藏에게 印刷機(오부셋트 1組) 代金 先拂로 注文한 채 終戰으로 現品 未納으로 此 代金의 回收를 要求함.

6. 元 朝鮮鐵道株式會社 貸與金 一〇〇,〇〇〇圓

元 朝鮮鐵道株式會社가 日本木材株式會社에 貸與한 金額인 바 同 會社는 交通部에 吸收되었음으로 貸與金은 交通部에 返濟하여야 함.

(二三) 林産物 供出額 未收金

293 內譯

種別	金額	種別	金額
坑木用材	643,238圓	長斫	556,010圓
船舶 〃	410,713 〃	木炭	208,117 〃
航空 〃	219,000 〃	松根炭油	938,159 〃
車輛 〃	1,648,236 〃	軍用 바지개	291,500 〃
其他 〃	1,056,654 〃		
合計			5,965,627圓

備考. 本 調書 要求 未收金은 帳簿價格(當時 査定價)이며 関係 證憑書類는 民國政府 農林部가 保管함.

(二四) 大韓食糧公社 関係 未收金

本 公社는 日政時의「朝鮮食糧營團」으로써 日帝의 所謂「朝鮮食糧管理令」에 依據하
294 여 設置된 特殊團體인 関係上 日本政府 農商省, 日本食糧營團 및 日本 軍部에 對하
여 代金은 後에 精算키로 하고 糧穀 其 代物品을 輸出 或은 納品한 것이 終戰으로 此
代金을 回收치 못하였음.

要求總額 五三,九九五,四三二圓 (帳簿價格)

內譯 別表와 如함.

備考. 證憑書類는 民國政府 農林部가 保管함.

對日賠償要求資料明細表

	相對方	摘要	金額		備考
	農商省	食糧證券	14,447,088	39	食糧證券 交付 申請分 解放으로 因하야 未收分
	〃	昭和 19年度 營團助成補給金 殘高	2,425,659	59	政府補助金 中 未收金(決算赤字補償金)
295	鎭海海軍	100斤入 @20,656 白米 16,860叺 賣掛金[488]	348,260	16	在鮮 各 軍部에 賣渡한 賣渡代金 解放으로 因하야 未收
	〃	@15,581 白米 3,253叺	10,684	97	〃
	〃	糯白米 2,500叺 助成金	2,590	22	〃
	〃	賣掛金 白米 114叺 @16.25	1,852	50	〃
	〃	押麥 437叺 @9.4 賣掛金	4,323	22	〃
	〃	白米 1,450叺 @19,340	709,538	76	〃
	〃	残高賣掛金 白米 11,000叺 @19.34	203,134	80	〃
	〃	賣掛金 屑米 500叺 @11.97	5,985	00	〃
	〃	賣掛金 屑米 1,000叺 @10.89 〃 1,000叺 @10.89	5,985 10,890	00 00	〃
	〃	白米 20,000叺代 中 殘高	33,120	00	〃
296	鎭海海軍	白米 7,000叺 賣掛金	144,592	00	在鮮 軍部에 賣渡한 賣渡代金 解放으로 因하야 未收
	〃	白米 34,202叺 @19.18 〃	779,176	22	〃
	〃	白米 5,000叺 @20 〃	103,280	00	〃
	〃	玄米 14,000叺 〃 〃	268,420	00	〃
	〃	仝上價格訂正追加	14,532	00	〃
	〃	30K入 93,739袋 白米 45K入 35,050叺 60K入 34,552叺	7,081,098	03	〃
	〃	60K入 12,898叺 白米 45K入 21,713叺 30K入 940叺	578,993	56	〃

488 '賣掛金(うりかけきん)'은 '상품의 매상 미수금'을 뜻하는 일본식 한자어이다.

	相對方	摘要	金額		備考
	〃	玄米 60K入 @19.18 9,219叺 賣掛金	175,286	02	〃
	鎭海海軍 工作部	乾빵 400貫代 @5.03	2,112	60	〃
297	〃	乾빵 984貫代 @4.03	2,756	52	〃
	〃 (施設部)	〃 12,732貫 〃	51,309	96	〃
	〃 (第五海軍燃料部)	〃 2,112貫 〃	8,511	36	〃
	(航空)	〃 1,115貫 @5.03	5,613	48	〃
	(経理部)	〃 804貫 〃	4,044	12	〃
	第 7401部隊(麗水)	麻袋 50枚 @1.50	75	00	〃
	海軍武官府	木綿袋 450,000枚 運賃	3,643	79	〃
	〃	498,000枚 中 残 木綿袋 225,000枚代	955,500	00	〃
	航空兵器廠	压搾機代	895,234	84	〃
	朝鮮軍經理部	大豆油滓代 242缶	898	42	〃
	〃	油滓代 98缶	363	82	〃
	〃	油滓 98缶 運賃 及 諸掛	45	39	〃
298	陸軍倉庫	脱脂糠 82叺	432	96	在鮮 軍部에 賣渡한 賣渡代金 解放으로 因하야 未收
	〃	米袋 1,400枚代	2,100	00	〃
	平壌師團	實粉 61袋 @9.60	585	60	〃
	陸軍倉庫	〃 1,000袋 〃	9,600	00	〃
	朝鮮軍經理部	〃 1,000袋 〃	9,600	00	〃
	陸軍倉庫	軍用麥 搗精賃	298,176	89	〃
	朝鮮陸軍經理部	小麥粉 450袋	4,355	55	〃
	朝鮮軍管區司令部	〃 200袋	1,934	80	〃
	朝鮮陸軍經理部	大豆 690袋	12,884	60	〃
	朝鮮軍管區司令部	滿洲包米 500叺	6,180	00	〃
	在鮮 第2925部隊	小麥粉 10袋	96	79	〃
	〃 第 7477部隊	粳白米 500叺代 殘	981	00	〃
299	〃	乾빵代 2叺	300	00	〃
	陸軍經理部	酒造白米 1,600叺	8,320	00	〃
	在鮮山櫻九八八部隊	小麥粉 50叺	466	50	〃
	陸軍倉庫	麥類搗精賃	32,924	48	〃
	〃	籾 乾燥 及 包裝費 政府(軍用)	13,607	94	〃
	海軍施設部	雜穀 3車 運賃	2,735	85	〃

	相對方	摘要	金額		備考
	陸軍倉庫	糯白米 510叺	10,510	00	〃
	在鮮 第2250部隊	碎米 20叺	342	00	〃
	陸軍糧秣廠	白米 12,033叺	231,362	71	〃
	〃	白米 167,033 價格變更差金	1,105	26	〃
	陸軍經理部	白米 155叺	1,919	14	〃
	木浦 第7420部隊	大豆 15叺	268	05	〃
	京城部隊	縄叺代	128	62	〃
300	平壤師團	白米 197叺	3,894	04	在鮮 軍部에 賣渡한 賣渡代金 解放으로 因하야 未收
	〃	包米 221叺	3,015	93	〃
	〃	縄叺代	29	29	〃
	木浦 陸軍倉庫	澱粉 79叺	19,622	40	〃
	群山 〃	胚芽米 79叺	635	47	〃
	木浦駐在 京城師團	包米 143叺	2,106	39	〃
	〃	白米 103叺	2,020	86	〃
	鎭海海軍	白米 1,200叺	23,029	00	〃
	〃	壓麥 3,100叺	39,029	00	〃
	〃	糧穀代	121,610	28	〃
	濟州伊勢部隊	白米 50叺	959	50	〃
	濟州軍經理部	白米 60叺	1,148	40	〃
301	陸軍倉庫	白米 1叺	17	20	〃
	〃	大麥 163,266斤	16,930	68	〃
	〃	壓麥 295,108K代 殘金	6,182	98	〃
	〃	滿洲高粱 451,702K 〃	5,031	64	〃
	〃	壓麥 169,863K 〃	2,440	47	〃
	〃	玄米 3,287K	2,103	68	〃
	在鮮 第7473部隊	大豆 1叺	16	30	〃
	〃	小麥 12叺	115	20	〃
	大邱師團經理部	空叺 1,116枚	814	68	〃
	陸軍燃料部	〃 500枚	365	00	〃
	〃 東村部隊	白米 及 雜穀 933叺 殘高	680	36	〃
	陸軍倉庫	清道大邱軍用 籾 1,112叺 運賃	556	00	〃
	〃	豊角大邱軍用 籾 333叺 〃	664	00	〃
302	陸軍倉庫	角北大邱軍用 籾 150叺 運賃	600	00	在鮮 軍部에 賣渡한 賣渡代金 解放으로 因하야 未收
	大邱憲兵隊	白米 2叺	38	78	〃

相對方	摘要	金額		備考
〃	高粱 1叺	14	20	〃
日本軍 滿洲 第 3100部隊	小麥粉 60袋	613	27	〃
日本中央食糧營團	麻袋代 立替金	175,081	91	立替拂金 未精算 中 解放으로 因하야
〃	大阪 住友海上保險株式會社 移出 白米 大豆 麥類 保險料 內拂	300,000	00	移出米에 있어서는 營團이 諸 附帶費를 立替拂하고 淸算함인데 解放으로 未請求分
在日營團保有資産 名古屋事務所	在日本事務所 東支部 a/c 残高	12,737	76	解放으로 因하야
〃 大阪事務所	〃	24,031	15	〃
〃 關門事務所	〃	2,507,647	05	〃
303 〃	石粉 728叺 未着代	1,776	32	〃
〃	〃 運賃 及 保管料	1,558	21	〃
〃	〃 1,890袋代	10,652	04	〃
〃	〃 全諸掛	2,559	69	〃
三菱商事會社	北支向種子籾 9,275叺	1,739,508	44	籾賣渡代 未收金
輸入事務所(三井物産)	滿洲雜穀未着分	1,345,550	40	總督府告示書에 依하야 代金 支拂濟分 中 現品 未着分
農商省	立替補給金	4,484,327	08	生産者(農民)에게 生産奬励金으로 政府에서 支給하는 것이고 此는 營團이 立替拂하고 政府에 請求하는 것
〃	糧穀代	10,869,817	70	販賣糧穀代(輸出代)
〃	糧穀運賃	243,309	91	〃
〃	糧穀加工賃	96,310	06	
304 日人個人 中村繁作	糧穀貯藏庫 工事 前渡金	751,420	00	解放直前 前渡金, 解放으로 因하야 工事 着工치 않고 着服 渡日함.
中島富二夫	厚生費로서 貸付金	9,000	00	解放 直貸하야 渡日함(日人이 아직 責任者로 有한 時)
森田 이도	土地購入契約金	10,000	00	
增田 우메	土地建物賃借保證金	1,800	00	解放으로 本人 行方不明 未回收分
奧田秀雄	〃 購入契約金	29,020	00	〃
石松	建物買收契約金	2,835	00	〃
日本政府	8·15解放 直後 日人 戰災民 救護食糧代	1,012,671	60	〃
	總計	53,995,432	00	

(二五) 水利組合聯合會 關係 未收金

305 要求額 八八,九一〇圓

一九四四年 一月 一日附 關東軍 經理部長과 本會 會長과의 契約下에 管下 水利組合으로부터 左記 物品을 同軍에 納品한 바 其 代金을 支拂치 않은 채 降伏하였음.

備考. 證憑書類는 民國政府 農林部가 保管함.

記

品名	規格	納品數量	金額	納品年月日	摘要
윤게루 立型 重油發動機	35馬力	1台	11,500円	1945. 2. 24.	契約價格
얀마-模型 〃	11	1	3,650	〃	〃
〃	6	1	1,800	〃	〃
얀마-石油發動機	15	1	540	〃	〃
얀마-重油發動機	20	1	5,250	1945. 3. 30.	〃
〃	15	1	4,050	〃	〃
도바다 石油發動機	2	1	720	〃	〃
306 池具[489] 重油發動機	35馬力	1台	11,500円	1945. 3. 30.	契約價格
다이하쯔 立型 重油發動機	30	1	10,000	〃	〃
池具[490] 重油發動機	70	1	21,000	1945. 3. 13.	〃
윤게루 重油發動機	25	1	8,450	1945. 3. 2.	〃
다이하쯔 重油發動機	15	1	4,050	〃	〃
구보다 石油發動機	35	1	1,150	〃	〃
니이가다 立型 重油發動機	20	1	5,250	〃	〃
計		14	88,910		〃

489 '池貝(이케가이)'의 오기

490 '池貝(이케가이)'의 오기

(二六) 農地開發營團 関係 未收金

要求額 五三八,三四八圓

內譯

307

業者名	貯藏品代 未納額	工事費 前渡金 未收額	注文物品代 未收金	計	摘要(本社所在地)
西本組	782円	254,760円		255,542円	日本 東京都
荏原製作所			274,502円	274,502	日本 東京都 羽田町 3丁目 1341
東京宇賀神電氣			8,304	8,304	日本 東京都 麻布區 竹谷町 2
計	782円	254,760円	282,806	538,348	

說明

1. 貯藏品代 未納額

工事用 物資를 一般營團에서 購入하여 業者에게 配給한 것으로 其 代金 未納金임.

2. 工事費 前渡金 未收金

工事費를 請負業者에게 一時先拂로 支拂하고 工事 旣成高 支出 時 數次에 걸처 控除하다가 其 殘額으로 回收치 못한 金額임.

3. 注文物品代 未收金

308 代金先拂로 物品 注文하였다가 解放으로 物品을 納入치 않었기에 先拂한 物品代 要返納

荏原製作所 – 揚水機 及 폼平代

東京宇賀神電気 – 電動機代

備考. 要求額 算出은 帳簿價格에 依함.

證憑書類는 民國政府 農林部가 保管함.

(二七) 韓國馬事會 関係 未收金

未收金額 八四一,七四五圓

韓國馬事會에서 一九四四年度 移植 種馬 輸入代金으로 一九四四年 十二月 以後 翌年 一月까지 三次에 亘하여 朝鮮殖産銀行을 通하여 總額 二,八〇〇萬圓을 日本馬事會에 送金한 데 對하여 其中 一,九五八,二五四圓 三七錢에 該當한 種馬만 輸入하고 残額 八四一,七四五圓 六三錢에 該當는 種馬는 解放으로 因하여 輸入치 못하였음.
本件에 對하여는 一九四七年 五月 日本馬事會에서 在日韓國公館長에게 右記 残額
309 은 終戰 以後 日本馬事會의 第二封鎖金으로 任置되어 있으며 何時라도 韓國馬事會의 要求가 있을 時에는 SCAP經濟部 及 日本 大藏省의 指令에 應行하여 返濟할 意思가 있다고 言明한 바 있음.

備考. 證憑書類는 民國政府 農林部가 保管함.

(五) 遞信關係 特別計定

對日賠償要求資料調書

(四二八七年 七月 三十一日 現在)

	款	項	目	金額		摘要
	(一) 爲替貯金 及 歲入歲出金 總算에 依한 朝鮮受取勘定 (1945. 10月末)			1,475,967,080円	421	
310		內譯	郵便爲替	74,843,664	187	
			郵便貯金	1,243,995,199	258	
			假受金	4,384,532	959	
			遞信官署 歲入金	21,990,045円	397	
			雜部金	68,715	960	
			逆爲替金	8,147,982	000	
			振替貯金[491]	122,536,940	670	
	(二) 貸借決裁基準日 以後 太平洋司令官布告令 第3號에 依한 朝鮮受取金 總計			173,846,432	909	
		管區交涉金	日本 管理 郵便局 拂込 振替貯金 登記未濟高	530,230	050	38以南 以外에서 拂込한 것 中에서 取扱停止로 因하여 口座에 登錄未濟로 있는 것
			日本 管理 郵便局 貯金通帳 事故金 補塡額	198,911	080	38以南 以外 日本 管轄 郵便局 取扱豫拂金의 事故金으로 補塡한 것
			日本 管轄 記號貯金 拂出金	7,040,681	320	1945. 11月 以後 (決算表에 未計理된 것)
311			〃 振替貯金 拂渡金	76,189	320	〃
			〃 郵便爲替 拂渡金	1,694,237	710	〃
		事故金	郵便貯金	7,797,432	000	1945. 10. 31日 以前 發生된 各種 事故로서 1943年度부터 1948年度까지 缺損官損 補塡한 것
			振替貯金			
			郵便爲替			
			資金過超金			

491 振替貯金(진체저금): 우편 대체 저금

492 彈丸切手(탄환절수): 전시에 발행된 채권의 일종

	款	項	目	金額		摘要
		貯金利子		23,148,593	850	1944年度는 郵便貯金. 1945年度는 郵便貯金과 振替貯金
		債券類補塡	國債買上代金 支拂額	9,328,717	620	
			貯蓄券買上代金 支拂額	4,733,326	430	日本銀行, 日本勸業銀行이 國債買上證券을 供給하기 爲하여 所有하든 振替口座에 計上되는 赤字數(京城 806)(京城銀 3番)
312			彈丸切手[492] 賣捌代金	47,856,500円	000	
			同 割增金 支拂額	5,249,073	500	
		證券保管額		157,405	000	38度 以南 地域 內에 居住하는 保管證 所有者로부터 申告接受한 것
		海外換金貯金	郵便爲替	5,375,299	470	38度 以南 以外 日本 管轄地域에서 預入 또는 振出한 것이며 4282年 4月 15日까지 申告接受한 것
			郵便貯金	59,185,773	590	
			振替貯金	1,474,155	480	
	(三) 朝鮮簡易生命保險年金関係 朝鮮受取勘定			391,352,964	102	
		保險積立金	公共貸付	42,423,318	130	日本大藏省에서 朝鮮 內에 融通된 것이나 現在까지 若干의 回收金 있음으로 今後 異動이 있을 것임.
			地方債引受	75,138,590	060	
313			債券引受	30,487,900	000	
			國債保有	17,440,085	000	日本國債買上額
			預金部預金	116,945,534	032	大藏省에서 朝鮮 內에 融通하고 1945年 8月 31日 現在殘高
		保險積立金利子		4,494,065	120	大藏省에 預金된 積立金의 協定利子 自 1945. 4. 1. 至 1945. 8. 31.
		〃		42,342,846	760	同上 追加分 自 1945. 9. 1. 至 1949. 1. 31.

	款	項	目	金額		摘要
		郵便年金 積立金	公共貸付	1,654,000	000	國民保險積立金과 同一함.
			預金部預金	10,164,709	980	〃
		〃 利子		153,144	920	大藏省에 預金된 積立金의 協定利子 自 1945. 4. 1. 至 1945. 8. 31.
		〃		1,734,989	850	同上 追加分 自 1945. 9. 1. 至 1949. 1. 31.
		國民保險 餘裕金	預金部預金	110,330,000	000	國民保險 業務勘定 歲入歲出剩餘金
314		國民保險 餘裕金 利子		782,654円	350	大藏省에 預金된 餘裕金의 協定利子額 自 1945. 4. 1. 至 1945. 8. 31.
		〃		3,005,319	840	同上 追加分 自 1945. 9. 1. 至 1949. 1. 31.
		郵便年金 餘裕金		1,400,000	000	保險 餘裕金과 同一
		〃 利子		55,693	250	〃 自 1945. 4. 1. 至 1945. 8. 31.
		〃		205,520	380	〃 追加分 自 1945. 9. 1. 至 1949. 1. 31.
		保險歲入金		16,285,278	060	
		年金歲入金		1,532,807	870	
		業務歲入金		254,786	460	
		海外保險年金	保險	506,914	300	38度 以南 地域 內에 居住한 保險年金 所持者로부터 申告接受한 것
			年金	9,805	450	
315	郵便收入			650	220	後納 郵便料 即納 郵便料의 未納額 (1945年度까지)
	電信收入			53,478	180	電報料金 未收額 (1945年度까지)
	電話收入			1,020,904	030	電話使用料 等 未徵收額 (〃)

款	項	目	金額		摘要
雜收			22,074	820	各種 料金의 督促手數料 辨償金 等 未徵收額 (1945年度)
萬國郵便聯合總理局 維持經費			1,243,159	650	日本이 運營한 期間 1944年 1月부터 1945年 8月 15日 까지의 經費
總計			2,043,506,744	292	

對日賠償要求資料調書 各 款項目 說明

	種別	理由 및 根據
316	款	
	爲替貯金 及 歲入歲出金 總算에 依한 受取勘定	日本이 朝鮮을 統治하기 始作한 1907年부터 換金貯金 및 歲入歲出事務는 1945年 9月 7日 太平洋 美國陸軍司令部 布告 第 3號에 依하야 兩國 間의 金融去來가 禁止되었으나 其後에 있어서도 朝鮮에 있어서는 資金流動의 組織이 새로 確立되지 않었음으로 實際 過超金이 日本에 送付되기는 1945年 9月 15日이며 9月 16日 以後의 過超金도 日本의 資産으로 凍結된 1945年 10月 25日까지 實際로 日本에 送付된 것이나 다름없음으로 郵便爲替貯金 計算管理規程에 依하여 算出한 決算表面 朝鮮受取勘定임.
317	貸借決濟基準日 以後 太平洋司令部 布告 第 3號에 依한 受取 勘定	貸借決濟基準日(1945年 10月 31日) 以後 證據書에 依하여 決濟할 것 中 朝鮮이 受取할 受取勘定
	項	
	管區交涉金	太平洋司令部 布告 第3號에 依하여 兩國 去來가 禁止됨으로 管區交涉치 못한 것 中의 朝鮮受取勘定임.
	目	
	日本 管轄 郵便局 拂込 振替貯金 朝鮮口座 登記未濟高	太平洋司令部 布告 第3號에 依하여 38以南 地域 以外에서 拂込한 振替貯金 拂込金을 口座에 登記치 못한 것
	自管區 記號 貯金通帳 他管區預入金 補塡額	太平洋司令部 布告 第3號에 依하여 預拂證據書를 管區交涉치 못한 關係로 原簿面과 通帳面이 相違된 것에 對하여 補塡한 것
	日本 記號 貯金 拂出金	日本 記號 貯金으로(朝鮮 38以南에서 拂出한 것) 管區交涉치 못한 分(1945年 11月 1日 以後)
318	同 振替貯金 拂出金	日本 管轄地域 口座 拂出 朝鮮에서 拂渡한 것 (1945年 11月 1日)
	同 爲替 拂出金	日本 管轄地域 振出 朝鮮에서 拂渡한 것 (1945年 11月 1日 以後)
	項	
	事故金	日本이 實地로 統治한 1945年 10月 末日 以前에 發生된 換金貯金業務 過誤拂 官損된 것은 應當 日本이 負擔할 것
	郵便貯金	1945年 8月 15日 以後 各種 郵便貯金이 非常 拂戾(無制限 拂戾)로 말미아마 過誤拂이 發生하여 徵收치 못한 것
	郵便爲替	仝
319	過超金 盜難	1945年 6月 8日 南海局 差立 統營局行 過超金 盜難 8,000圓. 1945年 8月 17日 釜山局 差立 統營局行 資金 盜難 70,000圓(日本人 統治下)
	項	
	貯金利子	1944年度 郵便貯金 及 1945年度 貯金 及 振替貯金의 對한 預金은 日本으로 送金되었음으로 預金者에 對한 利子는 當然 日本이 支拂하여야 함. (1943年 及 1944年 振替貯金은 決算表에 包含)

種別	理由 及 根據
項	
債券類報償	朝鮮 內의 郵便局을 通하여 日本國債를 買上 또는 償還한 結果 日本銀行 及 日本勸業銀行의 서울 貯金管理局 振替口座에 赤字額인 바 當然 日本에서 賠償할 것임.
目	
國債買上代金 支拂額	
320 貯蓄券買上代金 支拂額	
彈丸切手賣捌代金 割增金 支拂額	
海外換金貯金	38以南 地域을 除外한 日本 管轄地域에서 預入 또는 振出한 換金貯金으로 權利者로부터 申告를 받은 金額임으로 此 預金은 日本으로 集中된 것으로 當然 日本이 負擔할 것
321 公共貸付 地方債引受 債券引受	日本 大藏省 預金部 預金 中에서 大藏省이 貸付한 것이며 現在 南朝鮮에서는 年賦金으로 償還되고 있으나 一部 團體에서는 對日賠償協定 後에 償還하겠다는 通牒도 有하고 北緯 38度 以北分은 全然 償還되지 않음으로 一段 全部 對日賠償要求를 하고 回收分은 此後 控除토록 할 計劃임.
積立金追加分	日政下 協定利率에 依한 것이며 此後 異動이 有할 것임. (協定利率保險 年 4分 3厘 2毛, 年金 4分 2厘 9毛) 協定利率이라 함은 日政下에는 積立金 全部를 大藏省 預金部에 預金하고 遞信部는 其 預金額에 協定利率에 依한 利子額을 歲入金에 編入시키고 貸付 等에서 生하는 利子는 大藏省 收入이 됨. 公共貸付, 地方債引受 債券引受 等이 朝鮮 內에서 全部 回收 可能케 되는 境遇에는 元金은 勿論 此에 對한 追加分 利子도 要求額에서 控除케 됨.
餘裕金	業務勘定 歲入歲出剩餘金으로 預金部에 預金되어 있음.
322 餘裕金 利子	協定利率에 依한 것임. 積立金과 同一함.
保險歲入金	保險 及 年金 特別會計에 있어서는 保險, 年金, 業務 3種의 收入金이 亦是 遞信 一般會計와 같이 預託金 中에 一時 預置되게 됨으로 收入證據書를 計算 約 1箇月 1回 程度하여 支拂元受(口座名)에 移換하여 收支를 決濟케 되는바 表記金額은 右 手續未了 中 凍結되었든 것임.
年金歲入金	
業務歲入金	
證券保管額	38以南 地域 間에 居住하는 證券保管證 所有者로부터 申告接受한 것 (國債 또는 社債를 郵便貯金 預入者가 保管을 依賴한 것임.)
海外保險年金	38以南 地域 內에 居住하는 日本 發行 保險年金證書를 申告받은 것

第三部

中日戰爭 및
太平洋戰에 基因한
人的物的被害

323 一. 中日戰爭 및 太平洋戰爭[493]에 基因한 人的物的被害調書[494]

款	項	目	金額	添附說明書號數	備考
一. 人的被害				五	4279年 9月 末日 現在의 調査額임.
	一. 被動員韓國人諸 未收金		565,125,241	(社)	申告勞務者數 105,151名?
		一. 死亡者 弔慰金	63,015,000		12,603名에 對하여 1人當 5,000円 (申告額平均)
		二. 〃 葬祭料	1,260,300		〃 100円 (〃)
		三. 遺家族 慰藉料	126,030,000		〃 10,000円 (〃)
		四. 傷痍者 及 一般勞務者 慰藉料	113,053,000		傷痍者 1人當 5,000円 一般勞務者 〃 1,000円
		五. 負傷者 傷痍手當	36,105,941		
		六. 退職手當總額	51,161,838		申告額
		七. 賞與金總額	5,259,640		〃
		八. 現金 其他保管金	45,397,020		〃
324		九. 未受賃金	29,308,542		申告額
		十. 家庭送金額	81,573,560		1人當 1個月 平均 80円 (申告額平均)
		一一. 徵用期間延長手當額	12,960,400		〃 400円 (〃)
二. 物的被害			11,326,022,105	六	
	一. 日軍 占有使用에 依한 被害		232,398,883	(文)	
		一. 文敎本部關係	16,067,714	〃	
		二. 서울市 學務局關係	8,851,220	〃	
		三. 京畿道 〃	542,724	〃	

493 목차에는 '太平洋戰(태평양전)'으로 표기되어 있음.

494 아래 표는 1949년 발행본에는 없는 내용으로 1954년 발행본에 새로 추가됨.

	款	項	目	金額	添附說明書號數	備考
			四. 江原道 〃	1,208,500	〃	
			五. 忠淸南道 〃	75,640,490	〃	
			六. 全羅北道 〃	15,780,557	〃	
325			七. 全羅南道 〃	6,153,118	〃	
			八. 慶尙北道 〃	332,546	〃	
			九. 慶尙南道 〃	104,324,464	〃	
			十. 交通部關係	3,000,000	(交)	
			一一. 濟州道 學務局關係	497,550	(文)	
		二. 不正破壞 또는 消耗에 依한 被害		11,055,612,536		
			一. 旧王宮	956,460,000	(文)	
			二. 林野被害復舊費	5,826,360,000	(農)	
			三. 交通部關係	4,062,288,242	(交)	
			四. 서울市關係	156,312,718	(內)	
			五. 京畿道 〃	4,220,805	〃	
			六. 忠淸南道 〃	3,400,787	〃	
			七. 忠淸北道 〃	1,203,190	〃	
326			八. 全羅北道關係	2,919,290	(內)	
			九. 全羅南道 〃	5,145,170	〃	
			十. 慶尙南道 〃	23,397,442	〃	
			一一. 濟州道 〃	13,904,892	〃	
		三. 其他		38,010,686	〃	
			一. 水産關係 公共團體 及 會社 被害	10,331,400	(商)	
			二. 企業整備令에 依한 被害	18,555,124	〃	
			三. 丹陽鑛山 리샾 雲母鑛石	7,083,030	〃	
			四. 釜山水産科大學	1,215,500	(文)	
			五. 交通部關係	825,632	(交)	
	三. 八·一五 前後 日官吏 不正行爲에 依한 損害額			231,585,215		

	款	項	目	金額	添附說明書號數	備考
327		一. 法務部關係		1,190,395	(法)	八·一五 以後의 不正支出處分 또는 着服
			一. 京城 及 西大門分	637,215		
			二. 刑務官學校分	112,620		
			三. 大田分	260,195		
			四. 公州分	9,642		
			五. 大邱分	89,472		
			六. 光州分	5,778		
			七. 釜山分	2,570		
			八. 金泉分	33,952		
		二. 財務部關係不正支出		74,073,137	(財)	仝上
		三. 公報處關係		551,856	(公)	仝上
		四. 交通部關係		153,353,304	(交)	
		五. 商工部關係		677,042		
328		六. 水利組合聯合會		123,463		
		七. 農地開發營團		1,616,018		

329 二. 說明書

(一) 人的被害

1. 被動員 韓國人 諸 未受金

本 要求는 日本政府의 関係法規와 各 事業場의 諸 給與規定에 依한 諸 未受取金品과 動員으로 因하여 受한 當事者 及 其 遺族의 被害에 對한 賠償 等을 要求한 것임.

(가) 「基本補助金」 「特別補助金」 「家族手當」 「家庭送金」은 一括하여 家庭送金으로 하고 規程에 依하여 一人當 一個月 平均 八〇円을 限度로 함.

(나) 「徵用期間延長手當」은 規程에 依하여 一人當 平均 四〇〇円으로 함.

(다) 「弔慰金」은 「保險金」을 合하여 規程에 依하여 死亡者 一人當 五,〇〇〇圓으로 함.

(라) 「葬祭料」는 規程에 依하여 死亡者 一人當 一,〇〇〇円으로 함.

(마) 「戰時災害手當」 「其他手當」은 此를 「慰藉料」로 하여 死亡者 一人當 一〇,〇
330 〇〇円, 傷痍者 一人當 五,〇〇〇円, 一般勞務者 一人當 一,〇〇〇円으로 함.

但, 該當勞務者 一〇五,一五一名

死亡者 一二,六〇三名

備考. 本 調査는 一九四六年 三月 一日부터 仝 九月 末日까지에 亘 駐韓美軍政廳 保健厚生部에서 登錄에 依하야 調査한 바로서 登錄者는 實 該當者의 極少部分에 不過하였으며 또 一九四六年 十月 以後에 歸國한 同胞도 莫大한 人員에 達함에 鑑하야 民國政府 樹立 後 徹底히 再調査를 考慮中이나 豫算関係로 아직 實施치 못하였음.

旣 調査分에 関한 関係書類 一切는 民國政府 社會部가 保管하고 있음.

(二) 物的被害

1. 日軍 占領使用에 依한 被害

戰爭이 激烈해감에 따라 日軍의 兵力擴充으로 因하여 旣設 兵舍만으로는 所期의 兵
331 力을 收容할 수 없어 各處의 大建物(主로 學校 校舍)을 兵舍로 代用하거나 或은 其 附
近에 陣地를 築設 駐屯하였던 關係上 此로 因한 建物의 被害 및 物品의 破損 紛失 等
莫大한 損害를 입었음으로 此의 原狀復旧費를 要求한다.

要求總額 232,398,883円

1. 文教本部(各 大學, 專門)	16,067,714円
2. 서울市 學務局關係	8,851,220円
3. 京畿道 〃	542,724円
4. 江原道 〃	1,208,500円
5. 忠淸南道 〃	75,640,490円
6. 全羅北道 〃	15,780,557円
7. 全羅南道 〃	6,153,118円
8. 慶尙北道〃	332,546円
9. 慶尙南道 〃	104,324,464円
10. 鐵道學校關係	3,000,000円
332 11. 濟州道 學務局關係	497,550円

內譯 左와 如함.

(一) 文教本部

學校名	被害額	摘要
서울大學	2,983,439円	1947年 調査 當時 時價에 依함.
梨花女子大學	4,449,500	
京城神學	3,119,997	
東國大學	508,800	
延禧大學	5,005,978	
計	16,067,714	

333 ## (二) 서울市 學務局關係

(一九四七年 十月 一日 現在)

學校名	種別	金額	說明
京城工業	建物 及 備品	250,000	日軍 駐屯으로 兵營, 宿舍로 化하였음으로 校舍 一部建物에 破損 及 日人 敎職員 非行으로 備品 不正處分 等으로 因함.
京畿〃	〃	140,000	〃
城東〃	〃	190,000	〃
京城農業	〃	190,000	〃
京畿商業	〃	180,000	〃
德壽商業	〃	83,000	〃
京畿中學	〃	85,000	〃
景福〃	〃	115,000	〃
京東〃	〃	135,000	〃
서울〃	〃	175,000	〃
龍山〃	〃	230,000	〃
334 京畿女中	建物 及 備品	115,000	日軍 駐屯으로 兵營, 宿舍로 化하였음으로 校舍 一部建物에 破損 及 日人 敎職員 非行으로 備品 不正處分 等으로 因함.
第二〃	〃	155,000	〃
第三〃	〃	85,000	〃
舞鶴〃	〃	115,000	〃
善隣商業	〃	130,000	〃
光信商業	〃	30,000	〃

	學校名	種別	金額	說明
	養正中學	〃	50,000	〃
	普成〃	〃	50,000	〃
	培材〃	〃	50,000	〃
	中央〃	〃	50,000	〃
	城南〃	〃	160,000	〃
335	東星〃	〃	50,000	〃
	漢城〃	〃	50,000	〃
	梨花女中	〃	50,000	〃
	同德〃	〃	50,000	〃
	祥明〃	〃	180,000	〃
	京城考啓中	〃	30,000	〃
	京城電氣工中	備品	80,000	日人 教員 非行으로 學校備品 盜取 不正處分 等으로 因함.
	朝鮮電氣工中	〃	80,000	〃
	漢陽工中	〃	80,000	〃
	(國民學校)			
	校洞	建物 及 備品	91,280	日軍 駐屯 日人 教職員 非行 等으로 校舍建物 一部 破損 及 備品 破損 紛失로 因함.
	齋洞	建物 及 備品	65,000	〃
336	孝悌	〃	91,310	日軍 駐屯 日人 教職員 非行 等으로 校舍建物 一部 破損 及 備品 破損 紛失로 因함.
	光熙	〃	70,000	〃
	清溪	〃	61,270	〃
	梅洞	〃	60,000	〃
	渼洞	〃	70,000	〃
	麻浦	〃	81,300	〃
	德壽	〃	118,700	〃
	錦陽	〃	99,100	〃
	昌信	〃	68,290	〃
	壽松	〃	76,720	〃
	孝昌	〃	83,300	〃
337	芳山	〃	80,000	〃
	清雲	〃	60,000	〃
	蓬萊	〃	60,000	〃
	金華	〃	81,020	〃
	惠化	〃	82,320	〃

	學校名	種別	金額	說明
	舞鶴	〃	78,840	〃
	龍江	〃	76,700	〃
	漢南	〃	46,300	〃
	種岩	〃	50,000	〃
	阿峴	〃	60,000	〃
	又新	〃	72,450	〃
	鞍山	〃	50,000	〃
	恩露	〃	52,790	〃
338	西江	建物 及 備品	39,450	日軍 駐屯 日人 教職員 非行 等으로 校舍建物 一部 破損 及 備品 破損 紛失로 因함.
	獎忠	〃	25,000	〃
	清涼	〃	49,050	〃
	敦岩	〃	50,000	〃
	滄川	〃	45,800	〃
	崇禮	〃	20,000	〃
	三清	〃	51,310	〃
	孔德	〃	45,000	〃
	北星	〃	53,640	〃
	東明	〃	66,600	〃
	堂山	〃	36,170	〃
339	德昌	〃	13,000	〃
	典農	〃	40,730	〃
	梨泰院	〃	43,210	〃
	太平	〃	10,000	〃
	日新	〃	268,700	火災로 因함.
	南大門	〃	190,000	日軍 駐屯 日人 教職員 非行 等으로 校舍建物 一部 破損 及 備品 破損 紛失로 因함.
	永禧	〃	192,100	
	鐘路	〃	163,000	
	西大門	〃	204,300	
	東大門	〃	205,800	
	三光	〃	222,730	
	龍山	〃	202,250	
	南江	〃	188,900	
340	南山	建物 及 備品	190,000	日軍 駐屯 日人 教職員 非行 等으로 校舍建物 一部 破損 及 備品 破損 紛失로 因함.

學校名	種別	金額	說明
永登浦	〃	167,170	〃
青葉	〃	148,220	〃
青邱	〃	130,650	〃
昌慶	〃	144,690	〃
江南	〃	160,000	日人 放火로 建物 及 備品 全燒함.
西氷庫	〃	1,000	日軍 駐屯으로 因하여 建物 一部 及 備品 破損 及 紛失 等으로 因함.
城北	〃	2,000	〃
興仁	〃	154,960	〃
貞德	〃	1,000	〃
漢西	〃	1,000	〃
341 協成		2,000	〃
女子同德		3,000	〃
啓星		3,000	〃
加明		2,000	〃
攻玉		1,000	〃
和光		5,000	〃
培明		3,000	〃
京南女		2,000	〃
東光		1,000	〃
興英		1,000	〃
蓮華峰		1,000	〃
計		8,851,220	

342 (三) 京畿道 學務局関係

學校名	金額	備考
仁川商業學校	100,000円	1947年 調査 當時 時價에 依함.
水原 神農國民學校	17,919	
〃 安龍 〃	292,000	
〃 台章 〃	50,965	
坡州 金村 〃	1,840	
金浦 松亭 〃	80,000	
計	542,724	

(四) 江原道 學務局関係

官署名	種別	數量	金額	摘要
343 春川女子中學校	建物	170坪	748,500円	1947年 調査 當時 時價에 依함.
江原公立農業中學校			460,000	
計			1,208,500	

(五) 忠淸南道 學務局関係

學校名	種別	數量	金額	要求原因	備考
大田工中	建物備品	2個所 備品 機械具 一切	27,726,480円	破壞 除去	1947年 調査 當時 時價에 依함.
禮山農中	〃	4個所 4種類	210,500	破壞 紛失	
公州〃	備品 圖書	27種類 一切	3,269,000	燒却 紛失	
洪城〃	備品	21種類	100,000	破壞	
長項〃	備品 圖書	30種類 辭典 1組 30冊	1,218,000	紛失 放賣	
大川〃	建物 備品 圖書	1個所 2種類 10冊	68,000	紛失 破損	
344 江景商中	建物 備品	6個所 2種類	2,415,000	破壞 紛失 放賣	
大田中學	〃	2個所 23種類	4,813,000	〃	
洪城〃	建物 備品 圖書	5個所 5種類 201冊	2,636,500	破壞 紛失 伐木 (100本)	
溫陽〃	備品	12種類	1,202,000	放賣	
江景女中	建物 備品	2個所 2種類	1,978,900	破損	
鳥致院女中	〃	10個所 12種類	912,000	破壞 紛失 放賣	
禮山女中	備品	1種類	60,000	紛失 (裁縫 6台)	
大田〃	〃	7〃	2,506,500	破損 紛失	
舒川初中	建物	15個所	1,170,500	破損으로 使用不能	
瑞山女初中	備品	2種類	75,000	日人 校長이 放賣	
計	建物 備品 圖書	56個所 168種類 241冊	50,379,380	破壞 紛失 燒却	

345 **各 國民學校 別**

府郡名	學校名	種別	數量	金額	要求原因	備考
大田府	大田三省國民學校	備品	66種類	2,106,290円	破壞 紛失	(5部隊 駐屯)
〃	大田大興國民學校	建物	8個所	359,210	紛失 破壞 放賣	
		468冊	圖書			
		19種類	備品			
〃	大田宣化國民學校	建物	26個所	442,000	破損 紛失	
		備品	6種類			
〃	大田東光國民學校	備品	10種類	700,000	放賣 破壞	
		圖書	50卷			
計				3,607,500		
大德郡	東明國民學校	建物	1個所	730,000	破壞 放賣 燒失	
		備品	一切			
		圖書	2種類			
346 大德郡	山內國民學校	備品 地圖	25部	37,500円	破壞 燒失	
〃	柳川國民學校	備品	3種類	335,000	〃	
〃	鎭岺國民學校	律物	2個所	1,014,000	破損 燒却	
		備品	3種類			
〃	需城國民學校	建物	13個所	308,200	破壞 紛失	
		備品	1種類			
計				2,424,700		
燕岐郡	鳥致院 第三國民學校	建物	15個所	685,750	破壞 紛失	
		備品	26種類			
〃	燕陽國民學校	備品	2種類	75,000	紛失	
〃	小井國民學校	建物	1個所	100,000	〃	
		備品	2種類			
347 計				860,750		
扶餘郡	扶餘國民學校	備品	4種類	40,000	放賣	
	恩山國民學校	〃	5種類	30,000	〃	
計				70,000		
	舒川國民學校	建物	3個所	2,186,000	破壞 紛失	
		備品	14種類			

	府郡名	學校名	種別	數量	金額	要求原因	備考
		庇仁國民學校	建物	5個所	1,594,400	破壞 紛失 放賣	
			備品	19種類			
			圖書	89部			
		長項 第二國民學校	建物	3個所	407,000	〃	
			備品	8種類			
		長項 第一國民學校	建物	3個所	3,924,000	〃	
			備品	3種類			
			圖書	500冊			
348	扶餘郡	舒川郡 學校費	備品	21種類	310,000	破壞 放賣	
	計				8,331,400		
	保寧郡	嵋山國民學校	備品	3種類	20,600	日人部隊가 갖이고 갔음.	
	計				20,600		
	洪城郡	洪城 第一國民學校	建物	2個所	315,000		
			備品	2種類			
			圖書	520冊			
	計				315,000		
	禮山郡	禮山國民學校	建物	1個所	75,000	放賣 破壞	
			備品	1種類			
	〃	挿橋國民學校	備品	6種類	121,900	徵發 供出 燒却	
			圖書	100冊			
349	〃	光時國民學校	建物	1個所	110,000	破壞 燒却	
			圖書	50冊			
			備品	1種類			
	〃	德山國民學校	建物	1個所	1,857,000	徵發 紛失	
			備品	6種類			
	〃	新岩國民學校	圖書	650冊	85,000	燒却	
	〃	新陽國民學校	備品	2種類	60,000	供出 燒却	
			圖書	10卷			
	計				2,308,900		
	瑞山郡	聖淵國民學校	建物	2個所	462,300	全校 放火	
	〃	泰安國民學校	〃	1個所	9,250	破壞	
			備品	2種類			
	〃	海点國民學校	備品	6 〃	271,630	破壞 放賣	
			建物	1個所			
			圖書	49部			

	府郡名	學校名	種別	數量	金額	要求原因	備考
350	計				743,180		
	牙山郡	零仁國民學校	建物	1個所	248,100	燒却 放賣 破壞 紛失	
			備品	5種類			
			圖書	150卷			
	〃	長浦國民學校	建物		25,000	燒却 紛失	
			備品	1種類			
	〃	仁州國民學校	建物	1個所	100,000	賣却	
	計				373,100		
	天安郡	天安 第一國民學校	建物	5個所	2,752,500	破壞 紛失 放賣 其他	
			備品	17種類			
			圖書	280卷			
	〃	天東國民學校	建物	1個所	179,480	破壞 紛失 放賣 燒却	
			備品	4種類			
			圖書	100卷			
351	〃	成歡國民學校	建物	1個所	215,000	破壞 放賣	
			備品	4種類			
	〃	聖店國民學校	建物	1個所	1,000	〃	
	〃	槐山國民學校	備品	11種類	1,414,000	破壞 供出	
	〃	笠場國民學校	〃	1種類	100,000	燒却 紛失	
			圖書	800卷			
	〃	城南國民學校	備品	3種類	1,200,000	紛失 供出	
	〃	天安 第三國民學校	〃	11種類	344,000	日人 職員이 處分	
	計				6,205,980		
	總計				25,261,110		
	各 中等學校, 各 國民學校 總計				75,640,490		

352 (六) 全羅北道 學務局関係

官署名	金額	備考
全州公立師範學校	34,037	1947年 調査 當時 時價에 依함.
群山公立師範學校	4,247,055	
全北公立中學校	308,919	
群山公立中學校	3,367,140	
高敬公立中學校	41,775	
全州公立女子中學校	1,769	
全州公立農業學校	4,308,000	
井邑公立農科中學校	568,600	
全州公立工業中學校	2,451,800	
裡里公立工業中學校	81,900	
全州新興中學校	9,737	
353 全州紀金女子中學校[495]	4,884	
全州聖林女學院	354,939	
計	15,780,557	

(七) 全羅南道 學務局関係

學校名	金額	備考
應世蓄産中學校		
麗水公立水産中學校		
麗水西公立國民學校		
木浦公立國民學校		
順天公立國民學校		
順天北公立國民學校		
順天東公立國民學校		
354 松旨山亭公立國民學校		
海南東公立國民學校		
光州中央公立國民學校		

495 '全州紀全女子中學校(전주기전여자중학교)'의 오기

學校名	金額	備考
嚴多公立國民學校		
鶴橋東公立國民學校		
鶴橋西公立國民學校		
咸平南公立國民學校	86,000	
新光公立國民學校	45,800	
麗水公立女子中學校	942,920	
城田公立國民學校	19,880	
光州壽昌公立國民學校	9,305	
355 光州瑞石公立國民學校	244,500	
計	6,153,118	

(八) 慶尚北道 學務局関係

學校名	金額	備考
金泉女子中學校	4,189円	
慶北中學校	68,300	
能仁中學校	30,310	
大倫中學校	31,100	
安東女子中學校	62,500	
大邱工業中學校	74,610	
金泉中學校	7,200	
禮泉東部國民學校	14,100	
356 義城國民學校	4,365	
榮州國民學校	17,472	
浦項國民學校	6,900	
迎日國民學校	4,000	
九龍浦國民學校	7,500	
合計	332,546	1947年 調査 當時 時價에 依함.

(九) 慶尙南道 學務局関係

	學校名	金額	備考
	慶南中學校	33,037,500円	
	釜山中學校	28,203,000	
357	東萊中學校	1,493,500	
	統營中學校	9,000,000	
	釜山商業中學校	26,538,000	
	馬山商業中學校	1,532,830	
	統營水産中學校	1,725,500	
	馬山女子中學校	500,000	
	南朝鮮女子中學校	435,300	
	釜山中央國民學校	366,250	
	釜山蓬萊國民學校	443,500	
	釜山東光國民學校	396,700	
	釜山南一國民學校	362,500	
	下北國民學校	11,050	
	頓德國民學校	5,421	
358	宜寧學校組合	47,000円	
	富林國民學校	1,584	
	鳳松國民學校	1,030	
	馬山玩洞國民學校	160,000	
	蔚山溫陽國民學校	6,489	
	蔚山江東國民學校	4,250	
	晉陽禮下國民學校	53,060	
	合計	104,324,464	1947年 調査 當時 時價에 依함.

(一〇) 交通部関係(鐵道學校分) 三,〇〇〇,〇〇〇円

359 鐵道學校 寄宿舍 天棟은 解放 直前부터 解放 直後까지 滿洲 及 38以北 等地에서 南下한 日本人 戰災民의 收容所였던 関係로 全部 破壞되었으며 此外 校舍 破損도 不少함.

(一一) 滿洲道 學務局関係

學校名	金額	備考
滿洲農業學校	450,000円	1947年 調査 當時 時價에 依함.
西歸中學校	47,550	
計	497,550	

2. 不正破壞 又는 消耗에 依한 被害

日政府가 戰爭 中 戰爭目的 完遂를 爲하여 各種 軍用施設의 建設 및 既存施設을 撤
去하여 軍需品으로 轉用하거나 又는 防空目的을 爲한 都市의 一般住民家屋의 疏開
360 各種 不必要 防空施設의 建設 等 純全히 戰爭目的을 爲하여 日政이 施設한 不必要
工事, 既存施設의 撤去 又는 疏開 等은 全部가 彼等의 一方的 意思에 依한 不法 破
壞 또는 消耗임으로 此에 對한 賠償을 要求함.

要求總額 8,159,728,043円

1. 舊王宮關係	956,460,000円
2. 林野被害	5,826,360,000円
3. 交通部關係	1,166,403,749円
4. 서울市關係	156,312,718円
5. 京畿道關係	4,220,805円
6. 忠淸南道關係	3,400,787円
7. 忠淸北道關係	1,203,190円
8. 全羅北道關係	2,919,290円
9. 全羅南道關係	5,145,170円
10. 慶尙南道關係	23,397,442円
361 11. 濟州道関係	13,904,892円

(1) 旧王宮関係

品名	數量	金額	摘要
獸類	53	926,000,000	1. 毒殺
鳥類	14	25,600,000	2. 飼料 無配給
蚊類	1	3,000,000	3. 放出
熱帶植物	72	1,860,000	4. 自由處分
合計		956,460,000	

備考. 證憑書類는 民國政府 文敎部가 保管함.

(2) 林野被害 復旧費

362 日政時 軍用으로 松根炭油 其他 資材를 無秩序하게 採取한 關係上 大部分의 林野가 荒廢되여 莫大한 損害를 입었음으로 此의 復旧 砂防工事費를 要求함.

要求額 五,八二六,三六〇,〇〇〇円

備考. 證憑書類는 民國政府 農林部가 保管함.

松炭有 資材採取로 因한 荒癈地 復旧 砂防工事費

道名	荒癈地面積	工事費 陌當單價	金額	摘要
京畿	37,530陌	30,000円	1,125,900,000円	工事費 單價內譯은 別表와 如함.
忠北	19,079		572,370,000	
忠南	23,228		696,840,000	
全北	11,857		355,710,000	
全南	18,092		542,760,000	
慶北	39,770		1,193,100,000	
慶南	36,492		1,094,760,000	
363 江原	7,437		223,110,000	
서울	622		18,690,000	
濟州	104		3,120,000	
計	194,212		5,826,360,000	1948年 5月 現在時價

山地 砂防 純工事費

種別	大小	數量	單位	單價		金額		明細書番號	備考
石堰堤工	長 1.4米 高 1.8米	0.02	個所	42,536	25	850	73	1号表	
石保谷工	長 5.5米 高 1.5米	0.2	〃	2,720	00	544	00	2〃	
石護岸工	高 1.0米	0.5	m^2	$10m^2$当 5,715	00	285	75	3〃	
計						1,680	48		
石垣設工	長 $2.63m^2$ 高 10m 面積 2.20m	0.5	個所	1,230	00	615	00	4〃	
石留土工	長 2.4m 高 1.0m 面積 2.24m	0.2	〃	1,195	00	239	00	5〃	
364 整度工		400	m^2	1,000m当 1,500	00	600	00	6号表	
張石水路工		10	m	〃 37,500	00	375	00	7〃	
張芝水路工		50	〃	〃 16,438	75	821	93	8〃	
線芝工		300	〃	3,050	00	915	00	9〃	
七級立芝工		90	〃	20,337	50	1,430	33	10〃	
八級立芝工		180	〃	16,670	00	3,000	60	11〃	
九級立芝工		450	m	11,812	50	5,315	63	12〃	
芝條工		180	〃	10,005	00	1,800	00	13〃	
計						15,112	49		
植栽	소나무, 리기다소나무, 물오리나무, 산오리나무, 상수리나무	3.50	本	10,997	04	10,997	04	14〃	
穀斗穀實播造林		4.7	立	10立当 550	00	258	50	15〃	
365 計						11,255	54		
雜工事				950	00	950	00	16	
特殊人夫		5	人	2,000	00	1,000	00		
計						1,950	00		
合計						30,000	00		

荒廢地 復旧 砂防工事費 基礎

366

道名	荒廢林野面積 昭和 18年 現在	昭和 19年 砂防實行面積	昭和 20年 仝上	昭和 21年 仝上	實行面積計	以前面積
京畿	20,656	947		824	1,798	18,858
忠北	12,918	1,130	41	1,517	2,688	10,230
忠南	24,575	1,759		878	2,637	21,938
全北	15,141	769	156	559	1,484	13,657
全南	7,098	508	355	275	1,138	5,960
慶北	35,278	3,411	92	1,366	4,869	30,409
慶南	21,740	1,538	647	977	3,162	18,578
江原	27,305	621		214	835	15,882
計	164,711	10,710	1,291	7,610	18,611	146,100

367

道名	1947年 調查 荒廢林野面積	前荒廢面積	殘存荒廢面積	違反伐採로 因한 荒廢面積	松炭油 資材採取 또는 因한 荒廢面積	備考
京畿	72,472陌	18,858陌	53,614陌	16,084陌	37,530陌	
忠北	37,486	10,230	27,256	8,177	19,079	
忠南	55,121	21,938	33,183	9,955	23,228	
全北	30,595	13,657	16,938	5,081	11,857	
全南	31,806	5,960	25,846	7,754	18,092	
慶北	87,223	30,409	56,814	17,044	39,770	
慶南	70,710	18,578	52,132	15,640	36,492	
江原	26,511	15,882	10,624	3,187	7,437	
서울	890		890	267	623	
濟州	149		149	45	104	
計	412,963	146,100	277,446	83,234	194,212	

⑶ 交通部関係

要求額 四,〇六二,二八八,二四二円

1. 强制使用 船舶被害 二,一八八,三四二,五六六円

强制的으로 韓國 船舶을 徵發 使用 中 機雷 等에 接觸되여 沈沒된 船舶의 引上費, 修理費 等

內譯

368	a. 釜山建設事務所関係	三〇隻	一七〇,三八〇,六六七円
	b. 仁川 〃	一五〇隻	二,一〇八,一九九円
	c. 朝鮮郵船株式會社	二六隻	二, 〇〇六,八五三,七〇〇円

(一九四七年 六月 現在時價에 依함.)

2. 强制使用 土地被害 三七一,九〇七,四一一円

日軍이 戰爭 遂行上 鐵道, 飛行場 等을 建設함에 있어 必要한 土地를 强制使用함으로 因한 土地, 物件의 被害 復旧費

內譯

a. 陵議線関係 二,七三七,六二七円

(一九四七年 六月 現在時價)

陵議線(三一km)의 建設은 京義, 京元 兩線을 短線함으로써 京龍地區가 爆擊當할 時라도 無難히 本線路를 利用하여 京義, 京元, 京慶 各線 間에 運行되고 있는 列車를 廻送할 수 있다는 理由로 着手하였다가 終戰으로 此 工事는 中止되였으며 此로 因하여 農耕地 及 其他用地의 被害가 莫大하였음.

369 b. 榮春線関係 五三,二四二,七八四円

(一九四七年 六月 現在時價)

榮春線(三六.六km)의 建設은 日本이 三陟 及 蔚珍 地區와 其 附近의 鑛工資源을 開發함으로써 戰爭目的 遂行키 爲하여 一九四五年 三月에 于先 榮州 乃城 間(一四.二km) 營業을 開始하고 乃城 春陽 間은 工事 途中(約 三割 程度 完成)에서

終戰으로 中止하였으니 此로 因하여 農耕地 及 其他用地에 對한 地方民의 被害가 莫大하였음.

c. 飛行場関係 被害 三一五,九二七,〇〇〇円

(一九四七年 六月 現在時價)

飛行場 建設工事는 日帝 戰爭 當時에 軍 機密이라 하여 軍部에서 直接 施行하였는데 民有土地를 任意로 收容하였음으로 此로 因하여 土地의 被害는 莫大하였다.

370 **明細表**

飛行場所在地	面積	被害步合	推定等級	坪當單價	要求金額	記事
水原	450町步	全	乙	54円	72,900,000円	
裡里	220	1/3	〃	54	11,860,000	
麗水	250	〃	甲	85	21,250,000	
甕津	200	〃	乙	54	10,800,000	
晉州	150	〃	甲	85	12,750,000	
原州	150	〃	乙	54	8,100,000	
烏山	105	〃	甲	85	8,925,000	
大田	141	〃	〃	85	11,985,000	
春川	105	〃	乙	54	5,670,000	
蔚山	108	〃	〃	54	5,832,000	
371 開城	105	〃	甲	85	8,925,000	
群山	220	〃	〃	85	18,700,000	
鎭海	108	〃	〃	85	9,180,000	
清州	150	〃	〃	85	12,750,000	
木浦	300	〃	〃	85	25,500,000	
平澤	200	〃	乙	54	10,800,000	
仁川	200	〃	甲	85	18,700,000	
知島	150	〃	乙	54	8,100,000	
金海	200	〃	甲	85	17,000,000	
公州	150	〃	乙	54	8,100,000	
浦項	150	〃	〃	54	8,100,000	
計	3,812	〃			315,927,000	

372 **軍票査定 說明書**

飛行場施設에 關한 事項은 日軍이 解放 前에는 一切 機密에 附하였고 退去 時에는 其 書類를 燒却 紛失하였음으로 此에 對한 明細를 知得키 難하고 또 現地에 就하야 調査 收集하려면 長久한 時日을 要하는 故로 下記 方式에 依하야 單價를 推想 査定함.

記

가. 飛行場 所在地에 隨하야 普遍的으로 土地의 好否에 따라 甲乙의 差等을 設定함.

나. 各 飛行場用地의 地目別 数量을 莫知함으로 全 面積을 田畓林 其他 三種類로 看做하야 此 三種의 坪當 現時價格을 合算 平均한 것을 單價로 함.

單價는 解放 當時의 所謂 農地價格統制令에 依한 稅務署 調査, 賃貸價格等級을 基礎로 左와 如히 算定함.

各 地方에 最大限 等級과 買賣 實例에 就하야

373 (甲地區)

			公定價格				物價指数				
田	65級	-	0.65	×	14	×	10	=	91.00	÷ 3	= 85円
畓	72級	-	1.00	×	16	×	10	=	160.00		
林	其他	-	0.50	×	10				5.00		

(乙地區)

			公定價格				物價指数				
田	58級	-	0.33	×	14	×	10	=	46.20	÷ 3	= 54円
畓	66級	-	0.70	×	16	×	10	=	112.00		
林	其他	-	0.30	×			10	=	3.00		

3. 不正消却 圖簿 復旧費 27,056,400円

內譯

a. 鐵道船路関係 圖簿 16,370,000円

b. 電氣信號保安 圖簿 1,000,000円

c. 電力 〃 3,000,000円

374 d. 建設煖房施設 圖簿 6,686,400円

(一九四七年 六月 現在時價에 依함.)

4. 爆發, 爆擊, 其他 不法 破壞된 施設 復旧費 168,205,367円

戰時 中 空襲, 火藥의 爆發로 因하여 破壞된 建物, 橋梁, 隧道 埠頭施設 및 艦砲射擊 또는 終戰 直後 日人 職員, 日軍 守備兵의 不法破壞 又는 放火로 因한 諸 燈台施設의 被害 復旧費

內譯

a. 燈台施設 被害復旧費 147,889,030円

b. 建造物 被害復旧費 14,008,037円

c. 橋梁 〃 (五個所) 3,300,000

d. 隧道 〃 (二個所) 300,000

e. 埠頭 〃 2,708,300

(一九四七年 六月 現在時價)

375 5. 撤去線路 復旧費

日帝가 戰爭 中 深刻한 資材難 가운데 戰爭 遂行上에 緊要한 軍用鐵道를 施設키 爲하여 一部 旣施設鐵道를 撤去하였음으로 此의 復旧費를 要求함.

內譯

a. 慶北線 復舊費 62.1粁 161,575,000円

b. 光州線 〃 22.8〃 49,223,000

c. 京畿線 〃 44.6〃 104,357,000

d. 各 橋梁護輪乾條 800,000

(一九四七年 七月 現在時價에 依함.)

6. 不必要 防空施設 除去費 397,606,083円

內譯

a. 防空井, 防空貯水池 關係 6,606,200円

b. 官舍, 廳舍, 其他 建物의 防空幕 及 防空施設 關係 24,801,298

376 c. 待避施設 及 防空壕 其他 366,198,585

(一九四七年 六月 現在時價에 依함.)

7. 疏開 其他로 因하여 破壞 又는 移轉된 施設의 復舊費 589,858,371円

內譯

a. 撤去建物 復舊費 497,354,000円

b. 撤去金屬 〃 26,081,400

c. 撤去煖房施設 復舊費 1,690,000

d. 撤去水道 復舊費 14,040,000

e. 移設遞信施設 復舊費 559,427

f. 撤去電力施設 復舊費 49,735,400

g. 疏開工場機械 〃 398,144

(一九四七年 六月 現在時價에 依함.)

8. 疏開로 因하여 破壞 또는 紛失된 物品被害 96,475円

377 內譯

a. 疏開 時 破傷으로 廢棄된 工作 及 電氣機械 60,830円

b. 電氣信號保安機 破損 22,895

c. 電務 關係 機器 破損 12,750

(購入價格)

9. 解放 直後 美軍政에 事務引繼 當時 帳簿와 對照하여 不足한 物品 3,260,589円

內譯

a. 資材 關係 3,115,141円

b. 鐵道學校 關係 106,831

c. 鐵道圖書館 關係 218,591

(購入價格)

⑷ 서울市 關係

378 要求額 156,312,718円

(1) 鐵材回收로 因한 被害 57,167,640円

(2) 防空施設 被害 97,938,220

(3) 疏開建物代 未拂金 1,206,858

賠償理由

a. 鐵材

倭政時 戰爭으로 말미아마 市 管內 鐵材를 無償으로 回收하야 單機製作에 使用하였는데 別紙調書와 如히 總屯數 一,五〇四屯에 對한 賠償要求임.

b. 橫穴式 및 掩蓋式 防空壕 埋設工事

本 防空壕 埋設에 있어서는 激烈한 戰爭으로 因하여 一朝有事時 防空對策으로 九〇一個所의 防空壕와 數處의 掩蓋防空壕 埋設工事 施行으로 因한 此 工事費를 賠償 要求함.

1. 鐵材回收로 因한 被害

379 內譯

施設名	品種	數量		單價	金額	摘要
市 管內 丸角人孔蓋	鑄鐵	164屯	35	33,000円	5,423,550円	1個所當 50kg 工作費 包含 3,287個所
雨水桝 및 汚水桝蓋	〃	573	68	33,000	18,931,440	1個所當 40kg 14,342個所
横斷下水蓋	〃	250		33,000	8,250,000	1個所當 50kg 5,000個所
부라켓트	〃	54		60,000	3,240,000	1個所當 1.8kg 30,000個所
鈴蘭街路灯柱	〃	225		60,000	13,500,000	1個所當 225kg 1,000個所
漢江 人道橋	〃	90		33,000	2,970,000	
楊花橋	〃	15		33,000	495,000	
新吉洞 新橋	〃	4		33,000	132,000	
觀水洞 橋外 2個所	〃	11		33,000	363,000	
神宮裏参道	〃	45		33,000	1,485,000	
神宮表参道	〃	20		33,000	660,000	
五間水橋	〃	6		33,000	198,000	
380 安甘橋	鑄鐵	2		33,000	66,000	
永尾橋	〃	4		33,000	132,000	
竹添橋□止 外 2個所	〃	1		33,000	33,000	
孝昌橋 外 7個所	〃	6		33,000	198,000	
第一青葉橋	〃	1		33,000	33,000	
元町橋 外 1個所	〃	5		33,000	165,000	
奬忠壇公園	〃	8	38	33,000	276,540	
孝昌公園	〃	9	60	33,000	316,800	
塔洞公園	〃	5	36	33,000	176,880	
仁峴公園	〃	3	71	33,000	122,430	
計		1,504	80		57,166,640	

381 (2) 防空施設로 因한 被害[496]

內譯

名稱	員數	延長	賠償要求額	摘要
橫穴式防空壕	901個所	18,016米	90,080,000	1944年, 5年 被害 埋設費 1米當 5,000으로 計上함.
一般委託	會社 1 學校 12 官公署 6	1,430	7,150,000	1945年 被害 〃
掩蓋式防空壕			708,220	〃
合計			97,938,220	

(3) 建物疏開代金 未支拂 調書[497]

檀紀 四二八二年度 倭政時代 實施한 疏開 當時 別 調書內譯書와 如히 總坪數 壹萬八拾壹坪 四合 六勺(坪數 不明 貳百貳筆 追加)에 對한 建物代金 未支拂額 一金 壹百貳拾萬六阡八百五拾八圓 拾八錢也를 賠償 要求함.

a. 路線疏開

382 疏開 當時 放火, 保安, 避難的 見地와 旣往 告示한 都市計劃線 參酌하야 第一次(서울市 東西 間을 貫徹하야 實施한 疏開) 及 第二次(서울市 南北間을 貫徹하야 實施한 疏開)에 分하야 實施한 路線을 稱함.

b. 間引疏開

疏開 當時 保安, 放火的 見地에서 不良家屋(草家, 倒壞 危險性이 有한 家屋)을 撤去함을 稱함.

c. 追加補償金

第一次 及 第二次 疏開 當時 查定單價가 過少評價되여 追加로 建物補償金을 支拂키로 決定된 金額을 稱함.

496 내용상 '1. 鐵材回收로 因한 被害' 다음으로 연결되므로 소제목 번호가 '(2)'가 아니라 '2.'가 되어야 함.
497 내용상 소제목 번호가 '(3)'이 아니라 '3.'이 되어야 함.

追而. 坪數가 不明이라 함은 間引疏開(第三次) 外 追加補償金에 있어 補償金台帳 記載不備로 因함.

摠金額 一金 壹百貳拾萬六阡八百五拾八圓 拾八錢也
總坪數 壹萬八拾壹坪 四合 六勺
(疏開 當時 查定價格)

383 (坪數不明 貳百貳筆)

內譯	路線疏開	代金 848,070.56円	751,367.02円
			單價不明 96,703.54円
		坪數 3,847.94坪	
	間引疏開	代金 115,917.37円	113,628.60円
			單價不明 2,288.77円
		坪數 1,467.69坪	1,467.69坪
			坪數單價不明 3筆
	建物追加補償金	代金 242,870.25円	205,490.10円
			單價不明 37,380.15円
		坪數 4,765.83坪	坪數 4,765.83坪
			坪數單價 198筆

384 **路線疏開建物代 未支拂調書**

	所在	種別	數量		單位	單價		金額		摘要
	鑄子 長橋洞 間	·	244	41	坪	94	04	22,984	31	鮮式建物 2件 和式建物 7件
	獎忠二街 芳山 〃	·	101	66	〃	153	62	15,617	00	仝 2〃 仝 7〃
	光熙 苧 〃	·	144	17	〃	99	12	14,290	13	仝 3〃 仝 6〃
	會賢 南大門路 〃	·	181	77	〃	288	68	52,473	36	仝 無 仝 3〃
	筆 山林 〃	·	7	67	〃	24	00	184	08	仝 1〃 仝 無
	筆 新堂 〃	·	18	00	〃	269	25	4,846	50	仝 1〃 仝 1〃
	筆洞二街 地內	·	40	69	〃	317	09	12,902	39	仝 無 仝 2〃
	太平路二街 〃	·	12	75	〃	98	00	1,249	50	仝 1〃 仝 無
	會賢洞 〃	·	53	00	〃	10	00	530	00	仝 無 仝 1〃
	市民病院 周圍	·	145	75	〃	162	86	23,736	85	仝 1〃 仝 3〃
385	朝鮮銀行 周圍	·	276	86	〃	658	91	182,425	82	仝 無 仝 2件
	石油倉庫 周圍	·	3	11	〃	25	11	78	09	〃 1〃 〃 無
	서울新聞社 周圍	·	201	68	〃	404	61	87,601	74	〃 無 〃 5〃
	殖産銀行 〃	·	191	41	〃	264	33	50,595	54	〃 無 〃 3〃
	慶雲 貫鉄洞 間	·	298	37	〃	218	66	65,241	58	〃 12〃 〃 2〃
	薰井 長沙 〃	·	69	15	〃	67	94	4,698	05	〃 6 〃 無
	鐘路五街 地內	·	40	64	〃	48	89	1,986	88	〃 5〃 〃 無
	清進 薰井洞 間	·	185	70	〃	307	25	57,056	32	〃 3〃 〃 7〃
	濟 嘉會 〃	·	221	49	〃	173	95	38,528	18	〃 12〃 〃 2〃

	所在	種別	數量		單位	單價		金額		摘要
	貫鐵 鐘路五街 〃	·	122	71	〃	102	82	12,617	04	〃 13〃 〃 2〃
	內資 弼雲 〃	·	169	80	〃	82	52	29,687	83	〃 12〃 〃 3〃
	昭格 苑西 〃	·	55	74	〃	163	08	9,090	08	〃 5〃 〃 無
386	典農 回基洞 間	·	33	92	坪	62	99	2,136	62	仝 2件 仝 無
	鐘路六街 蓮建 〃	·	129	14	〃	106	26	13,722	42	〃 10〃 〃 無
	通仁 數下 〃	·	81	01	〃	105	85	8,574	91	〃 11〃 〃 無
	京電車庫 周圍	·	12	19	〃	114	60	1,396	97	〃 1〃 〃 無
	京畿道廳 〃	·	12	31	〃	244	71	3,012	38	〃 2〃 〃 無
	東大門變電所 〃	·	41	88	〃	314	55	13,173	35	〃 無 〃 2〃
	順化病院 〃	·	88	33	〃	187	08	16,524	77	〃 5〃 〃 無
	淸進洞 鐘路一街洞 間	·	1	15	〃	159	97	183	96	〃 1〃 〃 無
	明倫洞四街 地內	·	20	78	〃	42	00	872	76	〃 1〃 〃 無
	孝悌 忠信洞 間	·	11	91	〃	18	23	217	22	〃 2〃 〃 無
	醫專病院 周圍	·	22	50	〃	405	80	9,130	50	〃 1〃 〃 1〃
387	小計	·	3,241	65	〃	·		751,367	02	〃 116〃 〃 59〃
	東子 葛月洞 間	·	105	00	〃	·		40,108	00	家屋種別 及 單價 不明
	서울驛 忠正路洞 間	·	264	74	〃	·		18,827	10	〃
	巡和洞京電 周圍	·	17	84	〃	·		5,851	52	〃
	西大門警察署 〃	·	91	71	〃	·		11,369	72	〃
	冷泉 松月洞 間	·	13	67	〃	·		1,345	13	〃
	東子 三坂 〃	·	75	23	〃	·		15,443	95	〃
	元曉路二街 龍門洞 〃	·	32	85	〃	·		2,514	99	〃
	桃花洞 桃洞 〃	·	8	25	〃	·		1,243	13	〃
	小計	·	606	29	〃	·		96,703	54	〃
	合計	·	3,847	94	〃	·		848,070	56	鮮式建物 116件 和式建物 59件

388 追加建物補償金 未支拂調書

所在	種別	數量		單位	單價		金額		摘要
太平洞二街 地內	·	367	83	坪	51	64	18,994	74	鮮式建物 4件 和式〃 6〃
大和洞 宗廟洞 間	·	1,340	18	〃	47	36	63,470	92	〃 6〃 〃 39〃
壽洞 長橋 間	·	801	01	〃	47	87	38,344	43	〃 19〃 〃 5〃
鐘路五街 西四軒洞 間	·	830	26	〃	48	95	40,641	23	〃 13〃 〃 31〃
鐘路五街 地內	·	330	51	〃	28	01	9,257	58	家屋種別不明
宗廟 線內	·	456	94	〃	34	27	15,659	33	〃
慶雲洞 地內	·	639	10	〃	29	92	19,121	87	〃
小計	·	4,765	83	〃	·		105,490	10	鮮式建物 42件 和式〃 81件
間引	·	·			·		10,221	04	家屋種別 及 單價 不明
東子 葛月洞 間	·				·		11,226	75	〃
389 서울驛 忠正路 間	·	·			·		15,932	36	〃
小計	·	198	00	筆	·		37,380	15	〃
合計	·	4,765	83	坪	·		242,870	25	鮮式建物 42件 和式〃 81件

間引疏開建物代 未支拂調書

所在	種別	數量		單位	單價		金額		摘要
間引	·	1,467	69	坪	77	42	113,628	60	鮮式建物 95件 和式〃 15件
〃	·	3		筆	·		2,288	77	坪數, 單價 不明
合計	·	1,467	69	坪	·		115,917	37	鮮式建物 95件 和式〃 15件
總計	·	10,081	46	〃	·		1,206,858	18	〃 253〃 〃 155〃

5. 京畿道 關係[498]

要求額 4,220,805円

(1) 橋梁 欄干施設物 撤去로 因한 被害 43,305円
390 (2) 不必要 防空施設 被害 3,951,000円
(3) 疏開建物代 未拂金 226,500円

(1) 橋梁 欄干施設物 撤去로 因한 被害

施設名	品種	寸法	數量	單價	金額	備考
廣津橋	L型 及 瓦斯管型 2粍	長 859米	8,590瓩	1.50円	12,885円	1942年度 被害當時 時價
福河 〃	瓦斯管型 62粍	〃 400 〃	4,000 〃	1.50	6,000	
中浪 〃	〃	〃 264 〃	2,640 〃	1.50	3,960	
王宿 〃	〃	〃 382 〃	3,820 〃	1.50	5,730	
雨水 〃	〃	〃 982 〃	9,820 〃	1.50	14,730	
計			28,870 〃		43,305	

498 원문 377쪽 '(4) 서울市 關係' 다음 항목으로 연결되는 내용으로 소제목 번호가 '5.'가 아니라 '(5)'가 되어야 함. 이하 원문 487쪽 '11. 濟州道 關係'까지의 소제목도 동일하게 (6)~(11)로 표기되어야 함.

391 (2) 不必要 防空施設 및 其他 工事 被害

施設名	數量	工事費		撤去 又는 復舊費		要求額	備考
		單價	金額	單價	金額		
保健廣場	6個所		500,000円	円	円	500,000円	1942年 施工當時價
애쓰팔트鋪裝道路	2,000米			600	1,200,000	1,200,000	1945年 當時價
橫穴式防空壕	39個所	35,000円	1,365,000	9,000	351,000	1,716,000	〃
開放式防空壕	50 〃	200	10,000			10,000	1944年 施工當時 時價
開放式貯水槽	40 〃	5,000	200,000	5,000	200,000	400,000	〃
小型防水井	50 〃	2,500	125,000			125,000	〃
計			2,200,000		1,751,000	3,951,000	

註. 애쓰팔트 鋪裝道路 被害는 右記 各 防空施設工事로 因하여 애쓰팔트 道路가 破壞된 것임.

392 (3) 疏開建物代 未拂金

名稱	建坪	單價	金額	備考
家屋	906坪	250円	226,500円	仁川府 一圓 疏開當時 查定價格
計			226,500	

6. 忠淸南道 關係

要求額 3,400,787圓

(1) 施設物 撤去로 因한 被害 1,104,000円

(2) 不必要 施設 또는 工事 被害 1,824,500円

(3) 建物 强制移轉으로 因한 被害 472,287円

(1) 施設物 撤去로 因한 被害

	施設物種別	撤去年度	數量	金額	備考
393					
	橋梁(方年橋)	1943年	延 385m	77,000	鐵物 回收하여 軍需品에 活用
	〃 (水砧橋)	〃	337	67,400	〃
	〃 (烏川橋)	〃	254	50,800	〃
	〃 (阿湖橋)	〃	434	86,800	〃
	〃 (論山大橋)	〃	553	110,600	〃
	〃 (上江景橋)	〃	300	60,000	〃
	〃 (下江景橋)	〃	300	60,000	〃
	〃 (江景大橋)	〃	607	181,400	〃
	〃 (大田府內)	〃	6個所	120,000	〃
	街路燈	〃	65〃	65,000	〃
	下水溝蓋	〃	80枚	40,000	軍需品으로 活用
394	道路並木	1943年	500樹	150,000	軍需品으로 活用(大田府 一圓)
	消火栓鐵蓋	〃	50個	25,000	〃 (〃)
	鐵門	〃	5〃	10,000	〃 (揚水場水源池)
	合計			1,104,000	

(2) 不必要 施設 또는 工事 被害

施設 또는 工事種類	年度	數量	金額	備考
扶餘神宮参道	1942年 施工		1,690,000	
不必要防空施設	〃	538個所	134,500	(大田府 一圓)
合計			1,824,500	

395 (3) 建物 强制移轉 損失金 調書

種別	移轉原因	移轉時日	移轉物所在地	所有者	
				住所	姓名
家屋	市街地區劃整理로	4275. 6. 30.	扶餘郡 扶餘面 旧校里 165	旧校里	林漢鍾
倉庫	〃	4274. 7. 6.	〃 164	〃	水原良助
家屋	〃	4275. 2. 27.	〃 59	扶餘郡	學校費
〃	〃	4274. 4. 28.	〃 旧校里	旧校里	宮本強郎
倉庫	〃	〃	〃	扶餘	金融組合
家屋	〃	4275. 9. 2.	〃	旧校里	金村清助
〃	〃	4274. 7. 6.	〃	〃	金永煥
〃	〃	〃	〃	〃	徐明元
〃	〃	〃	〃	〃	徐村重完
396 家屋	市街地區劃整理로	4274. 7. 6.	扶餘郡 扶餘面 旧校里	旧校里	朴明元
〃	〃	〃	〃	〃	李壽春
倉庫	〃	〃	〃	〃	岡田行正 外 5人
〃	〃	〃	〃	〃	昌山時磨
面事務所	〃	4275. 9. 7.	東南里	扶餘郡	扶餘面
農實修校舍	〃	〃 12. 13.	〃	〃	扶餘郡
家屋	〃	〃	〃	〃	徐基泰 外 56人
商店	〃	〃	官北里	〃	李太石 外 4人
計					

備考. 疏開 當時 查定價格

移轉費			營業廢止損失金			損失金計	事由
移轉經費	受領費	損失金	營業種目	廢止期間	損失金		
2,016円	252円	1,764円				1,764円	內鮮一體를 朝鮮民族에게 鼓吹코자 扶餘에 神宮을 建設하고 扶餘市를 神都로 하기 爲하여 市街地 區劃整理 道路工事를 實施한 것임.
504	126	378				378	
3,927	1,309	2,618				2,618	
7,500	1,055	6,445				6,445	
3,168	1,168	2,000				2,000	〃
1,500	167	1,333				1,333	〃
938	134	804				804	〃
711	99	632				632	〃
5,985	665	5,320				5,320	〃
5,500	781	4,719				4,719	〃
800	119	681				681	〃
14,207	2,187	12,020				12,020	〃
600		482				482	〃
6,300	3,569	2,731				2,731	〃
6,300	3,160	1,684				1,684	〃
168,550	25,374	143,174	旅人宿業	7個月間	245,000	388,176	〃 月當 20,000円
20,000	7,500	12,500	商業	4個月間	6,000	40,500	〃 月當 20,000円
						472,287	

397 7. 忠清北道 關係

要求額 1,203,190円

(1) 橋梁施設物 撤去로 因한 被害　662,590円

(2) 防空施設 撤去費　540,600円

內譯

(1) 橋梁施設物 撤去로 因한 被害

路線名	位置			撤去鐵材重量	單價	要求額	備考
	郡	面	里				
京城－釜山	陰城	甘谷	旺陽	0.493屯	35,000	17,155円	益金橋
〃	忠州	周德	新陽	0.134	〃	4,690	周德橋
京城－淸州	淸原	江內 江外	兩界	5.589	〃	195,615	美湖川橋
〃	淸州府	西町 和泉町		2.827	〃	98,945	淸州橋
大田－大邱	永同	沃川	金覺	0.799	〃	27,965	沃川橋
398 大田－大邱	永同	沃川	指山	1.820	35,000	63,700	永川橋
淸州－春川	淸原	北一 北二	內秀 初坪 新垈	1.331	〃	46,585	新垈橋
〃	槐山	曾坪	曾坪 彌岩	2.539	〃	88,865	新淸安橋
〃	忠州	本町		1.125	〃	39,375	築城橋
忠州－蔚珍	丹陽	〃	下防	750	〃	26,250	羽花橋
〃 －三陟	堤川	鳳陽	□朴	334	〃	11,690	周補橋
淸州－英江	淸州府	石橋 南川	町	1.193	〃	41,755	淸南橋
合計				18.934		662,590	

(2) 防空施設 撤去費

	位置			種別	個數	寸法			延員數	單價	要求額
	郡	面	里			長	幅	高			
399	清州		東町	防空壕	7	30米	2米	2米	480立米	100円	84,000円
	〃		和泉町	〃	6	20	2	2	480	60	28,800
	報恩	〃	邑內	〃	6	20	2	2	480	60	28,800
	永同	〃	〃	〃	10	20	2	2	800	60	48,000
	沃川	〃	〃	半地式倉庫	40	20	2	2	3,200	60	160,000
	〃	〃	〃	防空壕	9	20	2	2	720	60	43,000
	槐山	〃	〃	〃	6	20	2	2	480	60	28,800
	鎭川	〃	〃	〃	5	20	2	2	400	60	24,000
	陰城	〃	〃	〃	5	20	2	2	400	60	24,000
	忠州	〃	〃	〃	5	20	2	2	400	60	24,000
	丹陽	〃	〃	〃	5	20	2	2	400	60	24,000
400	堤川	〃		〃	5	20	2	2	400	60	24,000
	合計				109				9,000		540,600

(被害 當時 時價)

8. 全羅北道 關係

要求額 2,919,290円

(1) 橋梁 欄干施設物 撤去 被害 2,919,290円

a. 國道 1,052,880円

b. 地方道 1,866,410円

(被害 當時 時價)

401 **內譯書**

府郡名	區別	個所	延長	金額	區別	個所	延長	金額	要求額
群山府	國道	12	108米	12,960円	地方道	2	50米	6,000円	18,960円
全州 〃	〃	7	419	50,280	〃				50,280
裡里 〃	〃	1	17	2,040	〃				2,040
完州 〃	〃	33	1,800	216,000	〃	8	324	38,880	254,880
鎭安 〃	〃	10	344	41,280	〃	23	1,486	178,320	219,600
錦山 〃	〃	5	170	20,400	〃	21	1,674	200,800	221,280
茂朱 〃	〃				〃	26	1,536	184,320	184,320
長水郡	〃	5	288	34,560	〃	14	640	76,800	111,360
任實 〃	〃	12	911	109,320	〃	26	1,855	322,600	431,920
南原 〃	〃	13	826	99,120	〃	5	101	12,130	111,250
402 淳昌郡	國道	9	820	98,400	地方道	8	583	69,960	168,360
井邑 〃	〃	14	1,065	127,800	〃	24	942	113,040	240,840
高敞 〃	〃				〃	21	1,264	151,680	151,680
扶安 〃	〃				〃	24	715	87,600	87,600
金堤 〃	〃	13	1,549	185,880	〃	21	1,931	231,720	417,600
沃溝 〃	〃	3	203	24,360	〃	9	224	26,880	51,240
益山 〃	〃	3	254	30,480	〃	28	1,380	165,600	196,080
計		130	8,774	1,052,880		260	14,705	1,866,410	2,919,290

9. 全羅南道 關係

要求額 5,145,170円

403 (1) 橋梁欄干 鐵物撤去 被害 1,979,560円

(2) 建物撤去 被害 3,043,810 〃

(3) 地方道路 改修工事 潰地被害 89,800 〃

(4) 其他 32,000 〃

內譯

(1) 橋梁欄干 撤去로 因한 對日賠償要求 資料調書(全羅南道)

	所在地			橋名	品種	員數	單價	金額(撤去當時)	摘要
	郡	面	里						
	光州府	內		光州橋	欄干	68未	600円	40,800円	撤去年度 自 1944年 至 1945年 以下 同
	長城	北上	敖魯	敖魯 〃	〃	18	200	36,000	
	〃	長城	野隱	黃龍 〃	〃	200	200	40,000	
	〃	〃	流陽	長城 〃	〃	86	200	17,200	
	〃	〃	鈴泉	九山 〃	〃	19	200	3,800	
404	長城	長城	鈴泉	梧桐橋	欄干	11	200	2,200	
	〃	珍原	栗谷 山亭	柿木 〃	〃	29	200	2,200	
	光州	府內		光州大橋	〃	128	600	76,800	
	〃	〃		街路燈	電柱	60	1,000	60,000	
	光山	孝池	鳳仙	碧桃僑	欄干	20	200	4,000	
	〃	〃	眞月	月田 〃	〃	10	〃	2,000	
	〃	〃	松荷	九岩 〃	〃	12	〃	2,400	
	〃	大村	良茄	巷山 〃	〃	12	〃	2,400	
	羅州	南平	木院	大峙 〃	〃	12	〃	2,400	
	〃	〃	〃	姑堂 〃	〃	12	〃	2,400	
	〃	山浦	燈亭	亭子 〃	〃	40	〃	8,000	
405	〃	〃	內基	內河橋	〃	28	〃	5,600	
	〃	榮山	安倉	安倉 〃	〃	14	〃	2,800	
	〃	多侍 文坪	東谷 玉堂	虎亀 〃	〃	〃	〃	2,800	
	〃	多侍	松村	虎長 〃	〃	〃	〃	2,800	
	〃	〃	〃	平水 〃	〃	22	〃	4,400	
	咸平	鶴橋	竹亭	可馬 〃	〃	12	〃	2,400	
	〃	四街 鶴橋	四街 鶴橋	鶴 〃	〃	40	〃	8,000	
	〃	叩多 〃	鶴野 叩多	小鶴 〃	〃	〃	〃	8,000	
	務安	錦城	電中 城東	松村 〃	〃	20	〃	4,000	

	所在地			橋名	品種	員數	單價	金額 (撤去當時)	摘要
	郡	面	里						
	〃	〃	〃	伏龍〃	〃	14	〃	2,800	
	〃	〃	城南	務安〃	〃	12	〃	2,400	
	〃	清溪	清川	大谷〃	〃	14	〃	2,800	
406	務安	三鄉	淸溪 芝山	淸溪橋	欄干	26	200	5,200	
	羅州	榮山浦	榮山	榮山〃	〃	768	600	460,000	
	〃	旺谷 細枝	新院 竹洞	新院〃	〃	16	200	3,200	
	灵岩	新北	芽山	龍洞〃	〃	11	〃	2,300	
	〃	〃	月坪	黃金〃	〃	48	〃	9,600	
	〃	〃	長山	山長〃	〃	20	〃	4,000	
	〃	灵岩	望湖	德津〃	〃	80	〃	16,000	
	〃	〃	春陽	南春〃	〃	63	〃	12,600	
	〃	〃	農德	月長〃	〃	60	〃	12,000	
	〃	〃	關新	關新〃	〃	32	〃	6,400	
	康津	城田	月南	月南〃	〃	18	〃	3,600	
407	康津	城田		月下〃	〃	26	〃	5,200	
	〃	〃	水豊	白雲〃	〃	18	〃	3,600	
	〃	〃		新豐〃	〃	28	〃	5,600	
	〃	〃		松月〃	〃	20	〃	4,000	
	〃	〃	城田	城田〃	〃	28	〃	5,600	
	海南	溪谷	法谷	月新〃	〃	28	〃	5,600	
	〃	〃	星津	長山〃	〃	14	〃	2,800	
	〃	〃	〃	城下〃	〃	14	〃	2,800	
	〃	海南	右道	右道〃	〃	28	〃	5,600	
	〃	〃	安洞	安洞〃	〃	14	〃	2,800	
	〃	縣山	右縣	右縣〃	〃	36	〃	7,200	
	〃	北平	南倉	南倉〃	〃	18.5	〃	3,700	
408	灵岩	三湖	望山	靜山橋	欄干	11	200	2,200	
	康津	城田	金塘	松鶴〃	〃	20	〃	4,000	
	〃	康津	松田	松德〃	〃	28	〃	5,600	
	〃	〃	西城	西城〃	〃	20	〃	4,000	
	〃	〃	〃	康津〃	〃	19	〃	3,800	
	〃	城田	城東	木在	〃	14	〃	2,800	
	〃	郡東	虎溪	点水	〃	18	〃	3,600	

	所在地			橋名	品種	員數	單價	金額 (撤去當時)	摘要
	郡	面	里						
	長興	長興	觀德	杏園	〃	18	〃	3,600	
	〃	夫山	虎溪	梨谷	〃	20	〃	4,000	
	〃	長東	万年 虎溪	虎溪	〃	60	〃	12,000	
	〃	〃	萬年	第二万年	〃	14	〃	2,800	
409	長興	長東	霞山 万年	霞山〃	〃	20	〃	4,000	
	〃	〃	霞山	柿木〃	〃	19	〃	3,800	
	寶城	寶城	校洞	校洞〃	〃	9	〃	1,800	
	〃	彌力	草堂	雁峠〃	〃	11	〃	2,200	
	〃	〃	〃	草堂〃	〃	4.5	〃	900	
	〃	得糧	三亭	軍頭〃	〃	10	〃	2,000	
	〃	〃	禮堂	梨亭〃	〃	10	〃	2,000	
	〃	〃	〃	狐洞〃	〃	5.5	〃	1,100	
	〃	鳥城	東村	禮堂〃	〃	7	〃	1,400	
	〃	〃	〃	水鳳〃	〃	5.5	〃	1,100	
	〃	〃	鳳陵	淸溪〃	〃	7	〃	1,400	
	〃	〃	鳥城	水塘〃	〃	9	〃	2,800	
410	寶城	鳥城	新月	皇洞橋	欄干	6	200	1,200	
	〃	筏橋	筏橋	昭和〃	〃	110.0	〃	2,200	
	順天	別良	東松	湖止〃	〃	5	〃	1,000	
	〃	道沙	德月	良栗〃	〃	14	〃	2,800	
	〃	順天	麟蹄 南亭	麟蹄〃	〃	4.2	〃	840	
	順天邑	大手	洞	玉川〃	〃	20	500	10,000	
	谷城	梧谷	梧枝	錦川〃	〃	80	200	16,000	
	〃	〃	鴨綠	梨辛〃	〃	27	〃	5,400	
	〃	竹谷	〃〃 下汗	鴨綠〃	〃	120	〃	24,000	
	〃	〃	〃	竹谷〃	〃	5	〃	1,000	
	順天	黃田	仙辺	龍林〃	〃	9	〃	1,800	
411	〃	〃	月山	月山〃	〃	42	〃	840	
	〃	〃	槐木	槐木〃	〃	42	〃	84	
	〃	西	九万 飛月	飛月〃	〃	10	〃	2,000	
	〃	順天	佳谷	佳谷〃	〃	10	〃	2,000	

	所在地			橋名	品種	員數	單價	金額 (撤去當時)	摘要
	郡	面	里						
	〃	〃	稠谷 豐德	順天〃	〃	108	600	64,800	
	〃	海龍	德香 蓬香	九山〃	〃	14.5	300	4,350	
	〃	〃	月田	月田〃	〃	9	200	1,800	
	麗水	栗村	稠木	沙項〃	〃	18	〃	3,600	
	〃	〃	吹笛	東村〃	〃	5.2	〃	1,040	
	〃	召羅	大浦	新基〃	〃	5	〃	1,000	
	〃	〃	〃	龜鶴〃	〃	9.5	〃	1,900	
	〃	〃	〃	潮入〃	〃	14.5	〃	2,900	
	〃	雙鳳	蟹山	望月〃	〃	5	〃	1,000	
412	麗水	雙鳳	蟹山	大坪橋	欄干	18	200	3,600	
	〃	麗水	美坪	大谷〃	〃	9	〃	1,800	
	〃	〃	〃	陽池〃	〃	7	〃	1,400	
	光山	瑞坊	中山	瑞坊〃	〃	11	〃	2,200	
	〃	〃	角化	角化〃	〃	9.5	〃	1,900	
	潭陽	古西	甫村	甫村〃	〃	6.0	〃	1,200	
	〃	〃	陵消 舟山	舟山〃	〃	5.5	〃	1,100	
	〃	〃	院江	院江〃	〃	9	〃	1,800	
	〃	〃	〃	柳山〃	〃	14	〃	2,800	
	〃	鳳山	鍾谷	彈琴〃	〃	5	〃	1,000	
	光州	府	月山 泉洞	德林〃	〃	9	〃	1,800	
	〃	〃	農城洞	寶城〃	〃	8	〃	1,600	
413	和順	和順	手谷	鴨谷〃	〃	20	〃	4,000	
	〃	〃	廣德	上廣〃	〃	4.5	〃	900	
	〃	〃	茶山	茶山〃	〃	4.5	〃	900	
	〃	東	柏桐	柏桐〃	〃	5	〃	1,000	
	〃	〃	江東	鐵場〃	〃	7	〃	1,400	
	〃	〃	泉德	泉德〃	〃	4.5	〃	900	
	〃	〃	梧桐	梧桐〃	〃	9.5	〃	1,900	
	順天	住岩	蓼谷	蓼谷〃	〃	11	〃	2,200	
	〃	〃	杏亭	沙浦〃	〃	20.25	〃	4,050	
	〃	〃	〃	杏亭〃	〃	10	〃	2,000	

	所在地			橋名	品種	員數	單價	金額	摘要
	郡	面	里					(撤去當時)	
	〃	〃	雙岩	鳳德〃	〃	21.75	〃	4,350	
	〃	〃	西平	雙岩〃	〃	36.6	〃	7,200	
414	順天	住岩	西平	西平橋	欄干	9	200	1,800	
	和順	東	栢桐	龍下〃	〃	7	〃	1,400	
	順天	雙岩	月溪	月溪〃	〃	9.5	〃	1,900	
	光陽	光陽	沙谷	億萬〃	〃	13	〃	2,600	
	〃	〃	〃	沙谷〃	〃	4.5	〃	900	
	〃	〃	〃	鐵洞〃	〃	6.5	〃	1,300	
	〃	骨若	中軍	第二中東〃	〃	5	〃	1,000	
	〃	〃 玉谷	仙柳	叱六〃	〃	9	〃	1,800	
	〃	〃	廣月	青龍〃	〃	40	〃	8,000	
	灵光	法聖	用德	九岩〃	〃	5	〃	1,000	
	〃	灵光	白岫	新垈〃	〃	9	〃	1,800	
415	灵光	郡西	松林	柏洞〃	〃	11	〃	2,200	
	〃	灵光	德洞	第二德洞〃	〃	10.75	〃	2,150	
	〃	〃	〃	第四德洞〃	〃	19	〃	3,800	
	〃	〃	〃	瓦難〃	〃	120	〃	2,400	
	長城	森溪	富城	富城〃	〃	14	〃	2,800	
	〃	〃	內溪	千萬〃	〃	14	〃	2,800	
	〃	〃	鉢山	玉泉〃	〃	15	〃	3,000	
	〃	東化	南平	南平〃	〃	10	〃	2,000	
	〃	〃	九林	九林〃	〃	53	〃	11,200	
	〃	〃	龍亭	龍亭〃	〃	11	〃	2,200	
	〃	黃龍	莘湖	莘湖〃	〃	28	〃	5,600	
	〃	〃	長山	長山〃	〃	11	〃	2,200	
416	長城	黃龍	長山	九林橋	欄干	10	200円	2,000	
	〃	〃	月平	黃龍〃	〃	64	〃	12,800	
	求禮	馬山	冷泉	冷泉〃	〃	11	〃	2,200	
	〃	〃	沙高	馬山〃	〃	10	〃	2,000	
	〃	土旨	杷道	杷道〃	〃	18	〃	3,600	
	〃	〃	松亭	松亭〃	〃	14	〃	2,800	
	〃	〃	外谷	下里〃	〃	10	〃	2,000	
	長城	北二	竹青	青雲〃	〃	10	〃	2,000	

	所在地			橋名	品種	員數	單價	金額 (撤去當時)	摘要
	郡	面	里						
	〃	〃	白岩	白岩〃	〃	120	〃	24,000	
	潭陽	昌平	梧江	梧江〃	〃	10	〃	2,000	
	〃	〃	梧桐	沙川〃	〃	10	〃	2,000	
417	〃	〃	〃	小梧江〃	〃	8	〃	1,600	
	〃	武貞	五禮	五禮〃	〃	47	〃	9,400	
	〃	〃	〃	松亭〃	〃	12	〃	2,400	
	〃	火	雲谷	第一雲谷〃	〃	10	〃	2,000	
	〃	〃	〃	第二雲谷〃	〃	11	〃	2,200	
	谷城	三岐	院燈	院燈〃	〃	〃	〃	2,200	
	〃	〃	〃	第一鶴旼〃	〃	〃	〃	2,200	
	〃	〃	〃	第二鶴旼〃	〃	〃	〃	2,200	
	〃	〃	金盤	第一槐所〃	〃	〃	〃	2,200	
	〃	〃	〃	第二槐所〃	〃	〃	〃	2,200	
	〃	谷城	旧院	産洞〃	〃	10	〃	2,000	
	〃	〃	〃	旧院〃	〃	20	〃	4,000	
418	谷城	谷城	月峰	月峰橋	欄干	28	200円	5,600	
	〃	〃	竹洞	小川〃	〃	32	〃	6,400	
	〃	〃	邑内	谷城〃	〃	53	〃	11,200	
	咸平	新光	三德	永府〃	〃	14	〃	2,800	
	灵光	佛甲	中谷	中谷〃	〃	11	〃	2,200	
	〃	〃	建武	建武〃	〃	18	〃	3,600	
	〃	郡西	鶴丁	保伩〃	〃	11	〃	2,200	
	高興	豐陽	栗峠	野幕〃	〃	10	〃	2,000	
	〃	〃	〃	小栗峠〃	〃	14	〃	2,800	
	〃	〃	松亭	松亭〃	〃	20	〃	4,000	
	長興	長興	成佛	成佛〃	〃	28	〃	5,600	
419	〃	〃	道龍	道龍〃	〃	10	〃	2,000	
	康津	兵營	成南 三任[499]	細村〃	〃	36	〃	7,200	
	〃	唵川	蓋山	介川〃	〃	20	〃	4,000	
	〃	〃	永山	永山〃	〃	20	〃	4,000	
	灵岩	灵岩	學松	東田〃	〃	20	〃	4,000	
	求禮	鳳北	鳳北	白違〃	〃	22.50	〃	4,500	
	潭陽	潭陽	羊角	羊角〃	〃	8	〃	1,600	
	〃	大田	月本	月本〃	〃	10	〃	2,000	

	所在地			橋名	品種	員數	單價	金額 (撤去當時)	摘要
	郡	面	里						
	長城	珍原	上林	楊柳〃	〃	56	〃	11,200	
	〃	〃	〃	上林〃	〃	10	〃	2,000	
	〃	〃	栗谷	栗谷〃	〃	14	〃	2,800	
	寶城	寶城	中山	中山〃	〃	32	〃	6,400	
	〃	〃	今日	永泉〃	〃	28	〃	3,600	
420	康津	郡東	三新	三新橋	欄干	10.0	200	2,000	
	海南	海南	旧校	郡一〃	〃	18	〃	3,600	
	〃	〃	〃	宣洞〃	〃	14	〃	2,800	
	〃	馬山	上嶝	長淋〃	〃	18	〃	2,600	
	光山	飛鳩	道村	河東〃	〃	14	〃	2,800	
	〃	河南	長德	長德〃	〃	10	〃	2,000	
	長城	北上	銅峴	銅峴〃	〃	40	〃	8,000	
	〃	北下	星岩	星岩〃	〃	12	〃	2,400	
	潭陽	龍	龍峠	龍峠〃	〃	28	〃	5,600	
	康津	道岩	永皮	大同〃	〃	22	〃	4,400	
	〃	〃	桂	石田〃	〃	14.5	〃	2,900	
	海南	玉泉	玉泉	玉泉〃	〃	22	〃	4,400	
421	〃	〃	永春	屋山〃	〃	18	〃	3,600	
	順天	道沙	下垈橋良	橋良〃	〃	144	〃	28,800	
	高興	高興	南峰	高興〃	〃	54	〃	10,800	
	〃	〃	登岩	登岩〃	〃	28	〃	5,600	
	寶城	芦洞	新泉	新泉〃	〃	12	〃	2,400	
	和順	道林	求禮	求禮〃	〃	10	〃	2,000	
	〃	〃	梅卒[500]	槐花〃	〃	14	〃	2,800	
	〃	〃	梨陽	龜尾〃	〃	80	〃	16,000	
	〃	〃	〃	梨陽〃	〃	10	〃	2,000	
	〃	松應	五柳	五柳〃	〃	9	〃	1,800	
	〃	〃	品坪	品坪〃	〃	40	〃	8,000	
	〃	〃	金陵	青龍〃	〃	10.5	〃	2,100	
	〃	春陽	石庫	石庫〃	〃	18	〃	5,600	
422	和順	凌州	石庫	石庫橋	欄干	10.5	200円	2,100	

499 '三仁(삼인)'의 오기
500 '梅亭(매정)'의 오기

	所在地			橋名	品種	員數	單價	金額 (撤去當時)	摘要
	郡	面	里						
	〃	〃	千德	千德〃	〃	20	〃	4,000	
	〃	〃	碧羅	碧羅〃	〃	10.5	〃	2,100	
	長興	長興	白陽	白陽〃	〃	14	〃	2,400	
	〃	安良	岐山	岐山〃	〃	20	〃	4,000	
	〃	〃	水養	水養〃	〃	11	〃	2,200	
	〃	〃	〃	大大〃	〃	22	〃	2,200	
	〃	〃	〃	三水〃	〃	28	〃	5,600	
	〃	〃	海倉	海倉〃	〃	14	〃	2,800	
	和順	道谷	大谷	大谷小〃	〃	6.5	〃	1,300	
	〃	凌州	南辛	雲〃	〃	14	〃	2,800	
423	長興	長興	中山	第二府東〃	〃	10	〃	2,000	
	〃	〃	香園	香園〃	〃	12	〃	2,400	
	〃	〃	〃	望月〃	〃	6.5	〃	1,300	
	〃	天山	內安	天山〃	〃	28.8	〃	57,600	
	〃	天山	柳楊	柳楊〃	〃	11	〃	2,200	
	〃	有治	丹山	丹山〃	〃	28	〃	5,600	
	求禮	求禮	風西	風西〃	〃	11	〃	2,200	
	和順	東	龜岩	第二龜岩〃	〃	9	〃	1,800	
	〃	南	碧松	第二碧松〃	〃	20	〃	4,000	
	〃	〃	洞洙	洞洙〃	〃	11	〃	2,200	
	順天	松光	月山	長洞〃	〃	10	〃	2,000	
	〃	〃	〃	土水〃	〃	20	〃	4,000	
424	寶城	文德	寒泉	寒泉橋	欄干	26.4	200円	52,800	
	〃	〃	〃	小寒泉〃	〃	16	〃	3,200	
	〃	〃	〃	德山〃	〃	10	〃	2,000	
	順天	外西	雙栗	〃	〃	14	〃	2,800	
	〃	〃	〃	〃	〃	20	〃	4,000	
	〃	〃	長山	〃	〃	14	〃	2,800	
	高興	東地	隱泉	〃	〃	18	〃	3,600	
	〃	〃	油基	〃	〃	28	〃	5,600	
	〃	東地	油基	〃	〃	10	〃	2,000	
	〃	南陽	南陽	〃	〃	10.5	〃	2,100	
	〃	大谷	大谷	〃	〃	10	〃	2,000	
425	〃	南陽	長潭	長潭〃	〃	8	〃	1,600	

	所在地			橋名	品種	員數	單價	金額(撤去當時)	摘要
	郡	面	里						
	〃	豆原	雲垈	雲垈〃	〃	9	〃	1,800	
	〃	〃	〃	獐項〃	〃	40	〃	8,000	
	潭陽	武貞	五龍	鳳安〃	〃	14	〃	2,800	
	〃	〃	鳳安	逑只〃	〃	9	〃	1,800	
	〃	〃	〃	德龍〃	〃	66	〃	13,200	
	〃	〃	東山	貞谷〃	〃	11	〃	2,200	
	光山	西倉	馬勤	內丁〃	〃	18	〃	3,600	
	〃	松汀	新村	牛山〃	〃	10.5	〃	2,100	
	〃	〃	雲水	雲水〃	〃	22	〃	4,400	
	〃	〃	〃	松山〃	〃	45.6	〃	91,200	
	〃	三道	松山	〃	〃	14	〃	2,800	
426	咸平	月也	月也	永密橋	欄干	12	200	2,400	
	灵光	改良	連岩	連岩〃	〃	18	〃	3,600	
	計							1,979,560	

(2) 疏開建物 撤去로 因한 對日賠償要求 資料調書(全羅南道)

	地番	建物 撤去坪數	仝上 建物 所存所	撤去物 其唐時時價	當時 撤去費用	要求額	備考
	木浦府 幸町 1의 8	13	自己所存	39,000円	122円	39,132円	價格은 疏開當時 查定價格
	〃	20		60,000	12,564	72,564	
	木浦台 2	6.68		20,000	4,416	24,416	
	榮町 1丁目 6	29.87		89,000	4,938	93,938	
427	幸町 1丁目 6	9	〃	27,000	230	27,230	
	港町 1丁目 1	10	〃	30,000	1,500	31,500	
	幸町 1의 4	55.0	〃	165,000	9,224	174,227	
	榮町 1丁目 5	10	〃	30,000	300	30,300	
	幸町 1의 8	144.1	〃	432,000	5,686	437,686	
	木浦台 1	6.52	〃	19,000	3,000	22,000	
	木浦府 幸町 1丁目 8	5	〃	15,000	2,408	17,408	
	〃 6	19	〃	57,000	3,548	60,548	
	港町 1丁目 1	57	〃	171,000	2,013	173,013	
	〃	10	〃	30,000	590	30,590	
	〃	20	〃	60,000	2,800	62,800	
	木浦台 2	50	〃	150,000	5,147	155,147	
428	榮町 1丁目 5	25.12	自己所存	75,300	4,807	79,807	
	幸町 1丁目 9	20	〃	60,000	6,120	66,120	
	港町 1丁目	10	〃	30,000	1,836	31,836	
	榮町 1丁目 5	125	〃	37,500	3,360	40,860	
	悽町 3	49	〃	147,000	10,543	157,543	
	榮町 1丁目 4의 1	69.5	〃	208,000	1,786	209,786	
	幸町 1丁目 5	5	〃	15,000	800	15,800	
	港町 1丁目 1	20	〃	60,000	7,043	67,043	
	楼町 4	78.66	〃	234,000	8,391	242,391	
	〃	16.25	〃	48,600	12,061	60,661	
	榮町 1丁目 6	31	〃	63,000	23,237	86,237	
429	幸町 1丁目 4	30	〃	120,000	5,483	125,483	
	〃	44	〃	132,000	8,068	140,068	
	樓町 4	62.95	〃	186,000	7,324	193,324	
	木浦台 2	23.16	〃	69,100	4,958	73,958	
	計			2,879,800	164,310	3,043,810	

(3)地方道 光州-灵光線 道路 改修工事 潰地 原狀復舊費 調書(全南)

潰地年度	所在地			地目	潰地	原狀復舊費		摘要
	郡	面	里			單價	當時金額	
1945年	光山	極樂	雙村	畓田林	6,810	5	34,050	
〃	〃	西倉	金湖	〃	879	5	4,395	
430 1945年	光山	西倉	馬勤	畓田林	8,989	5	44,945	
〃	〃	〃	碧津	〃	1,282	5	6,410	
計					17,960		89,800	

(4)其他(全羅南道)

年度	工事名	場所	坪數	當時工事費	原狀復舊費	備考
1945年	防空壕	木浦府內	100	12,000	588,000	水源池를 廢止하여 造成한 것임.
1940年	松島神社 造營敷地 造成工事	〃	25,000	20,000	89,980,000	
計				32,000	90,568,000	

431 10. 慶尙南道 關係

要求額 23,397,442円

(1) 軍事施設로 因한 被害 683,130円

(2) 神祠 築地 原狀復舊費 683,130円

(3) 防空施設 被害 2,593,704円

(4) 疏開建物 補償費 2,059,059円

(5) 橋梁欄干 및 其他 鐵材 回收 被害 720,500円

(別紙) 內譯

(1) 軍事 其他施設로 因한 被害

	名稱	數量	單價	金額	摘要
	昌寧郡 內 軍演習地 原狀復舊費	884町步	1,500円(及當)	13,275,000	
	金海群 內 海軍其他施設 原狀復舊費	36,614坪		191,931	
432	金海群 內 海軍其他施設 家屋補償費	25棟		1,484,000	
	〃 農作物補償費	22,873坪		737,759	
	南海群 軍事施設 原狀復舊費	26,920〃		1,443,550	
	晉州府 內 砲臺陣地 〃	22個所		154,809	
	馬山府 內 軍事施設 〃	13,989坪		54,000	
	計			17,341,049	

(2) 神社 築地 原狀復舊費

	名稱	數量	單價	金額	摘要
	宜寧郡 內 神祠 築地 原狀復舊費	1,100坪		86,000	
	咸安郡 內 〃	2,171〃		123,120	
433	河東郡 內 〃			365,000	
	陜川郡 內 〃	17個所 13,600坪		109,000	
	計			683,130	

(3) 防空施設 被害

(a) 釜山府 防空壕 及 待避壕 撤去費

年度	工事名	數量	金額	摘要
1944年度	東大, 新町 外 33個所 防空壕	2,149.60米	1,505,621	
〃		7個所	688,282	
計			2,193,904	

434 (b) 釜山府 內 防空陣地 原狀復舊費

年度	工事名	場所	金額	摘要
1944年度	防空陣地	長林里	115,000	
〃	〃	九德峠	62,000	
〃	〃	東生來	55,000	
〃	陣地進入路	龍亭里	40,200	
〃	防空陣地進入路	〃	76,000	
〃	防空陣地 及 進入路	望美里	28,300	
〃	〃	民衆里	11,200	
〃	〃	〃	12,100	
計			399,800	
合計			2,593,704	

435 (4) 釜山府 第一, 二, 三, 四次 疏開建物 補償費

區域	種別	戶數	坪數	金額	摘要
西町通	住宅	11	460.18	129,335円	第一, 二次 疏開 (疏開當時 查定價格)
〃	倉庫	1	128.40	35,952	〃
北釜山警察署 附近	住宅	2	85.09	23,178	〃
朝鮮重工業 附近	〃	19	229.56	15,162	〃
各 町 變電所 附近	〃	40	342.17	45,279	〃
古飯變電所 附近	住宅 工場 其他	18	407.325	48,879	〃
釜山消防署 附近	住宅	11	282.78	98,600	〃
釜山地方遞信局 電話分局 附近	營業所 住宅	2	71.31	10,697	〃
釜山府立病院 附近	住宅	27	388.77	51,122	〃
榮町 凡一町 附近	〃	8	189.42	68,161	〃
436 榮町 凡一町 附近	倉庫	14	559.38	37,538円	第一, 二次 疏開 (疏開當時 查定價格)
〃	商店	8	532.04	95,073	〃
鹽州町 1區	營業用	23	398.08	70,451	〃
〃 2區	物置	1	5.7	114	〃

	區域	種別	戶數	坪數	金額	摘要
	〃	住宅	21	172.854	10,900	〃
	〃 3區	〃	22	177.93	22,451	〃
	〃 4區	營業用	1	4	1,020	〃
	〃	住宅	10	348.95	1,745	〃
	草梁 1區	〃	16	671.90	73,646	〃
	〃 2區	〃	19	290.73	29,431	〃
	水晶町 1區	〃	23	128.66	6,378	〃
437	〃 2區	〃	14	85.66	5,818	〃
	〃	工場	2	17.21	1,462	〃
	〃 3區	住宅	49	523.94	42,504	〃
	〃	倉庫	2	23	2,328	〃
	佐川町 1區	住宅	19	44.73	42,578	〃
	〃	工場	4	77.4	3,096	〃
	〃 2區	住宅	21	201.91	16,984	〃
	〃 3區	〃	18	175.24	17,798	〃
	〃	物置	5	106.9	2,747	〃
	〃 4區	住宅	17	217.30	33,183	〃
	〃	倉庫	3	3.76	550	〃
	〃	工場	1	31.24	2,968	〃
438	佐川町 4區	物置	1	7.04	141	第一, 二次 疏開 (疏開當時 查定價格)
	〃 5區	住宅	12	73.83	15,587	〃
	〃	工場	2	40.15	2,409	〃
	〃	牛舍	1	10.9	436	〃
	〃 6區	住宅	20	227.82	28,120	〃
	〃	物置	3	9.42	280	〃
	〃 7區	住宅	12	150.27	19,410	〃
	〃	物置	1	2.97	193	〃
	〃	工場	3	72.23	10,834	〃
	〃 8區	住宅	3	36.54	2,054	〃
	〃	物置	1	1.28	26	〃
439	佐川町 8區	商店	1	5.26	789	〃
	〃	病院	1	79.29	18,727	〃
	佐川町 釜山鎭 入口 附近	住宅	25	336.81	43,913	第三, 四次 疏開

區域	種別	戶數	坪數	金額	摘要
凡一町 地區	〃	29	761.32	94,419	第一, 二次 疏開
〃	倉庫	4	144.04	6,963	〃
〃	物置	4	48.77	2,130	〃
〃	沐浴場	1	2.34	1,701	〃
〃	營業所	2	45.62	6,843	〃
〃	工場	1	161.7	7,276	〃
凡一町(子城台 附近)	住宅	348	3,524.01	321,326	第二, 三次 疏開
釜山鎮變電所 附近	〃	70	659.25	57,968	第一, 二次 疏開
〃	物置	3	6.5	487	〃
440 朝紡 附近	住宅	153	1,795.69	237,660	第一, 二次 疏開
大倉町 地區	〃	6	47.77	1,911	〃
〃	倉庫	3	65.01	1,950	〃
玉水町 〃	住宅	18	322.88	54,262	〃
東大新町 〃	〃	24	317.17	63,434	〃
西大新町 〃	〃	3	22.83	1,598	〃
谷町 〃	〃	8	77.59	6,207	〃
綠町 〃	〃	5	33.79	3,057	〃
牧島水産試驗場 附近	〃	1	7.5	450	第三, 四次 疏開
合計				2,059,059	

441 (5)橋梁欄干 및 其他 鐵材 回收로 因한 被害

要求額 720,500圓

(a) 橋梁欄干 鐵材 撤去 被害

545個所 263,000圓

(b) 鐵門 및 警鍾台 鐵材 回收 被害

5個所 457,500圓

(內譯書 및 證憑書類는 慶尚南道廳이 保管함.)

橋梁欄干 鐵材 撤去 修繕費

	工種	種別	延長	單位	單價	金額	摘要
	密山橋	高欄	372	米	10.00	3,720圓	金額은 被害當時의 時價에 依함.
	密陽橋	〃	360	〃	〃	3,600	
	龍頭橋	〃	326	〃	〃	3,260	
442	禮林橋	高欄	640	米	10.00	6,400円	
	今洞〃	〃	24	〃	〃	240	
	巴西〃	〃	72	〃	〃	720	
	倉洞〃	〃	21	〃	〃	210	
	內洞〃	〃	16	〃	〃	160	
	中岩〃	〃	32	〃	〃	320	
	島西〃	〃	14	〃	〃	140	
	畓村〃	〃	16	〃	〃	160	
	大山〃	〃	18	〃	〃	180	
	加逑〃	〃	18	〃	〃	180	
	內龍〃	〃	14	〃	〃	140	
443	雲倉橋	〃	100	〃	〃	1,000	
	金音〃	〃	12	〃	〃	120	
	三溌〃	〃	36	〃	〃	360	
	梅高〃	〃	22	〃	〃	220	
	虎溌〃	〃	24	〃	〃	240	
	神魚〃	〃	48	〃	〃	480	
	金海〃	〃	120	〃	〃	1,200	
	駕洛〃	〃	24	〃	〃	240	
	平江〃	〃	14	〃	〃	140	
	毛羅〃	〃	36	〃	〃	360	
	德浦〃	〃	36	〃	〃	360	
	甘田〃	〃	48	〃	〃	480	
	周禮〃	〃	20	〃	〃	200	
444	冷井橋	〃	32	米	10.00	320円	
	進永〃	〃	14	〃	〃	140	
	佐昆〃	〃	29	〃	〃	290	
	松亭〃	〃	13	〃	〃	130	
	德山〃	〃	25	〃	〃	250	

	工種	種別	延長	單位	單價	金額	摘要
	吐月〃	〃	94	〃	〃	940	
	上南〃	〃	11	〃	〃	110	
	西上〃	〃	64	〃	〃	640	
	梧山〃	〃	32	〃	〃	320	
	葛峴〃	〃	28	〃	〃	280	
	松湲〃	〃	32	〃	〃	320	
445	般亭橋	〃	16	〃	〃	160	
	鳳田〃	〃	28	〃	〃	280	
	西下〃	〃	110	〃	〃	1,100	
	安義〃	〃	164	〃	〃	1,640	
	反樂〃	〃	14	〃	〃	140	
	東田〃	〃	29	〃	〃	290	
	下高〃	〃	11	〃	〃	110	
	德谷〃	〃	14	〃	〃	140	
	邑南〃	〃	26	〃	〃	260	
	坪城〃	〃	43	〃	〃	430	
	南下〃	〃	356	〃	〃	3,560	
	月谷〃	〃	48	〃	〃	480	
	谷川〃	〃	18	〃	〃	180	
446	加川橋	高欄	160	米	10.00	1,600	
	學亭〃	〃	14	〃	〃	140	
	伽倻〃	〃	46	〃	〃	460	
	熊基〃	〃	36	〃	〃	360	
	舘基〃	〃	20	〃	〃	200	
	外合〃	〃	18	〃	〃	180	
	龍陽〃	〃	25	〃	〃	250	
	龍湲〃	〃	24	〃	〃	240	
	犬麻〃	〃	36	〃	〃	360	
	永田〃	〃	22	〃	〃	220	
	樂民〃	〃	28	〃	〃	280	
447	樂民新〃	〃	28	〃	〃	280	
	赤中〃	〃	72	〃	〃	720	
	青德〃	〃	14	〃	〃	140	
	玄倉〃	〃	86	〃	〃	860	
	遊漁〃	〃	80	〃	〃	800	

	工種	種別	延長	單位	單價	金額	摘要
	尾九〃	〃	12	〃	〃	120	
	馬首院〃	〃	14	〃	〃	140	
	九尾〃	〃	11	〃	〃	110	
	南昌〃	〃	44	〃	〃	440	
	兎川〃	〃	22	〃	〃	220	
	院坪〃	〃	28	〃	〃	280	
	地界〃	〃	21	〃	〃	210	
	日門〃	〃	21	〃	〃	210	
448	灵山橋	高欄	43	米	10.00	430円	
	拱〃	〃	17	〃	〃	170	
	德谷〃	〃	12	〃	〃	120	
	第二金谷〃	〃	26	〃	〃	260	
	水尋〃	〃	40	〃	〃	400	
	茵〃	〃	88	〃	〃	880	
	新月〃	〃	100	〃	〃	1,000	
	檢岩〃	〃	32	〃	〃	320	
	初洞〃	〃	14	〃	〃	140	
	曲江〃	〃	22	〃	〃	220	
	國農〃	〃	28	〃	〃	280	
449	豆田〃	〃	48	〃	〃	480	
	中南〃	〃	54	〃	〃	540	
	横川〃	〃	120	〃	〃	1,200	
	大德〃	〃	46	〃	〃	460	
	稷田〃	〃	29	〃	〃	290	
	新村〃	〃	28	〃	〃	280	
	大也〃	〃	80	〃	〃	800	
	松林〃	〃	80	〃	〃	800	
	開陽〃	〃	29	〃	〃	290	
	井村〃	〃	14	〃	〃	140	
	玉山〃	〃	9	〃	〃	90	
	文山〃	〃	54	〃	〃	540	
	大亭〃	〃	24	〃	〃	240	
450	東山橋	高欄	30	米	10.00	300円	
	〃	〃	30	〃	〃	530	
	耳川〃	〃	33	〃	〃	300	

工種	種別	延長	單位	單價	金額	摘要
泉合〃	〃	18	〃	〃	180	
武村〃	〃	73	〃	〃	730	
鳳垈〃	〃	16	〃	〃	160	
巨谷〃	〃	12	〃	〃	120	
院北〃	〃	18	〃	〃	180	
帆谷〃	〃	11	〃	〃	110	
菓村〃	〃	32	〃	〃	320	
德垈〃	〃	86	〃	〃	860	
451 流岩〃	〃	25	〃	〃	250	
郡北〃	〃	80	〃	〃	800	
局室〃	〃	21	〃	〃	210	
小浦里〃	〃	9	〃	〃	90	
望桂峠〃	〃	32	〃	〃	320	
冠洞〃	〃	43	〃	〃	430	
咸安〃	〃	107	〃	〃	1,070	
合川〃	〃	42	〃	〃	420	
大川〃	〃	20	〃	〃	200	
柳谷〃	〃	29	〃	〃	290	
竹岩〃	〃	12	〃	〃	120	
中里〃	〃	32	〃	〃	320	
斗尺〃	〃	48	〃	〃	480	
452 召界橋	高欄	56	米	10.00	560円	
昌原〃	〃	13	〃	〃	130	
竹林〃	〃	11	〃	〃	110	
帝卜〃	〃	14	〃	〃	140	
九龍〃	〃	11	〃	〃	110	
咸陽〃	〃	144	〃	〃	1,440	
筆峰〃	〃	9	〃	〃	90	
寶山〃	〃	48	〃	〃	480	
黃谷〃	〃	60	〃	〃	600	
官北〃	〃	32	〃	〃	320	
桂東〃	〃	28	〃	〃	280	
453 梁山〃	〃	32	〃	〃	320	
陶沃〃	〃	32	〃	〃	320	
洗兵〃	〃	200	〃	〃	2,000	

	工種	種別	延長	單位	單價	金額	摘要
	居會〃	〃	14	〃	〃	140	
	老軍〃	〃	21	〃	〃	210	
	杜邱〃	〃	72	〃	〃	720	
	送亭〃	〃	21	〃	〃	210	
	餘洛〃	〃	20	〃	〃	200	
	法基〃	〃	43	〃	〃	430	
	開谷〃	〃	16	〃	〃	160	
	湲境〃	〃	18	〃	〃	180	
	平山〃	〃	9	〃	〃	90	
	周津〃	〃	24	〃	〃	240	
454	柳谷橋	高欄	78	米	10.00	760	
	熊上〃	〃	64	〃	〃	640	
	西倉〃	〃	14	〃	〃	240	
	蓮湖〃	〃	54	〃	〃	540	
	回夜〃	〃	180	〃	〃	1,800	
	熊村〃	〃	72	〃	〃	720	
	大福〃	〃	24	〃	〃	240	
	山下〃	〃	18	〃	〃	180	
	栗〃	〃	24	〃	〃	240	
	靑良〃	〃	43	〃	〃	430	
	無去〃	〃	10	〃	〃	100	
455	三湖〃	〃	473	〃	〃	4,720	
	太和〃	〃	21	〃	〃	210	
	下西〃	〃	11	〃	〃	110	
	鶴山〃	〃	14	〃	〃	140	
	伴隝〃	〃	26	〃	〃	260	
	兵營〃	〃	270	〃	〃	2,700	
	下廂〃	〃	20	〃	〃	200	
	華峰〃	〃	36	〃	〃	360	
	松亭〃	〃	14	〃	〃	140	
	松倉〃	〃	96	〃	〃	960	
	新泉〃	〃	80	〃	〃	800	
	藥水〃	〃	72	〃	〃	720	
	化亭〃	〃	54	〃	〃	540	
	洞水〃	〃	28	〃	〃	280	

	工種	種別	延長	單位	單價	金額	摘要
456	中山橋	高欄	18	米	10.00	180	
	蔚山〃	〃	720	〃	〃	7,200	
	豊湖〃	〃	10	〃	〃	100	
	德山〃	〃	31	〃	〃	310	
	泥洞〃	〃	65	〃	〃	650	
	中和〃	〃	14	〃	〃	140	
	淸浦〃	〃	17	〃	〃	170	
	場基〃	〃	18	〃	〃	180	
	旺山〃	〃	160	〃	〃	1,600	
	孝亭〃	〃	11	〃	〃	110	
	都泉〃	〃	22	〃	〃	220	
457	南松〃	〃	92	〃	〃	920	
	天陵〃	〃	252	〃	〃	2,520	
	原西〃	〃	143	〃	〃	1,430	
	龜城〃	〃	52	〃	〃	5,200	
	龍亭〃	〃	20	〃	〃	200	
	平湲〃	〃	48	〃	〃	480	
	牛山〃	〃	36	〃	〃	360	
	東日〃	〃	29	〃	〃	290	
	台封〃	〃	22	〃	〃	220	
	林洞〃	〃	80	〃	〃	800	
	智山〃	〃	48	〃	〃	480	
	鎭北〃	〃	54	〃	〃	540	
	鎭田〃	〃	200	〃	〃	2,000	
458	玉水橋	高欄	24	米	10.00	240	
	三德〃	〃	14	〃	〃	140	
	背屯〃	〃	36	〃	〃	360	
	木山〃	〃	60	〃	〃	600	
	固城〃	〃	144	〃	〃	1,440	
	松鶴〃	〃	28	〃	〃	280	
	月坪〃	〃	18	〃	〃	180	
	紅流〃	〃	24	〃	〃	240	
	院山〃	〃	32	〃	〃	320	
	光道〃	〃	10	〃	〃	100	
	江川〃	〃	34	〃	〃	340	

工種	種別	延長	單位	單價	金額	摘要
459 熊陽〃	〃	17	〃	〃	170	
道坪〃	〃	12	〃	〃	120	
鳳鳳〃	〃	136	〃	〃	1,360	
沙松〃	〃	11	〃	〃	110	
西邊〃	〃	48	〃	〃	480	
開封〃	〃	42	〃	〃	420	
居昌〃	〃	320	〃	〃	3,200	
花林〃	〃	32	〃	〃	320	
方官〃	〃	10	〃	〃	100	
於外〃	〃	32	〃	〃	320	
草谷〃	〃	58	〃	〃	580	
生林〃	〃	110	〃	〃	1,100	
梧谷〃	〃	36	〃	〃	360	
460 車難橋	高欄	14	〃	〃	140	
山淸〃	〃	48	〃	〃	480	
亭釜〃	〃	64	〃	〃	640	
寒山〃	〃	16	〃	〃	160	
新峴〃	〃	32	〃	〃	320	
外松〃	〃	32	〃	〃	320	
半月〃	〃	58	〃	〃	580	
新安〃	〃	14	〃	〃	140	
月明〃	〃	10	〃	〃	100	
山城〃	〃	51	〃	〃	510	
院旨〃	〃	14	〃	〃	140	
461 吐峴〃	〃	337	〃	〃	3,370	
地境〃	〃	32	〃	〃	320	
八美〃	〃	20	〃	〃	200	
三港〃	〃	12	〃	〃	120	
龍山〃	〃	22	〃	〃	220	
松本〃	〃	10	〃	〃	100	
魚水〃	〃	23	〃	〃	220	
上羅拂〃	〃	48	〃	〃	480	
羅佛〃	〃	102	〃	〃	1,020	
禮下〃	〃	20	〃	〃	200	
下水〃	〃	54	〃	〃	540	

	工種	種別	延長	單位	單價	金額	摘要
	泗川〃	〃	170	〃	〃	1,700	
	竹川〃	〃	106	〃	〃	1,060	
462	邑南橋	高欄	22	米	〃	220	
	龍見〃	〃	84	〃	〃	840	
	德谷〃	〃	11	〃	〃	110	
	白川〃	〃	90	〃	〃	900	
	竹村〃	〃	24	〃	〃	240	
	南陽〃	〃	40	〃	〃	400	
	東村〃	〃	72	〃	〃	720	
	三千浦〃	〃	72	〃	〃	720	
	花心〃	〃	11	〃	〃	110	
	仙掌〃	〃	14	〃	〃	140	
	興龍〃	〃	18	〃	〃	180	
463	開峠〃	〃	60	〃	〃	600	
	富春〃	〃	26	〃	〃	260	
	花開〃	〃	176	〃	〃	1,760	
	洽川〃	〃	20	〃	〃	200	
	錢邑〃	〃	20	〃	〃	200	
	仁甫〃	〃	160	〃	〃	1,600	
	西河〃	〃	36	〃	〃	360	
	盤谷〃	〃	48	〃	〃	480	
	眞洞〃	〃	36	〃	〃	360	
	酌川〃	〃	72	〃	〃	720	
	校洞〃	〃	36	〃	〃	360	
	加川〃	〃	18	〃	〃	180	
	芳基〃	〃	20	〃	〃	200	
464	光大橋	高欄	12	米	10.00	120	
	聲川〃	〃	25	〃	〃	250	
	白鹿〃	〃	22	〃	〃	220	
	龍淵〃	〃	76	〃	〃	760	
	龍沼〃	〃	20	〃	〃	200	
	拱〃	〃	22	〃	〃	220	
	龍川〃	〃	92	〃	〃	920	
	大岩〃	〃	32	〃	〃	320	
	所土〃	〃	13	〃	〃	130	

	工種	種別	延長	單位	單價	金額	摘要
	新基〃	〃	80	〃	〃	800	
	道也〃	〃	12	〃	〃	120	
465	院村〃	〃	80	〃	〃	800	
	栗津〃	〃	14	〃	〃	140	
	大津〃	〃	24	〃	〃	240	
	新村〃	〃	23	〃	〃	230	
	南川〃	〃	128	〃	〃	1,280	
	外洞〃	〃	12	〃	〃	120	
	茂湲〃	〃	110	〃	〃	1,100	
	稷川〃	〃	16	〃	〃	160	
	上川〃	〃	75	〃	〃	750	
	集賢〃	〃	59	〃	〃	590	
	月牙〃	〃	66	〃	〃	660	
	北倉〃	〃	48	〃	〃	480	
	〃	〃	36	〃	〃	360	
466	新浦橋	高欄	48	米	10.00	480	
	雲岩〃	〃	8	〃	〃	80	
	嘉禮〃	〃	51	〃	〃	510	
	綠水〃	〃	9	〃	〃	90	
	安磵〃	〃	32	〃	〃	320	
	木峴〃	〃	11	〃	〃	110	
	牛峠〃	〃	11	〃	〃	110	
	可湲〃	〃	42	〃	〃	420	
	馬双〃	〃	32	〃	〃	320	
	加美〃	〃	200	〃	〃	2,000	
	新基〃	〃	48	〃	〃	480	
467	唐津〃	〃	72	〃	〃	720	
	雲谷〃	〃	15	〃	〃	150	
	桐山〃	〃	20	〃	〃	200	
	楊山〃	〃	29	〃	〃	290	
	德亭〃	〃	124	〃	〃	1,240	
	道川〃	〃	48	〃	〃	480	
	大目〃	〃	82	〃	〃	820	
	自世〃	〃	55	〃	〃	550	
	月村〃	〃	11	〃	〃	110	

	工種	種別	延長	單位	單價	金額	摘要
	竹山 〃	〃	13	〃	〃	130	
	竹南 〃	〃	32	〃	〃	320	
	春谷 〃	〃	36	〃	〃	360	
	青雲 〃	〃	48	〃	〃	480	
468	北城橋	高欄	11	米	10.00	110	
	山外 〃	〃	20	〃	〃	200	
	琴川 〃	〃	64	〃	〃	640	
	金谷 〃	〃	42	〃	〃	420	
	龍田 〃	〃	40	〃	〃	400	
	坎川 〃	〃	46	〃	〃	460	
	歌舞 〃	〃	8	〃	〃	80	
	盤松 〃	〃	12	〃	〃	120	
	古毛峴 〃	〃	19	〃	〃	190	
	泗淵 〃	〃	210	〃	〃	2,100	
	玄岩 〃	〃	21	〃	〃	210	
469	西垈 〃	〃	14	〃	〃	140	
	川上 〃	〃	14	〃	〃	140	
	柏川 〃	〃	18	〃	〃	180	
	屈火 〃	〃	12	〃	〃	120	
	林川 〃	〃	44	〃	〃	440	
	龍星 〃	〃	25	〃	〃	250	
	安台 〃	〃	24	〃	〃	240	
	院洞 〃	〃	72	〃	〃	720	
	花濟 〃	〃	54	〃	〃	540	
	甘津 〃	〃	11	〃	〃	110	
	夫浦 〃	〃	28	〃	〃	280	
	武仙 〃	〃	32	〃	〃	320	
	烏山 〃	〃	58	〃	〃	580	
470	新井橋	高欄	14	米	10.00	140	
	郡界 〃	〃	14	〃	〃	140	
	甘谷 〃	〃	22	〃	〃	220	
	緯山 〃	〃	11	〃	〃	110	
	大谷 〃	〃	23	〃	〃	230	
	舟山 〃	〃	18	〃	〃	180	
	柳林 〃	〃	29	〃	〃	290	

工種	種別	延長	單位	單價	金額	摘要
深川〃	〃	14	〃	〃	140	
都馬〃	〃	36	〃	〃	360	
德甫〃	〃	18	〃	〃	180	
浦上〃	〃	42	〃	〃	420	
471 德川〃	〃	14	〃	〃	140	
古南〃	〃	120	〃	〃	1,200	
大石〃	〃	182	〃	〃	1,820	
武村〃	〃	72	〃	〃	720	
班城〃	〃	160	〃	〃	1,600	
大川〃	〃	20	〃	〃	200	
吉星〃	〃	32	〃	〃	320	
鉢山〃	〃	14	〃	〃	140	
谷安〃	〃	18	〃	〃	180	
茂田〃	〃	14	〃	〃	140	
龍德〃	〃	60	〃	〃	600	
省求〃	〃	10	〃	〃	100	
梅谷〃	〃	8	〃	〃	80	
472 竹田橋	高欄	32	米	10.00	320	
中〃	〃	18	〃	〃	180	
石谷〃	〃	12	〃	〃	120	
五方〃	〃	8	〃	〃	80	
柳谷〃	〃	28	〃	〃	280	
新反〃	〃	158	〃	〃	1,580	
天嶺〃	〃	14	〃	〃	140	
下餘〃	〃	48	〃	〃	480	
院津〃	〃	48	〃	〃	480	
外漕〃	〃	24	〃	〃	240	
多士〃	〃	14	〃	〃	140	
473 道田〃	〃	28	〃	〃	280	
新安〃	〃	220	〃	〃	2,200	
丹城〃	〃	490	〃	〃	4,900	
長者〃	〃	16	〃	〃	160	
康命〃	〃	18	〃	〃	180	
康扯〃	〃	48	〃	〃	480	
秋谷〃	〃	48	〃	〃	480	

	工種	種別	延長	單位	單價	金額	摘要
	松汀〃	〃	80	〃	〃	800	
	釜峯〃	〃	12	〃	〃	120	
	山仁〃	〃	25	〃	〃	250	
	海川〃	〃	11	〃	〃	110	
	甘川〃	〃	120	〃	〃	1,200	
	魚隱〃	〃	37	〃	〃	370	
474	拘嶺橋	高欄	11	米	10.00	110	
	馬屹〃	〃	14	〃	〃	140	
	山川〃	〃	15	〃	〃	150	
	元員〃	〃	94	〃	〃	940	
	石山〃	〃	15	〃	〃	150	
	蓮岩〃	〃	13	〃	〃	130	
	楊亭〃	〃	9	〃	〃	90	
	鹽浦〃	〃	14	〃	〃	140	
	南牧〃	〃	10	〃	〃	100	
	東山〃	〃	11	〃	〃	110	
	東面〃	〃	14	〃	〃	140	
475	西湖〃	〃	14	〃	〃	140	
	綠水〃	〃	36	〃	〃	360	
	田下〃	〃	14	〃	〃	140	
	日山〃	〃	26	〃	〃	260	
	華亭〃	〃	10	〃	〃	100	
	新峴〃	〃	20	〃	〃	200	
	呂川〃	〃	60	〃	〃	600	
	优東〃	〃	36	〃	〃	360	
	萬化〃	〃	24	〃	〃	240	
	車部〃	〃	20	〃	〃	200	
	綄紗〃	〃	19	〃	〃	190	
	吉村〃	〃	28	〃	〃	280	
	銀龍〃	〃	16	〃	〃	160	
476	巨銀橋	高欄	16	米	10.00	160	
	銀月〃	〃	18	〃	〃	180	
	克石〃	〃	20	〃	〃	200	
	沙等〃	〃	28	〃	〃	280	
	沙谷〃	〃	16	〃	〃	160	

	工種	種別	延長	單位	單價	金額	摘要
	長坪〃	〃	14	〃	〃	140	
	古縣〃	〃	48	〃	〃	480	
	水月〃	〃	40	〃	〃	400	
	烟沙〃	〃	84	〃	〃	840	
	迎草〃	〃	36	〃	〃	360	
	龜巖〃	〃	22	〃	〃	220	
477	獐田〃	〃	14	〃	〃	140	
	琴谷〃	〃	18	〃	〃	180	
	玉洞〃	〃	11	〃	〃	110	
	永代〃	〃	18	〃	〃	180	
	梁山〃	〃	72	〃	〃	720	
	溝光〃	〃	36	〃	〃	360	
	駕山〃	〃	9	〃	〃	90	
	儉里〃	〃	16	〃	〃	160	
	儉丁〃	〃	11	〃	〃	110	
	長浦〃	〃	40	〃	〃	400	
	還德〃	〃	32	〃	〃	320	
	松田〃	〃	9	〃	〃	90	
	金田〃	〃	91	〃	〃	910	
478	舡肚橋	高欄	42	米	10.00	420	
	栗院〃	〃	24	〃	〃	240	
	松院〃	〃	39	〃	〃	390	
	上坪〃	〃	36	〃	〃	360	
	重陽〃	〃	48	〃	〃	480	
	古龍〃	〃	48	〃	〃	480	
	良浦〃	〃	10	〃	〃	100	
	蓬花〃	〃	20	〃	〃	200	
	重峴〃	〃	48	〃	〃	480	
	筋違〃	〃	20	〃	〃	200	
	茶丁〃	〃	25	〃	〃	250	
479	茶川〃	〃	52	〃	〃	520	
	蘭陽〃	〃	10	〃	〃	100	
	錦坪〃	〃	40	〃	〃	400	
	白川〃	〃	22	〃	〃	220	
	沙斤〃	〃	218	〃	〃	2,180	

	工種	種別	延長	單位	單價	金額	摘要
	院臣 〃	〃	18	〃	〃	180	
	錦 〃	〃	36	〃	〃	360	
	南山 〃	〃	36	〃	〃	360	
	馬山 〃	〃	23	〃	〃	230	
	外重 〃	〃	23	〃	〃	230	
	畑竹 〃	〃	32	〃	〃	320	
	大丁 〃	〃	13	〃	〃	130	
	西湖 〃	〃	12	〃	〃	120	
480	西上橋	高欄	24	米	10.00	240	
	界陽 〃	〃	19	〃	〃	190	
	東錦 〃	〃	11	〃	〃	110	
	蜂院 〃	〃	20	〃	〃	200	
	東山 〃	〃	18	〃	〃	180	
	滌亭 〃	〃	10	〃	〃	100	
	南間 〃	〃	40	〃	〃	400	
	楸川 〃	〃	11	〃	〃	110	
	助場 〃	〃	22	〃	〃	220	
	院田 〃	〃	76	〃	〃	760	
	清龍 〃	〃	24	〃	〃	240	
481	白蓮 〃	〃	18	〃	〃	180	
	安心 〃	〃	11	〃	〃	110	
	知禮 〃	〃	21	〃	〃	210	
	雲岩 〃	〃	14	〃	〃	140	
	長岩 〃	〃	24	〃	〃	240	
	共榮 〃	〃	20	〃	〃	200	
	安東 〃	〃	120	〃	〃	1,200	
	院谷 〃	〃	32	〃	〃	320	
	狸谷 〃	〃	17	〃	〃	170	
	皷谷 〃	〃	21	〃	〃	210	
	頭谷 〃	〃	11	〃	〃	110	
	月下 〃	〃	17	〃	〃	170	
	鳳林 〃	〃	24	〃	〃	240	
482	生鐵橋	高欄	80	米	10.00	800	
	田垈 〃	〃	25	〃	〃	250	
	檜信 〃	〃	24	〃	〃	240	

	工種	種別	延長	單位	單價	金額	摘要
	槐台〃	〃	54	〃	〃	540	
	丹岩〃	〃	16	〃	〃	160	
	吉〃	〃	18	〃	〃	180	
	昇井〃	〃	12	〃	〃	120	
	培養〃	〃	18	〃	〃	180	
	介扺〃	〃	72	〃	〃	720	
	連山〃	〃	27	〃	〃	270	
	舞鶴〃	〃	28	〃	〃	280	
483	渴谷〃	〃	48	〃	〃	480	
	外甘〃	〃	36	〃	〃	360	
	花川〃	〃	43	〃	〃	430	
	東田〃	〃	12	〃	〃	120	
	屛川〃	〃	12	〃	〃	120	
	三屛〃	〃	17	〃	〃	170	
	長峙〃	〃	10	〃	〃	100	
	獨山〃	〃	10	〃	〃	100	
	梧芳〃	〃	14	〃	〃	140	
	沙谷〃	〃	12	〃	〃	120	
	花垣〃	〃	20	〃	〃	200	
	西亭〃	〃	16	〃	〃	160	
	山陽〃	〃	10	〃	〃	100	
484	九川橋	高欄	46	米	10.00	460	
	小洞〃	〃	24	〃	〃	240	
	馬淋〃	〃	40	〃	〃	400	
	倉村〃	〃	10	〃	〃	100	
	德門〃	〃	40	〃	〃	400	
	小里〃	〃	14	〃	〃	140	
	德山〃	〃	40	〃	〃	400	
	大亭〃	〃	28	〃	〃	280	
	渭川〃	〃	198	〃	〃	1,980	
	南山〃	〃	24	〃	〃	240	
	進山〃	〃	60	〃	〃	600	
485	九汀〃	〃	28	〃	〃	280	
	洽爐〃	〃	176	〃	〃	1,760	
	梅村〃	〃	32	〃	〃	320	

	工種	種別	延長	單位	單價	金額	摘要
	月光〃	〃	80	〃	〃	800	
	下林〃	〃	32	〃	〃	320	
	黃重〃	〃	24	〃	〃	240	
	馬洞〃	〃	32	〃	〃	320	
	小計						
	水道橋	〃	60	〃	〃	600	晉州府
	中台〃	〃	50	〃	〃	500	
	株藥〃	〃	20	〃	〃	200	
	長東〃	〃	20	〃	〃	200	
	濱〃	〃	32	〃	〃	320	
486	亭橋	高欄	120	米	10.00	1,200円	
	情水〃	〃	12	〃	〃	120	
	旭松〃	〃	12	〃	〃	120	
	利久〃	〃	12	〃	〃	120	
	都〃	〃	12	〃	〃	120	馬山府
	熊川〃	〃	10	〃	〃	100	
	中央〃	〃	160	〃	〃	1,600	
	月浦〃	〃	230	〃	〃	2,300	
	玩月〃	〃	250	〃	〃	2,500	
	合浦〃	〃	30	〃	〃	300	
	新〃	〃	20	〃	〃	200	
487	幸〃	〃	20	〃	〃	200	
	澤山〃	〃	20	〃	〃	200	
	城山〃	〃	120	〃	〃	1,200	
	小計					13,180	
	合計					262,660	

11. 濟州道 關係

要求額 13,904,892圓

(1) 不必要 道路 新設로 因한 被害 13,904,892圓

別紙(內譯)

488 (1)不必要 道路 新設로 因한 被害(一九四四~一九四五年)

種別	路線名	場所			延長	幅員	平積	單價	金額	備考
		郡	面	里						
國防	老衡 明道岩	北濟州	濟州	老衡 梧登 竹城 我羅 寧坪 龍圖 奉蓋	13,766米	6米	82,596	17	1,404,132円	1944年~ 1945年
〃	濟州 蓮洞	〃	〃	三涉 龍潭 蓮洞	3,210	8	25,680	20	513,600	
〃	〃 城山	〃	濟州 朝天	三陽 新村	3,816	8	30,528	20	610,560	
〃	〃 奉蓋	〃	濟州 朝天 洞在	八禾北 奉蓋 四泉 水基 大川	23,510	8	188,080	10	1,880,800	
〃	〃 西敀	南濟州	濟州 南元 西敀	梧登 橋來 新禮 西孝 吠坪	24,840	8	198,720	10	1,987,200	
〃	〃 大靜	〃	濟州 翰林 安德 大靜	老衡洞 光令 令德鑛 西廣城	31,400	8	251,200	10	2,512,000	

	種別	路線名	場所			延長	幅員	平積	單價	金額	備考
			郡	面	里						
	〃	坪垈 橋來	北濟州	旧左 朝天	坪垈 松金 橋來	19,400	8	155,200	10	1,552,000	
	〃	翰林 石岳	南濟州	翰林 安德	翰林 廣坪	18,240	5	91,200	10	912,000	
489	〃	石岳 坪垈 陣田	南濟州	安德 中文 西敀	廣坪 坪垈 陣田	24,220	3	72,660	10	726,600	
	〃	倉川 東鑛	〃	安德	倉川 東鑛	6,080	6	36,480	15	546,000	
	〃	涯月 了完	北濟州	涯月	涯月 了完	10,000	5	50,000	10	500,000	
	〃	三義 岳御	〃	濟州	梧登 海安	10,500	4	42,000	10	420,000	
	〃	觀音寺 御岳	〃	〃	〃	8,500	4	34,000	10	340,000	
		計								13,904,892	

三. 其他[501]

(1) 水産關係 公共團體 被害

日政의 戰爭 中 爆擊 其他로 因하여 破壞된 水産關係 公共團體 會社 및 工場의 建物 及 備品 被害

490

名稱	所在地	被害內容					摘要
		年月日	種類	構造	建坪	金額	
慶南道漁業組合聯合會	釜山府	1945. 6月	事務室	2階	18坪	3,000,000円	爆彈破壞
〃	〃	〃	倉庫 2棟	平屋	200 〃	4,000,000	〃
釜山水産試驗所	釜山 影島	1945. 5月	事務室	2階	90 〃	1,500,000	軍命에 依한 破壞
麗水漁業組合	全南 麗水	1945. 9. 30.	委託販賣所	平屋	100 〃	200,000	爆彈破壞
麗水水産試驗場	〃	〃	事務室	〃	50 〃	150,000	〃
全南水産製品檢査所	〃	〃	〃	〃	50 〃	150,000	〃
濟州漁業株式會社	濟州島 翰林面 翰林里	1945. 3月	〃	〃	80 〃	500,000	
〃	〃	〃	舍宅 2棟	〃	110 〃	250,000	
濟州漁業組合 翰林出張所	〃	〃	事務所	〃	100 〃	300,000	
康性益통조림工場	濟州道 濟州郡	1944. 9. 10.	電動機 2台 9.38馬力			281,400	
合計						10,331,400	

491 備考. 證憑書類는 民國政府 商工部가 保管함.

501 내용상 원문 359쪽 '2. 不正破壞 又는 消耗에 依한 被害' 다음으로 이어지는 항목이므로 소제목 번호는 '三.'이 아니라 '3.'이 되어야 함.

(2) 企業整備令에 依한 被害

日帝가 軍需品 生産擴充을 目的으로 大多數의 小規模 企業體를 統合 或은 解體시키는 等 所謂 企業整備令으로 因하여 該當 企業體는 一時에 多數 企業體가 解體됨에 따라 其 施設은 不得已 廉價로 殘存企業體에 處分된 데 對한 損害 及 整備 以後 解放 當時까지의 生産不能으로 因한 損害를 입었음으로 此에 對한 賠償을 要求함.

備考. 證憑書類 等은 民國政府 商工部가 保管함.

要求額 一八,五五五,一二四圓

(1) 電球工場 關係

要求額 一五,五七〇,〇〇〇圓(一九四一年度)

492 小規模 豆電球 製造工場 企業整備로 因한 損害임. 釜山地區에서 一九三三年頃부터 朝鮮人 小規模 豆電球 及「쿠리스마스」電球 生産工場이 多數 設立되어 年年 五, 六, 〇〇〇萬介의 該種 電球를 歐洲, 美洲, 南洋 等 各地에 輸出하였다.
該當 小規模 工場이 一九四一年度 企業整備令에 依하여 强制로 廢鎖되여 工場主 及 從業員은 一時에 失職하고 莫大한 損害를 입었다.

(가) 當時 企業整備令에 依하여 廢鎖된 朝鮮人 工場 及 工場主 住所는 如左함.

日丸電球製作所	(釜山府	富平町)
釜山電球工業所	(〃	土城町)
豊山電球製作所	(〃	寶水町)
福田電球製作所	(〃	東大新町 2丁目)
493 田中電球製作所	(釜山市	西大新町 2丁目)

大河電球製作所 (〃 寶水町)

寶光電球製作所 (〃 永昌町)

東光商會 (〃 〃)

大發電球製作所 (〃 草洞)

金田電球製作所 (〃 水昌洞)

大陽電球製作所 (〃 草洞)

新興電球製作所 (〃 佐川洞)

高木電球製作所 (〃 〃)

金屋電球製作所 (〃 〃)

凡一電球製作所 (〃 凡一町)

鈴木電球製作所 (〃 〃)

東洋電球製作所 (〃 水昌町)

494 (나) 一九四一年부터 一九四五年까지 四介年間 生産不能으로 因한 損害

17工場 年生産量 約 3,500萬介

1941年度 單價 1介當 平均 0.11圓

17工場 年生産額 385萬圓

4個年 生産不能으로 因한 損害額 1,540萬圓

(다) 設備機械 器具 平價低落으로 因한 損害

一時에 多數 工場이 廢鎖되어 그 設備機械 器具를 不得已 廉價 殘存 工場에 處分되였음.

1工場 平均 10,000圓(1941年度 價格)

17工場 損害額 170,000圓(1941年度 價格)

(2) 纖維, 精米 生産業者 企業整備 當한 被害表

	被害者氏名	住所	業種別	品名	數量	當時回收額	賠償要求額	備考
495	張順祿	開城府 北安洞 782	織物	織造機	27台	1,400 円	97,200円	織物工業組合에 供出하였음. 서울渡辺製絲工場
	海星製絲工場	安城郡 陽城面 美山里	製糸	고루니쉬 汽罐	1 〃		1,200,000	
	〃	〃		繰糸機	30 〃		300,000	
	〃	〃		楊返機	22窓		110,000	
	〃	〃		蒸氣 터-빈	3馬力 1台		4,000	
	金學培	水原邑 榮洞 36	織物	織機準備機 及 附屬品	100台	260,000	1,033,000	
	金台榮	安城郡 安城邑 大泉洞 278	精米業	野田式籾摺機	1 〃	250	35,000	
	〃	〃	〃	京光式大形	4個	100	20,000	
	〃	〃	〃	고무로-루 野田式 6½고무로-루	23 〃	253	115,000	
	〃	〃	〃	精米機用 박킹	5	002.50	150	
	〃	〃	〃	約 보-도	55	0.11	1,650	
496	〃	〃	〃	보-도	4個	00.2 円	160	
	〃	〃	〃	바게쓰보당	2	110	2,880	
	〃	〃	〃	皮帶 4枚, 物幅 4寸	22尺 9寸	032.98	10,992	
	〃	〃		皮帶 3枚, 物幅 2寸	34尺	058.48	21,760	
				〃 物巾 4寸	108尺 3寸	064.98	25,992	
				〃 物巾 1寸	59尺 5寸	0178.5	7,140	
				臺拜鍾 30瓩用	1個	002	100	
				臺拜鍾 7瓩 500瓦用	1	002	100	
	計						2,985,124	

497 (3) 丹陽鑛山「리삼雲母」鑛石代金 說明

忠淸北道 丹陽郡 所在인 本 鑛山은 元來 韓人 金東根의 所有이던 것을 西紀 1941年 7月 當時 朝鮮總督府 南次郎이 戰爭準備를 爲하여 所謂 主要鑛物增産令을 惡用하여「日本稀有金屬株式會社」와 共謀 結託하여 不法 掠奪하여 갔음으로 前記 金東根은 此의 不當性을 指摘하여 鑛山代金 受領을 拒否하고 오즉 鑛業權 回復을 主張하여 오던 中 解放으로 當該 山이 歸屬財産으로 處理되었으니 鑛業權 回復 問題는 日本과 交涉할 性質이 아니다. 다만 1941年 7月 以後 1945年 8月까지 前者「日本希有金屬株式會社」가 不法 採取하여 간 鑛石代金은 當然히 日政府가 賠償할 義務가 있는 것임으로 此를 要求함.

備考. 證憑書類는 民國政府 商工部가 保管함.

498 要求總額 7,083,036圓

丹陽鑛山에 關한 對日賠償要求 計算書

全 採掘 粗鑛 容量	8,950m^3
粗鑛의 比重	2.8%
全 採掘 粗鑛 重量	25,060$̄
原鑛 雲母 含有率	10%
全 採掘 雲母 重量	2,506$̄
選鑛 實收率	70%
積鑛 中 雲母量	1,754$̄
積鑛 中 雲母 含有率	70%
精鑛量	2,506$̄
丹陽産 雲母의 Li20 含有率은	4.8%

499 上記와 如히 精鑛 中의 雲母의 含有率이 70%이니까 上記 精鑛 中의 Li26 含有率은 0.048×0.7=3.36%. 當時 Li26 3.4%를 含有하는 鑛石 屯當 價格 3.026이니까

上記 精鑛 總價格		₩7,583,156圓
生産費 粗鑛	直接費 50%	10圓
瓩當 20圓	選鑛費 40%	8圓
	間接費 10%	2圓
總經費		₩500,120圓

精鑛 總價格	7,583,156
總經費	500,120
	₩7,083,036

要求額 7,083,036圓

⑷ 釜山 水産大學 關係

500 釜山 水産大學(日政時의 釜山 高等水産學校) 校舍 新築工事를 日人 建築業者가 請負를 맡어 工事費 全額을 受取하고 施工 途中 八·一五 解放으로 工事 途中에 退去하고 工事契約을 履行치 않었음으로 未完成 工事에 對한 被害를 要求함.

1. 工事請負者名 大田府 榮洞 二丁目 二七「島組」
2. 着工年月日 一九四二年 十二月 十三日
3. 工事中止 年月日 一九四五年 六月

備考. 證憑書類는 民國政府 文敎部가 保管함.

要求額一,二一五,五〇〇圓(一九四五年度 評價)

	工種	金額	工種	金額
	準備工事	34,000	左官工事	240,000
	煉瓦工事	44,000	建具工事	120,000
501	鐵筋混凝土工事	63,000	鎊工事	5,500
	木材工事	145,000	石工事	20,000
	屋根工事	14,000	塗裝工事	28,000
	計			1,215,500

(5) 交通部 關係

要求額 八二五,六三一圓(購入 當時 價格)

一. 日軍에게 貸與한 物品 未回收 六二七,〇五二圓

內譯

a. 釜山 建設事務所 關係 四四九,六七九圓

b. 仁川 建設事務所 關係 一七七,三七三圓

二. 日人에게 下受加工으로 材料 支給한 채 未納된 것 一九八,五七九圓(購入價格)

但, 本社가 韓國 內에 있는 企業體의 것은 除外

502 (三) 八·一五 前後 日官吏 不正行爲에 依한 被害

一. 法務部 關係

解放 直後의 混亂을 利用하여 日人 責任者가 日人 職員에게 賞與金, 歸國 旅費 補助, 歸國 荷物 運搬費, 慰勞金, 退職金 等의 名目으로 不正 支出한 公金 및 官用物品을 不正 賣却하여 着服한 物品代 等임.

1. 不正支出金	451,889圓
2. 物品賣却代	738,506圓

二. 財務部 關係

日本人 不正支出 七四,〇七三,一三七.二〇圓. 一九四五年 八月 九日 以後 日本人의 經費 等 不正支出 金額

先拂給料 及 旅費	30,768,294.10圓
慰勞金	39,156,476.85圓
503 其他	4,148,366.25圓

三. 公報處 關係(放送局)

日本人 不正 退職金 未回收金 五五一, 八五六圓

1. 被害 原因

八·一五 解放 後 日本人 幹部들은 役員 及 職員에게 不正 退職金을 支出하여 美軍 進駐 以來 當時 幹部 甘菌義邦,[502] 八木朔一, 中富計太 等에게서 其 回收를 努力하였으나 完收치 못하였음.

---

502 '甘蔗義邦(간자 요시쿠니)'의 오기. 간자 요시쿠니(1891~?)는 조선총독부 관료. 도쿄제국대학 정치학과

2. 賠償要求의 根據와 被害額의 算出基礎

年月日	摘要	不正支出額		回收解決額		未回收額		備考	算出基礎
1945. 9. 4.	日本人에게 支拂한 不正 退職金	1,288,450	00						當時 役員, 職員 退職手當 及 歸時 賞與調書에 依함.
1945. 11. 30.	〃			736,593	64	551,856	36	未收解決額은 甘菌,[503] 八木, 中富, 伊森 等의 郵便貯金 及 銀行貯金임.	

504 四. 交通部 關係 不正 支出

要求額 153,353,304圓(帳簿價格)

內譯

1. 工事代金 關係 60,611,416圓
2. 物品代金 關係 32,089,571圓
3. 補助金 其他 關係 42,253,317圓
4. 解放 後 榮春線 不正
   買收로 支拂한 金額 18,400,000圓

備考. 關係 證憑書類 一切는 民國政府 交通部가 保管함.

재학 중인 1917년에 고등문관시험에 합격. 조선총독부 시보를 시작으로 1936년에는 경성부윤, 1937년부터는 경기도지사를 역임. 1940년 퇴직 후 조선방송협회 회장을 맡았다.

503 '甘蔗(간자)'의 오기

五. 南鮮合同電氣會社 關係

證憑書類 保管處는 民國政府 商工部

要求額 六七七,〇四二圓(帳簿價格)

505

確實債權의 表示	金額		確實債權의 根據	備考
日人 旧 南電 社長 小倉武之助 仮拂金	139,869	88	解放 前 仮拂金 本人 未精算分	帳簿上의 価格
日人 旧 南電 大邱支店長 穴倉 引揚料 (仮拂金)	3,250	00	解放 後 日人 不正支出金	1946. 3.
日人 旧 釜山支店 職員 引揚料 神加丸 (仮拂金, 契約金)	50,000	00	〃	〃
日人 旧 釜山支店 職員 解放 後 不正支出金	379,907	04	〃	1946. 6.
〃 〃 安岡寶三 〃	16,400	00	〃	〃
〃 〃 原武雄 〃	1,157	70	〃	〃
日人 旧 社長 小倉武之助 荷造費 仮拂金	90	00	〃	〃
日人 釜山 庶務主任 西井利男 仮拂金	2,520	00	〃	〃
日人 河副憲 北支那 預金으로 持出分	5,000	00	〃	〃
日人 旧 社長 小倉武之助 配給米代	2,100	00	〃	〃
日人 旧 職員 嘉納伸一 日本旅費	23,748	11	〃	〃
計	677,442	73		

506 六. 水利組合聯合會 関係

要求額 一二三,四六三圓

本 聯合會는 韓国 内의 水利事業 及 土地改良事業을 助成하는 国営機関인바 一九四五年 八月 一五日 日本이 降伏하자 當時 會長이던 日人 大島良士는 法規에 違反하여 自己 及 部下 日人 職員인 景山宜景 外 二十五人에게 特別賞與의 名目으로 一金 一七七,〇九二圓을 支出하여 本會에 損害를 生케 하였으며 其後 右 大島良士 預金 中에서 五三,六二九圓만 回收하였고 残額은 回収치 못하였음. (帳簿価格)

七. 農地開発営団 関係

要求額 一,六一六,〇一八圓

八·一五 解放 即後 日本人 職員 退去 時「歸郷旅費」「解放記念品」「退職賞與金」等의 名目으로 不正 支出한 것임. (帳簿価格)

備考. 六, 七 関係 證憑書類는 各各 民國政府 農林部가 保管함.

第四部

日本政府
低價收奪에
依한 被害

507

一. 日本政府의 低價收奪에 依한 被害[504]

款	項	金額	添附說明書號數	備考
一. 强制供出에 依한 損害		1,848,880,437		
	一. 畜牛	203,546,920	(農)	當時時價와의 差額
	二. 牛皮	33,659,920	〃	
	三. 乾草	39,150,185	〃	
	四. 棉花	984,027,100	〃	
	五. 林產物	498,811,677	〃	
	六. 鍮器	89,684,635	(商)	

504 목차에는 '日本政府(일본정부) 低價收奪(저가수탈)에 依(의)한 被害調書(피해조서)'로 표기되어 있음.

509 二. 說明書

(一) 强制供出에 依한 損害

一. 畜牛 强制供出로 因한 被害

內譯

區分	頭數	1頭當			賠償	備考
		供出價	當時市價	差損額	要求額	
中央軍需用肉牛	240,000頭	280円	840円	560円	134,400,000円	
地方部隊用肉牛	49,812	250	750	500	24,906,000	
滿洲輸出牛	29,935	260	780	520	15,566,200	
日本輸出牛	17,224犢 53,810	270 180	810 540	540 360	9,300,960 19,373,760	
計	成牛 336,971 犢 53,810				203,546,920	

1. 本 調書는 一九四一年부터 一九四五年까지의 五個年 實績을 揭記하였음.
2. 本 調書는 當時 朝鮮總督府에서 作成된 畜牛供出計劃書와 代行機関인 朝鮮畜産株式會社 業績報告에 依함.
3. 當時 時價는 서울 家畜市場 市價에 依據함.

備考. 證憑書類는 民國政府 農林部가 保管함.

510 二. 牛皮 强制供出로 因한 被害(軍用에 限함)

內譯

年度別	供出枚数	牛皮 1枚當(平均)			賠償要求額	備考
		供出價格	當時市價	差損額		
1939	217,208枚	10円	30円	20円	4,344,160円	
1940	298,842	〃	〃	〃	5,976,840	
1941	317,538	〃	〃	〃	6,350,760	
1942	351,918	〃	〃	〃	7,038,360	
1943	247,647	〃	〃	〃	4,952,940	
1944	215,277	〃	〃	〃	4,305,540	
1945	34,566	〃	〃	〃	691,320	
計	1,682,996				33,659,920	

1. 本 調書는 政府 蒐集代行機關인 朝鮮原皮株式會社 業績報告에 依함.
2. 當時 時價는 서울 家畜市場 市價에 依함.

備考. 證憑書類는 民國政府 農林部가 保管함

511 三. 軍需用 乾草 供出로 因한 被害

內譯

年度	供出數量	供出價格		生産價格		賠償要求額	備考
		單價	金額	單價	金額		
1937	15,447,000円	100kg当 1.60戋	247,632円	100kg當 20円 (8個年) 平均	3,095,000円	2,847,768円	
1938	15,278,791	1.80	275,018		3,055,760	2,780,742	
1939	12,650,000	1.80	327,700		2,530,000	2,302,300	
1940	15,820,000	1.80	284,760		3,164,000	2,879,240	
1941	35,450,000	1.80	638,100		7,090,000	6,451,900	
1942	43,643,000	1.90	829,217		8,726,600	7,898,383	
1943	27,292,000	1.90	518,548		5,458,400	4,939,852	
1944	50,000,000	1.90	950,000		10,000,000	9,050,000	
計	215,610,791		3,970,975		43,121,160	39,150,185	

1. 自 一九三七年 至 一九四四年 八個年間의 實績에 依함.
2. 算出基礎 百kg 生産에 所要人夫 四人, 人夫費 1人當 平均 五円으로 算定함.

備考. 證憑書類는 民國政府 農林部가 保管함.

512 ## 四. 綿花(繰綿) 供出로 因한 被害

內譯

年次 \ 輸出地	日本向	滿洲向	合計	賠償要求額		備考
				担當	要求總額	
1939年(昭和 14年)	206,048	10,000	216,048	1,535円	331,633,680	
1940年(昭和 15年)	12,012	30,000	142,012		217,988,420	
1941年(昭和 16年)	15,000	30,000	45,000		69,075,000	
1942年(昭和 17年)	30,000		30,000		46,050,000	
1943年(昭和 18年)	158,000	50,000	208,000		319,280,000	
計	521,060	120,000	641,060	1,535	984,027,100	

註. 賠償要求 担當[505] 一,五三五円은 當時 市價 實綿 斤當 五円을 三九步 五厘로 買收하였든 것임으로 其의 差額으로 換算하야 計上함.

算出基礎

(市價) (買收公定價) (繰綿步合) (担換算)

實綿斤當5円00 − 實綿斤當0,円39.5 ÷ 0,30×100斤 = 1,535円

備考. 證憑書類는 民國政府 農林部가 保管함.

513 ## 五. 林産物 供出로 因한 被害

日政時 軍用에 供키 爲하여 諸 林産物, 松根, 炭油, 酒石酸石灰 및 同 資材 等을 生産價格보다 低價로 强制 供出한 데 對하여 生産價格에 對比한 供出價格의 差損額을 要求함.

要求額 四九八,八一一,六七七円

505 1担(담)은 100斤(근)임.

林産物 供出로 因한 被害內譯書

	品名	單位	供出數量	單價						要求賠償額		備考
				生產		供出		差引				
	坑木用材	石	1,917,508	19円	29	7	51	16	77	32,156,609	10	
	船舶用材	〃	298,928	56	31	21	82	24	49	7,320,746	70	
	航空用材	〃	21,459	44	83	21	86	22	97	55,883	23	
	車輛用材	〃	388,084	22	17	9	67	12	50	4,851,050	00	
	其他用材	〃	4,405,218	49	00	15	42	33	58	147,927,220	45	
514	竹材	束	178,052	70	47	10	74	59	73	10,635,045	90	
	長斫	柵	20,355,094	1	98		65	1	33	27,072,275	02	
	木炭	俵	4,042,110	5	29	1	72	3	47	14,026,121	70	
	松根炭油	石	11,672,132	19	06	1	73	17	33	202,295,377	51	
	酒石酸石灰	kg	49,064	319	56	59	26	260	30	12,771,359	20	
	松脂類	貫	1,269,150	16	42	4	78	11	64	14,772,906	00	
	五倍子	〃	61,844	7	36	2	99	4	37	270,258	28	
	纖維原料	〃	1,495,753	6	86	2	20	4	66	6,970,208	98	
	단닝原料	〃	5,576,868	1	07		42		65	3,624,964	20	
	潤滑油原料	石	63,557	26	09	1	16	24	93	1,584,476	01	
	油脂原料	〃	7,817	26	87	17	28	9	59	65,375	03	
	染料原料	貫	171,007	2	32		43	1	90	334,913	30	
515	굴참나무樹皮	貫	2,504,042	4	66	1	13	3	53	8,839,268	26	
	軍用바-지게	個	113,000	7	00		56	6	44	727,720	00	
	漆液類	貫	37	128	54	68	13	60	41	2,235	17	
	山菜類	〃	73,572	23	85	9	11	14	74	84,451	28	
	蕨類	〃	16,582	43	39	9	52	33	87	561,632	34	
	栗類	石	28,378	66	74	31	77	43	87	988,843	46	
	柿類	貫	49,270	16	74	8	16	8	58	422,736	60	
	合計									498,811,677	90	

備考. 證憑書類는 民國政府 農林部가 保管함.

516　六. 鍮器 供出에 依한 損害

調査年月日 一九四八年 五月 二〇日

種別	金額		債權確定의 根據	備考
供出鍮器代金	89,684,635	62	日帝時代 朝鮮人 家庭에서 使用하는 鍮器를 强制로 供出하여다가 戰爭目的 遂行에 使用하며 代金은 支拂치 않었음으로 當然히 債權確定의 根據가 됨.	價格表示는 供出 當時의 公定價格임.
	備考數量은 50,542,335kg	018		

年度別 道別 明細는 別紙와 如함.

備考. 證憑書類는 民國政府 商工部가 保管함.

517 對日賠償資料 鍮器供出 數量 及 金額 一覽表

年度別	明細	서울市	京畿道	江原道	忠淸北道	忠淸南道	慶尙北道
1940	數量		4272				6748
	金額		12556				92510
			0				0
1941	數量		180411	6583075			18750
	金額		369394	5558836			136773
			0	0			0
1942	數量	203902	153146	7254372	234817	143388	572997
	金額	325603	308511	6364655	450720	258198	2196369
		0	0	0	0	40	0
1943	數量	320078	408754	8769832	566387	395113	1426807
	金額	512220	1116420	13486722	1232530	711203	6695676
		0	74	0	0	40	0
1944	數量	350771	506404	3145733	539389	35806	1334272
	金額	510754	1589353	13410331	1211503	154490	5210041
		0	79	60	0	80	0
1945	數量	119288	90150	468280	252703	228909	343827
	金額	190995	151664	1874959	1316376	431915	2853147
		10	45	0	0	0	0
合計	數量	994039	2383284	31727342	1402068	853216	3763371
	金額	1589577	3498450	36454233	4391199	1555667	17185416
		0	98	0	0	60	0

1945年 4月 10日

明細	慶尚南道		全羅北道	全羅南道	濟州道		合計	
數量	280	651730	352668				280	1115618
金額		1420714	634802					2160582
		57	40					97
數量		61232	481625					7333101
金額		121117	866925					7053045
		0	0					0
數量		301402	1103908	143260			11971858	
金額		728826	1987034	286520				12906392
		3	40	0				63
數量	348	1069960	1407752	783717			348	15348400
金額		2776518	2553953	1967434				31052678
		40	60	0				64
數量	789	1190801	1217014	1085360			789	15797141
金額		2478179	2190620	2171920			789	24357548
		45	20	0				44
數量	410	1430050	655570	177148	200	162914	610	3428381
金額		2514931	1180026	354280		751284		11654407
		1	0	0		48		74
數量	818	4648436	5218537	230077	200	162964	18	53543335
金額		10060286	9413366	4780154		756284		89684635
		96	60	0		48		62

附錄

對日賠償要求
一覽表

519

對日賠償要求 一覽表

第一部 現物返還要求之部

項目	數量	添附說明書號數	備考
一. 地金	249,633,198.61	1號	國債 等으로 低價買上
二. 地銀	89,112,205.12	〃	〃
三. 書籍	212種	2〃	冊數는 說明書에 表示
一. 蓬左文庫 所藏 朝鮮書目	142〃		〃
四. 美術品 及 骨董品	827〃 外	3号	
(一) 日本 帝室博物館 所藏 韓國美術工藝品	456〃		
(가) 歷史部	439〃		
(나) 美術部	16〃		
(다) 美術工藝部	91〃		
520 (二) 韓國古美術品 個人占有調書	21種		
(三) 公州 百濟時代美術品 個人占有者調書	多量		
(四) 東京 帝室博物館 所藏 韓國美術品 廣口坩 其他	94種		
(五) 東京 大倉集古 所藏 韓國美術品	1〃		
(六) 日本 各地 所在 韓國 鍾 目鍾	50〃		
(七) 在東京 戶田利兵衛 所持 韓國古美術骨董品	52〃		
(八) 園田裕[506] 所藏 夢遊桃源圖	9枚		
(九) 國寶 鐵彩自繪唐草文瓶	1個		
五. 船舶	268隻 (8,184,617.00円)		價格換算은 帳簿價格
(一) 在日韓籍船舶	91隻	4号	
(二) 一般漁船	20〃 (19,731,000円)		全部 沈沒함.

506 '園田淳(소노다 준)'의 오기

	項目	數量	添附說明書號數	備考
521	(三) 特殊漁船	108隻 (308,705,000円)		
	(四) 海軍貨物船	48〃 (7,856,200,000円)		大部分 沈沒
	(五) 韓國軍艦	3隻	5号	强奪함.
	六. 地圖原版			
	(一) 百萬分之一 韓國全土 白版 原版	1枚	6号	
	(二) 韓國全土 百萬分之一 地質圖 原版	1〃	〃	
	(三) 仝 二十萬分之一 原版	65〃	〃	
	(四) 仝 萬分之一 地質圖 原版	61〃	〃	
	(五) 朝鮮 各地 五萬分之一 地形圖 原版		〃	枚數 未詳
	(六) 仝 二萬五十分之一[507] 原版	144〃	〃	
	(七) 仝 萬分之一 原版	52〃		
	七. 其他			
522	(一) 朝鮮側 銀行 海外店鋪 動產 不動產	8,103,707円		帳簿價格, 動產은 金庫임.
	(二) 朝鮮電業會社 東京支店 舍宅 關係	194,000円	8号	〃
	(三) 仝 蟾津江發電所 第二號 發電機	1台	〃	
	(四) 京城電氣會社 京支店[508] 備品	23,039円	〃	〃

523	**第二部 確定債權**	17,429,362,305
	一. 日系通貨	1,514,134,098
	二. 日系有價證券	7,435,103,942
	三. 上海弗貨	$ 4,000,000
	四. 保險金, 恩給, 其他未收金	6,436,617,521
	五. 遞信關係 特別計定	2,043,506,744
	第三部 中日戰爭 및 太平洋戰爭에에 基因한 人的物的被害	12,122,732,561
	一. 人的被害	565,125,241
	二. 物的被害	11,326,022,105
	三. 八·一五 前後 日官吏 不正行爲에 依한 損害	231,585,215
	第四部 日政府의 低價收奪에 依한 損害	
	一. 强制供出에 依한 損害	1,848,880,437
	要求總額(第一部 除外)	(円貨) 31,400,975,303円 (弗貨) $ 4,000,000

번호 없음

非賣品	禁 無斷轉載
檀紀	4287年 8月 15日
發行人	大韓民國
	外務部 政務局

中央廳謄寫室 印刷

507 '二萬五千分之一(이만오천분지일)'의 오기

508 '東京支店(도쿄지점)'. 앞에 '東'이 누락됨.

[한일회담 예비회담 자료집]

대일강화조약에 관한 기본태도와 그 법적 근거

한일회담 예비회담
(1951.10.20~12.4)
자료집

대일강화조약에 관한 기본태도와 그 법적 근거 (1950)

분류번호 : 723.1JA 자 1950
등록번호 : 76
생산과 : 정무과
생산연도 : 1950
필름번호 : C1－0001
프레임번호 : 0006~0080

0009 駐日代表部 案

一九五〇年 一〇月

對日講和條約에 關한 基本態度와 그 法的 근거

對日講和調査委員會

0010 東京都 中央區 京橋 三丁目

大東ビル[1]

國際法律事務所

一九五〇年 一〇月

對日講和條約에 關한 基本態度와 그 法的根據

對日講和調査準備委員會

駐日代表部 案

1 대동빌딩

0011

目次[2]

2 목차 번호와 본문 번호가 상이함. 목차에서는 '說明書'와 '머리말'에 각각 번호 一과 二을 붙여서 같은 위계로 구분했지만 본문에서는 '說明書'와 '머리말'에 번호를 붙이지 않았고, 그다음의 '韓日合邦條約無效論'을 1항목으로 시작함.

0012 **說明書**

此 資料樸記는 將來할 對日講和問題에 關係는 資料 蒐輯한 것이오나[3] 或은 諸般 資料의 不備 或은 此 起案에 參加한 委員 間의 見解相違 等으로 因하야 此 樸記의 各 項目의 骨子와 全文의 理論이 渾然一致 되지 않고 誤謬가 많어 玆에 若干 補充說明을 加하는 바입니다.[4]

于先 第一의 項目에 있어

韓日合倂條約에 對한 有效論 또는 無效論이 對立되여 있음을 看取할 수 있는대 無效論 있어는 三十五年間 旧 朝鮮總督에 依하야 統治의 認定事實에 對하여서는 旧 朝鮮總督의 「無權代理[5]」라는 理論下에서 此를 原則的으로 否認하면서도 社會秩序 維持上 必要한 總督府 行政에 限해서는 是認한다는 立論은 過去 日本의 帝國主義的 秩序論을 認定하게 되는 理念的 矛盾에 直面하였다고 할 수 있으며

第二 項目에 있어서는

對日講和條約 締結[6] 時의 韓國의 立場에 있어서 韓國은 實속 있는 利害關係國에도
0013 不拘하고 韓國은 調印當事國의 資格이 없다는 結論은 單只 調印資格의 應當性 即 韓國이 對日戰爭에 參加하지 않었다는 事實 ―實際는 一部分이나마 海外에 亡命한 韓國人 中에는 光復軍을 組織하고 中華民國軍과 協力하여 參戰하였다―에 基因된 것이라고 할 수 있으나 한편으로는 前記 第一 項目에 있어서의 立論이 不明性에서 나온 것이라고 思料되는 바입니다. 그럼으로 第五項目에 들어가서는 旧 朝鮮總督府 直轄機關 또는 地方自治機關, 各種 日本人이 管理하든 公益法人의 在日財産問題도 「韓美 間의 財政 及 財産에 關한 最初 協定 第五條에 規定된 趣旨에 依해서 韓國의 權利 그 財産의 所在 如何를 不問하고 擁護되여야 될 것임에도 不拘하고 聯合軍 最高司令

---

3 원문에는 '겄이오나'로 표기되어 있음. 이 자료집에서는 가독성을 위해 원문의 '겄'을 '것'으로 수정하였음.

4 원문에는 '바임니다'로 표기되어 있음. 이 자료집에서는 가독성을 위해 원문의 '~임니다'를 '~입니다'로 수정하였음.

5 無權代理(무권대리): 대리권 없이 행하여진 대리행위

6 1951년 9월 8일에 미국 샌프란시스코에서 조인되고, 1952년 4월 28일에 발효됨. 주최국 미국과 영국을 포함한 52개국 중 체코슬로바키아·소련·폴란드를 제외한 49개국이 이 조약에 서명함(『두산백과』).

部의 對日經濟政策上 또는 對日賠償政策上 制限 받게 될 것이라는 것은 斯種 財産權에 關하여 日本人의 利權 存在를 認定하게 된 結果인 바 聯合軍最高司令部 側에서

1. 財産의 結合的 要素를 團體의 目的 또는 公益性에 두지 않고 權利主體에 求하려는 法的 學說에서 나온 것입니다. 그리고 第四 項目 掠奪品의 返還要求, 第九項目 領土權確立問題, 第八項目 在日韓僑의 國籍確認問題 等은 韓日合倂 以後 日本의 侵略으로 말미암아 喪失된 韓國의 모든 民族的, 歷史的, 文化的 各 部門의 原狀回復이라는 原則에 依해서 檢討 또는 決定될 것임으로 이것은 歷史的 考察下에서 一層 더 回復權에 對한 基礎와 範圍를 明白히 해야 될 줄로 思料되는 바입니다.

0014

檀紀 四二八四年 七月 二十五日

大韓民國駐日代表部 政務部

0015 머릿말

太平洋戰爭의 뒤치닥거리의 하나인 對日講和條約도 微妙한 國際情勢를 背景으로 近間 그 締結 實現的이 濃厚 있는 이때 特히 大韓民國駐日代表部는 그 負荷된 特殊使命에 鑑하야 將來할 對日講和會議에 重大한 關心을 가지는 바이다. 故로 駐日代表部는 여기에 對處하기 위하여 駐日代表部 政務課 全 職員과 在同胞社會에서 選出한 各界의[7] 權威 四名으로써 對日講和에 對處하는 準備調査委員會(假稱)를 構成하고 晝夜兼行으로 眞한 硏究調를 推進하고 있으며 이 硏究調査의 結果가 우리 祖國 大韓民國의 繁榮에 조고만 貢獻이 될 수만 있다면 우리 喜悅은 이 以上 더 큼이 없을 것이다. 如上의 見地에서 우리는 그 硏究의 結晶인 小冊子를 삼가 여기에 역거본[8] 것이다. 끝으로 이 小冊子의 論據는 主로 本國 外務部 編「對日賠償要求調書」를 中心으로 하였으며 그리고 한편 駐日代表部의 對日賠償問題에 關한 本國에 請訓을 대신하는 意味도 됨을 附記하는 바이다.

檀紀 四二八三年 月日

大韓民國駐日代表部

7 이 자료는 판독이 어려운 부분이 많아서 모호한 글자를 유추한 부분에는 이처럼 밑줄 표시하였음.

8 엮어본

0016 ## 韓日合邦條約無效論(抄)[9]

大綱

一. 結論

韓日合邦條約은 無效다.

다만 國際秩序 維持 (時效의 精神) 또는 無理代理[10] 行動의 追認으로 無效를 主張하지 않을 部分도 있다.

二. 强制로 締結된 條約의 效力

a. 戰爭의 結果로 締結되는 講和條約의 强制의 違法除却原因

b. 條約調印者에 加한 强制의 違法性

c. 國家의 消滅을 內容으로 하는 條約 締結에 加한 强制의 違法性

三. 韓日合邦條約의 無效

a. 一九〇五. 一一. 一七 韓日協約은 條約調印 當事者을 脅迫하였음으로 無效

b. 無效의 韓日協約의 效力을 强制한 第二 第三의 强制로 一九一〇. 八. 二二 韓日合併條約 無效의 因果關係

0017 c. 카이로宣言에 韓日合邦의 强制性 承認

四. 韓日合邦條約 無效의 效力 發生

一. 原則

一九一〇. 八. 二九에 遡及하며 無效效力이 發生한다.

二. 例外

默認 또는 追認으로 無效를 主張치 않는다.

三. 重要事項의 列擧

a. 對人商權

一九一〇. 八. 二九부터 一九四五. 八. 一五까지 그 機能만 停止

---

9 항목 번호 '一.'이 빠져 있음.

10 '無權代理(무권대리)'의 오기로 추정됨.

b. 善意의 第三者의 權益

默認 追認을 主張치 않음.

c. 朝鮮總督의 一般行政

無權代理의 行爲임으로 原則的 無效다. 다만 할 수 있다.[11]

가. 純全한 行政面

I. 朝鮮銀行券

旧 韓國 事務 繼承과 準備金 保持 及 貴生活의 經濟行爲 繼續으로 有效

II. 稅金

集團生活者의 最高義務 範圍 內는 有效

日本의 侵略戰爭을 위한 特別稅는 無效

III. □□ 及 其他

韓國 國民의 權利를 위한 共債는 有效

其他는 無效다.

0018 IV. 對日貿易

有效다.

나. 司法面

一切 無效다. 다만 道義的 責任 違反의 反社會的 犯罪者에 對한 判決은 追認함.

다. 立法面

制令은 一切 無效다. 다만 社會秩序 維持에 必要한 点만 追認한다.

一九一〇. 八. 二九 韓日合邦條約 (一九一〇. 八. 二二 締結하야 八. 二九 發表함)이 無效냐 有效냐 또는 取消할 수 있는 不法行爲냐 無效의 不法行爲냐 하는 点을 □□[12] 하려 한다. 먼저 이 條約이 無效라는 結論을 내고 論展하려 한다.

다만 條約 自體의 無效와 그 後의 軍事占領 及 無權代理의 權利 行使의 繼續 即 最

11 공란은 원문 그대로임.

12 '主張(주장)'으로 추정됨.

初에 加한 强制의 持續 中 國家秩序에 준 事實上의 第二次的, 第三次的 效果 全部에 無效를 主張하는 것은 아니고 다시 「對人商權」을 除外한 繼承的 秩序 維持를 持續한 善意의 管理者의 行動까지 無效라고도 主張하지는 않는다.

0019 그것은 國際法의 最高 理想인 世界國家 形態가 完成하야 國際法의 超國家的 法規範々을 完全히 發揮할 때일지라도 法이 社會生活의 秩序 維持를 根本 目的으로 하는 限 一定한 時日 旣成事實의 持續이 社會秩序의 安全을 維持할 때에는 오히려 그 結果를 준 原因이 彼此 如何보다 人類社會의 平和와 安全한 現實에 置重함으로 一般 法秩序에 있어서도 「時效」라는 規定下에서 이런 点을 □□[13]하고 있는 것이다. 그리고 다시 國家의 獨立이나 消滅이 他 國家의 承認 如何만으로 그 國家의 事實上의 存在가 左右되는 것은 아니지만 他 國家들의 承認이 長久한 時日 지나는 동안 없던 旣成事實이 結果的으로 國際秩序를 確立하였을 때에는 人類社會 全體의 幸福을 위하야 이 旣成事實에 法의 效果를 附與함이 妥當하다. 韓日合邦條約 그 自體의 無效를 主張하는 同時에 無效의 效果가 對人商權에 있어는 勿論 原形回復(Naturalrestition T[14])이나 其他의 權利는 全部가 原狀回復이라 主張치 말고 無權代理行爲의 追認으로 한 個別的으로 그 效力을 決定함이 可하다 生覺한다.

一. 强制로 締結된 條約의 效力

0020 條約이라 함은 國家 間의 合議다. 合議라 하면 二者 以上이 當事者의 自由意志의 合致를 말한다. 그러나 實質上 內容에 있어서 이 合意라 함이 外形上 文書上 表現에만 限定한 것이었다. 그럼으로 그 締結이 强制命令□□條約□□□[15] 效果의 問題가 提起된다. 卽 條約 締結 過程에 瑕疵가 있을 때 條約 自體의 無效를 主張할 수 있는가 하는 것이 論議된다. 또 □□ 等 實際의 條約 締結의 自由라 할 때 實質的 自由가 안니고 事實上 自由의 束縛이다. 그럼으로 條約의 瑕疵 有無는 事實上 自由에 對한 强

---

13 '廷立(정립)'으로 추정됨.

14 독일어 'Naturalrestitution'로 추정됨.

15 정확한 판독이 어려움. '强制命令(강제명령)인 法條約(법조약)의 경우'로 추정됨.

制 또는 强迫의 有無에 따라 決定된다. 通說에 條約 締結의 自由에 對한 强制 또는 强迫이 締結 當事者인 自然人의 行動에 加하였을 때에는 그 條約 自體 無效이다. 條約 締結 當事國家 全體에 對한 强制 또는 强迫은 그 條約 自體가 有效하다고 말한다. 그리고 그 理由로 戰爭의 結果로 締結되는 講和條約에 있어 賠償 또는 將來에 對한 加害의 擔保를 敗戰國에 承認식킴으로써[16] 비로서 條約이 締結되는 故 그 條約의 强制 또는 强迫은 相手便[17]의 承認으로써 有效하다고 하여 다시 國際間의 法理論은 事實問題의 發展過程에 있어서 强制를 理由로 瑕疵 있는 條約을 全部 無效 또는 取消할 수 있는 것으로 한다면 오히려 國際秩序에 混亂이 發生할 것임으로 國際平和의 實利 立脚하여서도 이러한 條約을 無效로 할 수 업다[18] 하였다. 卽 條約에 加한 强制 또는 强迫의 違法性은 認識하나 그 違法性을 國家秩序 維持 또 自己에 加한 加害의 救
0021 護 或은 將來 危害에 對한 保障이라 하는 自衛로써 違法阻却原因[19]으로 한다.

大略 强制 或은 强迫이 條約 締結의 瑕疵라 하는 理論의 根據는 近代 國際法, 特히 國際司法裁判所 規定 第三十八條의 「法의 一般 採用」 及 國際聯盟 規約 第十條 等에서 크게 發展을 보였으나 그 研究對像이 大概 講和條約 또는 그에 準하는 條約이다. 그러나 나는 條約에 있어서 强制 或은 强迫의 違法性의 效果는 講和條約이 아니라 併合條約에서 明確히 說明할 수 있다고 생각한다.

卽 講和條約에서 强制가 어느 程度까지 隨伴되는 것은 戰爭의 本質에서 發生하는 必然的 現象의 하나이다. 戰爭이 國際紛爭의 解決手段의 하나이라는 点을 不定하지 않는 以上 戰爭을 終結식기는 手段과 方法인 講和條約에서도 어느 程度의 强制를 許容하여야 할 것이며 또 戰爭國으로써는 戰爭의 賠償과 將來에 對한 侵掠의 保障으로써 要求하는 点을 敗戰國에 容認식킴에 强制는 許容하여야 하며 다시 雙方의 强制인 戰爭行爲의 延長 及 그 差額으로써도 講和條約에 加하는 國家的 强制는 衡平法上으로

---

16 시킴으로써. 원문의 '~식키다' 혹은 '~식기다'는 모두 '~시키다'의 의미임.

17 '相對便(상대편)'의 일본어

18 없다. 원문의 '업다'는 모두 '없다'의 의미임.

19 유사 개념으로 '위법조각사유'가 있음. 법률 형식적으로는 범죄행위나 불법행위로서의 조건을 갖추고 있어도 실질적으로는 위법이 아니라고 인정할 만한 특별한 사유. 형법에서는 정당행위, 정당방위, 긴급 피난 따위를 규정하고 있다(『표준국어대사전』).

도 許容되여야 한다. 이러한 点에 있어서 講和條約 締結에 關한 國家的 强制가 有效하다는 論理도 肯定할 수 있다. 그러나 合併條約은 戰爭을 前提로 하였을 때라도 一國家의 消滅을 招來하는 武力占領의 繼續인 故로 그 條約에 加한 强制 或은 强迫은
0022 相手的이 아니고 絶對的인 点이 衡平法上으로도 그 條約을 有效라 할 수 업는 것이며 다시 合併條約이 戰爭을 前提로 하지 않고 漸進的으로 一國家의 機能을 特히 外交權과 司法警察權을 武力으로 剝奪한 後에 國家 全體를 武力으로 占領하고 國家機關을 脅迫하여 締結한 條約의 「强制性」은 當然히 그 條約을 無效로 하는 것이다. 卽 强制로 締結된 條約의 效力은 條約 締結 當事者에 强制를 加하여 締結되여슬[20] 때는 勿論 無效이나 戰爭과 같이 雙方이 强制의 延長이 아닌 卽 原因 업는 强制는 그것이 國家 全體의 加함으로써 締結되였다라고 해도 條約은 無效라 論定한다.

二. 韓國合邦條約의 無效

一九一〇年 八月 二十二日 韓日合邦條約이 締結되었다. 韓日合邦條約이 國際法上 無效라는 理由를 說明한다.
一九一〇年 八月 二十二日 韓國이라는 國家가 그 主權을 完全히 喪失한 □□□ 瞬間 對內對外로 平穩하였다는 歷史的인 事實 自體가 이 條約 締結에 加한 强制 强迫이 얼마나 甚하였다는 것을 무엇보다도 雄辯히 말하였든 것이다.
먼저 階段的으로 一九〇五年 十一月 十七日의 韓日協約의 强制性부터 말한다.
韓國의 外交權과 行政權을 停止식키는 實質的 國家消滅의 이 協約의 締結에 있어서 强制를 日韓의 記錄만으로써도 充分히 그 違法性을 指摘하고 남을 수 있다.
卽 日本外交情報 第九卷 第五號 「韓日協約 强制問題」 「有賀長雄 述」에

0023 a. 一九〇六. 六. 二 巴里[21] 法科大學 講師 레이 氏 「韓國의 國際法上의 地位」라는 論文 中에 「韓日協約은 精神上, 肉體上의 强制를 韓國政府에 加하야 締結된 것이다.

20 締結되었을
21 프랑스 파리(Paris)

卽 日本全權 伊藤 及 苑[22] 公使는 護衛라 編하고 日兵을 다리고 韓國 宮中에 侵入하야 韓國 國王 及 各 大臣을 强壓하야 調印한 것이다. 大臣은 二日間 抵抗한 끝에 不得 署名한 것이다.

b. 一八〇五. 五. 十一[23] □□□□□에는

一九〇五. 十一. 十一 韓國 內國會議가 五時間에 걸쳐도 結論이 나지 않음으로 伊藤은 日本 駐屯軍 司令官 長谷川 大將을 隨伴하야 自己 스스로 會議席上에 들어가 다시 五時間에 余猶 期限을 줄 터이라고 그 中 大臣 一人이 中途에 退去하려 하였을 때 日本全權은 이것을 制止하고 協約 調印을 承認할 때까지 自由를 주었다.」 以上 二点을 日本 學者인 有賀長雄[24] 氏는 率直히 認定하고 있으며 또한 그 後 었던[25] 日人도 이 点을 反證하지 않었다. 卽 强制者인 日本 自體가 一九〇五. 十一. 十七의 韓日協約에서 韓國의 外交權과 外交權을 剝奪함에 있어 皇帝 及 各 大臣을「直接 脅迫」하야 機械的으로 署名케 한 事實을 明示하고 있다. 이리하야 締結된 韓日協約은 그 다음에는 第二次的, 第三次的 强制의 繼續으로써 一九一〇年 六月 二十四日 警察權을 掌握한 後 韓國政府 及 政府大臣은 獄 中의 囚人과 같이
0024 自由가 없을 뿐 아니라 血眼에 充滿한 日本 憲兵과 晝夜로 看視하는 日警에게 刻刻 生命의 威脅을 받고 있었으므로 이러한 直接 脅迫下에서 署名한 八. 二二 韓日合邦條約의 到底히 自由로히 締結된 條約으로써 有效라 할 수 없다. 卽 合邦條約에 있어서의 軍隊와 憲兵과 警察의 强制가 韓國이 日本에 加한 何等의 强制도 업시 一方的이며 原因 업는 强制인 点에서 合邦條約이 無效인 것이며 다시 百步를 讓步한다 하드라도 合邦條約 時의 强制를 갖어오게[26] 한 一九〇五. 一一. 一七의 韓日協約이 條約 締結 當事者에 直接 脅迫을 加한 强制인 故로 當然 無效인 것이

22 '林'의 착오로 보임. 당시 주한공사는 林權助(하야시 곤스케)임.

23 '一九〇五. 十一. 十一(1905. 11. 11)'의 오기로 추정됨.

24 有賀長雄(아리가 나가오, 1860~1921): 일본의 법학자. 독일, 오스트리아에서 국제법등을 수학한 인물로 청일전쟁에서 법률고문으로 종군, 초대 육군대학교 교수를 역임하였다. 주요 저서로『국가학』이 있다.

25 어떤

26 가져오게

며, 이 協約에 準據하야 外交權, 行政權, 警察權을 掌握한 日本의 强制는 立法規定에 不過한 것임으로 韓日合邦條約라는 것은 벌서 條約의 性格을 喪失한 것인 同時에 如此한 條約이 有效라고는 누구든지 말할 수 업는 것이다. 다만 이것은 日本의 完全한 軍事占領의 開始를 外形上 條約 締結이란 形式을 取한 것에 不過하다. 이 点은 다시 一九四三. 一〇. 三〇 三相會議 公表文 中「美英소 政府 一九三九. 三. 一五 獨逸이 오지리[27]國에 對하야 强制한 合併을 無效로 認定함. 右 政府는 右期日 以後 오지리國에서 發生된 變革으로써 右 政府는 조금도 拘束받지 않는 것으로 認定함.」

强制로써 成立된 合邦의 無效를 宣言하였고 다시 그 無效의 效力 發生을 合邦한 時로 하였다. 但 一九四三. 一一. 二七 카이로宣言에 日本國 驅逐 當한 地域을「暴力으로 奪取한 地域」이라 하여 韓國을 併合한 것은 韓日合邦條約이 日本의 暴力으로써 締結된 点을 明示하고 있다.

0025 卽 强制合邦의 無效論은 法理的 問題에서만 끛임이[28] 아니고 現實에 있어 그 無效의 實踐이 今次大戰 後 오지리, 알바니아, 이디오피아, 韓國 等으로써 實現되었다.

三. 韓國合邦條約 無效의 效力 發生

韓國合邦條約은 上記와 같이「無效」이다. 그럼으로 韓日合邦條約으로써 發生한 其後의 모든 事態는 一九一〇. 八. 二二에 遡及하야 無效일 것이다. 그러나 그 無效의 效力 發生에 있어 若干의 國際慣例上의 默認 或은 追認이 必要하다.

a. 對人商權

對人商權 卽 韓國民의 國民으로써의 基本的 權利 義務의 表現인 國籍은 合邦條約으로써 喪失한 것 아니고 一九一〇. 八. 一九부터 一九四五. 八. 一五까지 그 機能만을 停止 當하였든 故로 對人商權은 韓日合邦條約의 效力의 如何를 莫論하고 그

27 오스트리아(Austria)

28 그침이

本質的 權利 義務는 繼續 있다. 그럼으로 韓國 國民의 國籍 問題는 對日講和條約의 有無와 無關係로 自動的으로 機能을 行使하는 것이며 또 日本에 去留 希望者도 國籍選擇權 如何의 問題는 업서야 할 것이다. (日本에 居留는 者의 對日講和條約과 居住의 移動 問題는 반드시 생긴다. 이 点은 다른 機會에 隔述함.)

b. 善意의 第三者의 利益

韓國合邦條約은 日本의 强制로써 無效이나 國際關係에 있어 善意의 第三國의 國
0026 際法上 不法行爲 以外로 取得한 利益은 國際慣例 보아 有效이다.

第三國은 事實上 韓日合邦을 承認하여 왔다. 그 承認이 日本의 欺瞞行爲로써의 承認임으로 取消할 수 있는 瑕疵의 承認이다. 그러나 國際間의 法秩序 維持가 國家紛爭을 避하는 秩序維持에 重點을 갖는 故로 이러한 瑕疵 있는 承認일지라도 이 承認이 取消될 때까지의 行爲는 有效이며 그 無效의 效果는 取消한 날부터 以後에 發生하는 것이다. 다만 여기서 主意할 点은 一九〇九. 九. 四 淸日 間 「間島에 關한 協約」 같은 것은 當然히 無效이다.

c. 朝鮮總督의 一般行政

朝鮮總督은 占領軍 司令官이며 그 一般行政은 軍政이었음으로 一般行政라[29] 하여도 司法 立法을 總稱하는 것임으로 至極히 廣範圍에 亘는 故로 여기서는 對日講和條約에 關係될 賠償 또는 現物返還 及 債務 關係 其他 請求權에 限하려 한다.

一. 純全한 行政面

가. 朝鮮銀行券

通例로는 占領軍은 軍票를 使用한다.

朝鮮銀行券이 軍票냐 政府 保證의 兌換券이냐 하는 点에 意見에 相違가 있으리라고 믿는다. 나는 朝鮮銀行券이 旧 韓國政府가 發行한 一切의 事務를 繼續
0027 하여 發行한 点에 있어 다시 準備金을 保有한 点과 그 責任所在가 朝鮮銀行에

29 '라' 앞에 '이'가 누락됨. 一般行政이라

있으며 이 銀行券이 他國의 貨幣의 一定한 레-트[30]로서 交換되는 点에 있어 政府 保證의 兌換券과 같은 것으로 認定함으로써 朝鮮銀行券을 有效라 生覺한다. (朝鮮銀行券이 有效라 하여도 日本이 이 朝鮮銀行券을 使用함으로 發生한 모든 一般經濟搾取는 따로 그 效果 規定게 되는 것이다.)

나. 稅金

稅金은 그 用途 目的 一般人民의 身體 財産의 文化厚生事業 及 一般事業費로 充當됨이 普通이다. 그리고 稅金은 어느 社會를 莫論하고 集團生活의 個人의 最低義務이다. 그럼으로 原則的으로 有效다. 다만 特殊한 稅金 及 賦課金 卽 日本의 侵略戰爭을 目的으로 하거나 또는 純全한 占領에 充當하는 目的으로써 制定한 것은 無效다.

다. 公債 及 政府債券

韓國 內의 一般産業 復興을 目的으로 한 것은 有效다. 戰爭을 目的으로 하거나 또는 日本國의 천 火災地變의 復興을 目的으로 하야 發行한 것은 一切 確定債權으로 日本에 淸算 要求한다.

라. 對立貿易[31]

經濟交流는 人間生活의 必要條件이며 對等交換임으로 有效다.

但 國際法上 不法行爲가 있는 貿易은 그 價値差에 補償을(損害賠償) 要求한다.

0028 二. 司法面

軍政下의 裁判의 效力은 一切 無效다. 다만 一般 道義的 責任에 違反한 反社會的 犯罪에 關한 裁判은 追認으로써 그 無效를 主張하지 않으나 軍政 及 日本 國策의 施行을 目的으로 한 一切의 裁判은 無效다. 特히 韓國倂合을 正當化하려는 意圖에서 發生한 一切의 拘束, 罰金, 體刑 等에 關하여서는 相當히 賠償을 要求하여야 한다.

三. 立法面

朝鮮總督의 制令은 一種의 軍令이다. 韓日合倂條約이 無效인 故로 日本 天皇

---

30 rate(비율)

31 '對日貿易(대일무역)'의 오기. 프레임 번호 0018 '大綱'에서는 'Ⅳ. 對日貿易'이라 표기함.

의[32] 韓國 內에서 그 命令을 行使할 正當한 權限者가 아니다. 이 權利 업는 日本天皇의 委任을 받어 發令하는 朝鮮總督의 制令은 無權代理의 命令임으로 制命은 無效다. 다만 無權代理의 命令規定이며 또한 强制의 繼續라 할지라도 三十六年間이란 長時日을 經過함으로써 制令下에 社會의 秩序가 維持되는 旣定事實을 制令의 無效로써만 그 秩序 全部를 轉覆킬 수 업다. 即 效的 性格으로 國際道義에 違反되지 않는 点은 追認으로써 그 無效를 主張하지 않는다.

0029 參考

本 無效論에 있어 「社會秩序 維持」라 함은 決코 日本이 滿洲 及 中國 侵略의 兵站基地化하려는 或은 太平洋戰爭의 軍備擴大補給基地化하려는 等의 侵略을 위한 旣成社會秩序 維持을 말함이 아니라 一般國家 概念에서 發生하는 國家 及 人民의 一般生活에 關한 社會秩序 維持를 말한다.

附記

韓日併合條約의 有效 無效에 關하여서는 다른 意見도 있음으로 여기에 附記한나.

一. 全面的有效論

二. 無表論

無表論에는 韓日合併條約은 國家機關에 對한 直接脅迫(史實)으로 因하야 自由意志가 없음으로 無效다. 그러나 그 後 國際社會의 承認이라는 國際法□□確定에 있어서 有效다. 다만 그 承認이 取消된 時 (一九四一. 一二. 八, 一九四五. 八. 一五 一九一五. 九. 二)부터 將來에 向하여 無效라 한다.

32 '天皇(천황)은'의 오기

二. 對日講和條約 締結 時의 韓國의 立場

一. 第一次大戰 後

A. 對獨講和條約에서 獨逸의 敗北으로 獨逸 領土의 一部가 獨立한 포-랜드[33]國이
0030 이 直接 本 條約 締結 當事國이 되였다. 또는 獨立의 一部 獨立이 않이고[34] 그 第一次 大戰의 結果로 獨立된 책고스르바기아[35]國도 亦是 「獨立을 承認함」이라 宣言的 規定만 하여 있고 그 實은 各各 戰勝國 立場에서 對獨講和條約에 同盟 及 連合國이 一員으로 行動하였다.

B1. 對오지리講和條約 前文에 「中心되는 同盟 及 連合國(美英佛伊日)은 오지리君主國 領土의 一部로 合併하였든 「책고스로바키아」國을 自由獨立 及 同盟國으로서 旣이 承認하야」[36] 또은[37] 前記 諸國은 오지리君主國 領土의 一部分과 셀비야[38]國 領土를 結合할 것을 「셀부 그로아-드 스로베-누」國[39]이란 名稱 아래 自由獨立 及 同盟國으로 承認하야……」 이들 國家의 政府에 對하야 正義와 衡平에 合致하는 □續的 基礎를 附與할 必要가 있음으로」 하여 책고스로바키아國 及 「셀부 그로아-드 스로베-누」國은 直接 條約 締結 當事國이 되었다. 그리고 同 第四十六條 第五十七條에서 「同盟 及 連合國이 임이 取한 措處에 따라…… 完全한 獨立을 承認함」이라 하여 本 條約에서 오지리國의 承認을 規定하였다.

B2. 對항가리講和條約에는 前文에 아무 規定이 없이 本文 第四十一條 「셀부 그로
0031 아-드 스로베-누」國의 獨立 第四十八條로 책고스로바키아國의 獨立을 承認하고 이

---

33 폴란드(Poland)

34 아니고

35 체코슬로바키아(Czechoslovakia)

36 밑줄 친 부분은 판독이 어려우나 조약 영어 원문을 참조하여 유추하였음. "WHEREAS the Principal Allied and Associated Powers have already recognized that the Czecho-Slovak State, in which are incorporated certain portions of the said Monarchy, is a free, independent and allied State, and"

37 또는

38 세르비아(Serbia)

39 세르비아-크로아티아-슬로베니아國

兩國이 모다 正式 條約調印國이 되었다.

卽 B1, B2 오지리 항가리 君主國에 對하여 交戰國家가 아니면서 直接 講和條約 調印國이 된 나라는 希臘, 폴추칼[40](以上 國交 斷切), 큐-바, 니카라과, 波蘭,[41] 셀부 그로아-드 스로베-누, 첵고스로바키아 以上 七個 國이다. 그 中 波蘭國의 調印은 法的 根據보다 政治的 根據가 크다.

二. 第二次大戰 後

A. 對伊講和條約에는 그 前文에는 아무 規定도 업시 本文 第二十七條에서 알바니아國 第三十三條서 에듸오피아國의 獨立 承認이라는 規定뿐이다.

連合國 全部나 調印國이 아니고 單純히 講和會議에 參加한 國家가 알바니아, 오지리, 큐-바, 埃及, 이란, 이락, 멕시고,[42] 豪州의 八個 國이며 特히 알바니아, 오지리 兩國은 今次大戰의 終結로써 獨立을 回復한 國家이다. 多數 國家가 講和條約을 締結하는 例는 第一次大戰의 現象이며 第一次大戰 後와 第二次大戰 後의 調印國의 構成이 다른 点은 前者는 形式上 全 參加國 會議主義를 取하였으나 그 內容은 美英佛伊日의 五大强國에서 一致된 点을 全體會議에 提出하여 形式的 全體一致를 본 後로 準
0032 備會議가 僅僅 六回에 끝이고 小國은 各 委員會에서 自己에 關한 意見만 陳述하였을
뿐이고 全體會議에서도 草案을 票決에 定하지 않고 그 草案 全部는 獨逸에 提示하기 前日의 全體會議에서 처음으로 發表하였다. 그리고 後者는 美英佛中쏘의 五大國이 理事國이 되여 처음부터 大國中心主義로 全體會議를 形式上으로는 認定치 않을 뿐 아니라 이 五大國 間에서도 伊太利와 直接戰鬪가 있든 家가[43] 하야 美英佛쏘의 四理事國, 루-마니아, 불가리아, 항가리아에 對하여서는 英佛쏘 三理事國, 휘랜드는 英쏘 兩 理事國만이 隨時 利益關係事項만 그 關係國을 招請하야 草案 作成해 가지고

40 그리스(Greece), 포르투갈(Portugal)

41 폴란드(Poland)

42 이집트(Egypt), 이란(Iran), 이라크(Iraq), 멕시코(Mexico)

43 '家' 앞에 '國'이 누락됨. 國家가

各各 相當한 兵力으로써 積極的 戰鬪를[44] 連合國이라 하여 上記 五大國 外의 十六個 國으로 構成한 會議에 草案 審議를 勸告하야 審議한 後 最終의 決定도 亦是 上記 四, 三, 二의 各 國家 間에서 마음대로 하여 버리고 條約 效力 發生도 四, 三, 二國의 批准만으로 直時 發行한다 하였다. 對日講和條約에 있어 美英의 態度가 쏘聯의 妨害工作의 豫防策으로 여러가지 方法을 講究했으나 對伊講和條約 時의 四, 三, 二式보다 多數決方式으로 갈 듯하다.

今次大戰에서 對日宣戰布告 한 國家는 알젠징,[45] 濠州, 白耳義, 보리바아, 부라질, 빌-白露,[46] 카나다, 세이롱,[47] 智利,[48] 中國, 큐-바, 첵고스르바기아, 도미나가, 엘쿠아돌,[49] 埃及, 살바돌, 에듸오피아, 法國, 希臘, 과데마라, 하이듸,[50] 온두라스, 印度, 이란, 이락, 伊太利, 레바논, 리베리아, 베루, 比律賓,[51] 波蘭, 사우지아라비아, 시리
0033 아, 土耳其, 우크라이나, 南阿弗加,[52] 쏘聯, 英國, 美國, 울과이, 베네귀라[53] 以上 五十
個 國이며 對日休戰條約 調印國은 美, 英, 中, 쏘, 法, 加, 比, 波, 新,[54] 西, 蘭, 加, 印, 파키스탄, 빌마[55]의 十二個 國이 一九四五年 九月 二日 以後 急變하는 極東情勢에 있어 米쏘英中 四大國 中心主義는 □□□□하고 또 對日休戰條約 參加國안도 現實에 符合치 않고 結局 極東委員會 構成이 中心인 듯하다. 여기에 韓國 立場은 今後 極東要員會에 參加한다면 別 問題다. 그렀치[56] 않은 限 對日講和條約의 調印 當事國이 되기는 어려울 듯하다. 다만 對日講和條約 締結 前에 太平洋軍事同盟이 締結될 可能

---

44 의미상 '戰鬪(전투)를 벌인 나라를'이 되어야 함.

45 아르헨티나(Argentina)

46 벨기에(Belgium), 볼리비아(Bolivia), 브라질(Brazil), 벨라루스(Belarus)

47 실론(Ceylon). 스리랑카의 옛 이름

48 칠레(Chile)

49 도미니카(Dominica), 에콰도르(Ecuador)

50 엘살바도르(El Salvador), 에티오피아(Ethiopia), 프랑스(France), 그리스(Greece), 과테말라(Guatemala), 아이티(Haiti)

51 페루(Peru), 필리핀(Philippines)

52 터키(Turkey), 우크라이나(Ukraine), 남아프리카공화국(Republic of South Africa)

53 우루과이(Uruguay), 베네수엘라(Venezuela)

54 뉴질랜드(New Zealand)

55 버마(Burma). 미얀마의 옛 이름

56 그렇지

性이 濃厚고 다시 이 同盟이 結成되지 않는다 하더래도 日本의 安全保障이 重要한 立場에서 對日講和條約이 締結될 時 韓國의 發言權도 對日講和條約에의 重要視 아니할 수 없다. 우리는 이 모-든 政治的 立場에서 對日講和條約에 對한 韓國의 立場
0034 을 有利하게 誘導하여 對日講和條約에 規定되는 事項으로써 韓國 內의 對日感情을 緩和하여 將來의 韓國 安全保障과 韓日 間의 善隣關係를 保持하여야 할 것이다.

三. 賠償

元來 敗戰國의 賠償責任은 開戰責任과 關連性을 가즈며[57] 그 對象은 戰鬪行爲賠償과 戰時特別措處上의 損害賠償으로 나누어 前者를 純全한 賠償 卽 交戰法規 違反의 賠償이라고 하고 後者를 其他補償이라고 한다. 그러나 廣範圍로 賠償이라고 할 때에는 이 兩者 外에 占領軍委員會 費用, 割讓地域 內의 公共物 等을 包含하여 다시 消極面에 있어서 請求權의 放棄도 있다.

第一次大戰 後 對獨講和條約 二三一 第二三二 兩 條에서 戰爭의 結果로써 發生한 一切의 損害 及 損失에 對하여 獨逸이 責任지거나 特히 獨逸國의 賠償能力을 斟酌하여 現實的으로 戰勝 各國의 一般人民 及 그 財産에 對한 損害에 限하야 賠償한다 하였고 第二次大戰 後 對伊講和條約 第七十四條에는 賠償의 意義에 何等 規定도 없고 直接 各國이 賠償額과 그 支拂方法만 列記하여 있다. 卽 賠償淸癯 原因이 明瞭하지 않은 点과 賠償이 如何한 補償의 損失 또는 損失에 對하여 如何한 範圍와 程度에 걸치는가 하는 点이 明瞭치 않음으로 賠償에 對한 概念 把握이 어렵다.

다시 對日講和條約에 關한 最近에 美國의 態度는 特히 一九五〇. 一〇. 五 워싱톤 UP에 依하면「一九四五年 九月 以前의 日本의 行爲에 對한 賠償要求는 一切 撤回하려 한다.」

다시 그 例外로써 連合國은 各各 自己 領土 內에 殘存하는 日本 財産을 差押할 수 있으며 여기에서 나는 收益으로써 戰爭 中 日本이 連合國 財産에 加한 損害에 對한 各
0035 各 自己 國民의 賠償要求에 充當할 수 있다.」하였다. 勿論 通信만으로 斷定할 수는 없으나 美國의 意圖가 賠償撤回에 있다는 것은 確言한 바 없음으로 問題가 되지 않으나 連合國 內에 있는 日本 財産에 賠償이 되는 그 賠償原因을 連合國 財産이라고 하여 戰爭으로써 發生한 人的 損害를 賠償對象에서 除外한 点에 特色이 있다. 이와 같이 賠償要求에 關한 態度의 變化는 法律的 基因보다 政治的 基因이 많은 것임으로 그 實踐에는 具體的, 個別的으로 推定하여야 한다. 다만 第一次大戰 以後에(第一次大戰까지는 賠償의 概念이 戰爭賠償이였다.) 各 講和條約에서 認識하고 또 實行한 賠償責

57 가지며

任의 所在를 綜合하면

一. 戰爭行爲로써 戰勝國 一般市民의 死亡 及 負傷에 關한 本人 及 被扶養家族의 損害

二. 殘忍, 凶暴, 虐待로 犧牲 當한 戰勝國 國民 及 그 被扶養家族의 損害

三. 健康, 活動力, 名譽을 害하는 一切의 行爲에 犧牲된 戰勝國 國民 及 그 被扶養家族의 損害

四. 捕虜에 對한 各種 虐待로써 發生한 損害

五. 戰爭으로 因하여 傷病 不具者의 軍人 及 그 被扶養家族에 對한 一切의 恩給 及 一切의 補償金

六. 動員者, 軍務에 服役한 者의 家族 及 被扶養家族에 對한 戰勝國 政府의 給與

七. 正當한 報酬를 받지 못하고 勞動을 强制的으로써 當함으로 發生한 一般市民의 損害

八. 一般市民에 賦課시킨 賦金, 罰金, 其他 여기에 準한 强制徵收의 形式으로 바든 損害

九. 軍事的 工作物 及 그 材料를 除外한 戰勝國 國民에 屬하는 一切의 財産으로 搬
0036 出, 差押, 毁損, 破壞로 因한 損害와 對敵行動, 軍事行動 외 直接 結集으로 받은 損害로 以上과 같이「陸戰의 法 慣例에 關한 條約」(一九〇七. 一〇. 一八 □海牙[58]) 第三條를 基幹으로 한 一般交戰法規 違反을 賠償原因으로 하여 特히 一般住民의 人的 損害에 置重하고 있다. 大韓民國이 日本에 要求할 賠償은 上記와 같은 戰鬪行動을 直接原因으로 한 点은 至極히 적다. 그리고 一九一〇. 八. 二九의 韓日合併條約이 無效인 故로 □□□□ 發生하는 □□□ □□□□□하여 賠償이라 하기도 어렵다. 다만 一九〇五. 一一. 一七 以後 日本이 侵略을 目的으로 하야 獨立運動者, 愛國者에 加한 一切의 損害의 賠償要求는 賠償的 性格을 갖었다 생각한다.

(但 實利에 있어서는 對日講和條約 外의 附屬條約에서 要求하는 것이 좋을 듯하다.)

58 '海牙'는 '헤이그(Hague)'의 음차임.

[參考]

第一次大戰 後 對獨講和條約 第五八條, 六三條 엘사스·로-렌스[59]人의 賠償要求 外 對日賠償要求調書 第三部「中日戰爭 及 太平洋戰爭에 基因한 人的 物的 被害」의 說明書 第1項目의「被動員者 諸未受者」은 戰爭의 結果로 오는 賠償의 項目에 規定하는 것보다 一般請求權으로 □□□□시킬 性格이 濃厚하다 생각하며 이 項目에 規定된 賠償金□□□은 □□ 卽 □□에 對한 □□□□□ 全部를 規定하는 것이 可能할까 생각한다.

59 알자스-로렌(Alsace-Lorraine)

四. 掠奪品의 返還

通例 掠奪品이라 하면

0037 (1) 戰勝國 또는 敗戰國과 外交 斷切한 國家 及 敗戰國이 不法으로 □□하고 있던 國家 及 特殊關係가 있는 地域에서 敗戰國이 自己의 領土 內 或은 自己가 支配할 수 있는 地域 內에 移轉시킨 것이며

(2) 그 移轉이 奪取 □□ □□ 等의 □□ 또는 □□으로 되였으며

(3) 現在 敗戰國 內 또는 第三國 內에 □□ 그 □□□□者가 敗戰國 主權下에 있는 者 □□ 그 現品이 現存하고 또한 그 現品을 識別할 수 있는 것을 말한다.

卽 一般 講和條約에서 規定되는 所謂 掠奪品이 實際에 있어「强制 □□」이라고 하는 國際法上의 不法行爲가 現物返還에 重大한 要權이 된다. □□□□□□ 点은 國際的의 不法行爲의 規定이다.

國際法上의 不法行爲의 取□□□한 以後 國際簡易裁判所의 判決에 順할 것이며 國際司法裁判所 規定 第三十八條에 各項의 違反을 指摘하는 □□□□門□ 以上 不法行爲의 結果에 對한 □爲□□□□□□□□면서 □□□□□□□ 不作爲 以前의 原狀回復이다. □□□ 原狀回復이 되지 못할 때, □□ 原狀回復이 完全히 履行되지 못할 때, 履行不能의 □□□□□ □□이 發生한다. 다시 原狀回復, 現物返還은 國際法□□法 □□□□□ 뿐 아니라 合法的 □□□도 物件에 따라서 返還한 것이 있다.

卽 第一次大戰 後

0038 Ⓐ 對獨講和條約 第二四五條에 法國에 對하여서는 一八七〇, 一[60] 普佛戰爭에서 掠奪한 物品의 返還, 第二四六條, 第二四七條에서는 第一次大戰 開戰 前에 正式 買賣로 移轉한 物品의 返還을 規定하고 있다.

Ⓑ 對오지리講和條約 第一九五條에서 過去 그 支配國이든 포-랜드國, 첵고스로바기아國로 返還 要求할 수 있는 物品으로, 同 第八編 第二, 三附屬書에 列擧한 中에는 正式 買賣品이라 하드래도 民族文化의 象徵이 될 歷史的 物品 及 必要한 地圖 及 原版을 列擧하였다.

60 1870~1871

ⓒ 第二次大戰 後 對伊講和條約 第十二條, 第二十四條, 第三十七條 等에서는 單純한 移轉이라도 掠奪品의 規定 中에 加하고 있다.

卽 占領 中 占領地에서 掠奪하여온 것은 勿論 返還한다는 先例는 멀-니[61] 나파륜戰爭[62] 때부터 널니[63] 施行되였고 特히 美術品, 歷史的 考古的 物品에 있어서는 原所有國의 國寶的 存在인 同時에 民族文化의 象徵인 故로 그 移轉이 不正行爲가 아닐지라도 現物返還하는 것이 最近의 傾向이다.

그리고 이러한 特殊한 物品의 移轉은 그 時日이 開戰日과 關係 업다. 그 物品이 移轉하였다는 事實만으로 個別的으로 規定되고 있다.

例를 들면 對獨講和條約 第二四五條에 一八八〇~七一年間 [64]의 遡及(同 二四六條, 二四七條) 對오지리講和條約 第一九三條의 遡及, 同 第八編 第一, 二, 三, 四附屬書의 各 支配國은 支配開始日 卽 一七一八年(나포리), 一七九□年(나포리)에[65] 遡及하
0039 엿고 第二次大戰 後 對伊講和條約 第十九條, 第二十四條, 第三十七條, 第十四附屬書 第四의 交戰 開始 以後와 對항가리講和條約 第二十二條의 對유-고 及 첵고國에 關한 一八四八年 遡及하고 있다. 對伊講和條約 第七十五條에는 開戰 後인 一九四三年 一月 五日 卽「財産 回復에 關한 宣言」日을 起點으로 하였으나 一般通例는 開戰日을 起算日로 하고 있다(벨사유講和條約 第二三八條).

이번 對日關係에 있어서는 一九四五年 九月 二十二日「降伏 後의 美國의 對日方針」에 掠奪한 財産은 掠奪品인 것이 判明되는 限 그 一切을 完全히 그리고 直時 返還하여야 한다.」하였고 一九四六年 四月 十九日 SCAPIN 八八號「掠奪한 財産 沒收 及 報告에 關한 覺書」에서 一九三七年 七月 七日(中日事變 開始日) 以後 日本軍에 占領한 地域에서 掠奪한 財産으로 現在 日本에 남은 모-든 物品의 返還을 命令하였고 다시 說明規定으로 掠奪이라 함은「强制沒收, 剝奪, 掠奪 等의 不法行爲로

---

61 멀리

62 나폴레옹전쟁(Napoleonic Wars, 1803~1815). '나파륜'은 '나폴레옹'의 음차임.

63 널리

64 '一八七〇~七一年間(1870~71년간)'의 오기. 대독강화조약(Treaty of Versailles) 영어 원문 참조

65 대오지리강화조약 원문을 참고하면 '179□'는 '1794'로 추정됨. 또한 1794년까지 소급된 나라는 벨기에이므로 이 '나포리'는 '벨기에'로 추정됨.

取得한 것이다. 그 取得이 日本 法規에 依하였든 法律의 形式을 밟은 手續으로써 되였든지 또는 其他의 方法으로 되였든지를 不問한다.」 하였다. 그리고 一九四七年 一月 二十七日 「日本帝國政府가 保管하는 一切의 掠奪 貨幣의 目錄에 關한 覺書」 及 一九四七年 二月 二十五日 「日本에 있는 一切의 掠奪 考古學的 標本에 關한 覺書」

0040 (外 NO 一〇〇)로서 貨幣 及 考古學的 物品의 返還을 別히 하였다.

다시 重要한 것은 一九四七年 三月 二日 SCAPIN 一六五四號에 掠奪 財産의 沒收 及 報告에 關한 覺書에서는 一九三七年 七月 七日 卽 中日戰爭 開始日 以後」라는 言句가 업다.

卽 一九三七年 七月 七日 以前이라도 日本이 그 占領地에서 掠奪한 모-든 掠奪品의 報告 及 沒收한 指令한 것이나 그 後 이 覺書를 基礎로 하야 一九一〇年 八月 二十九日 韓國合併 時의 韓國 國寶 返還을 指令하였다. 以上의 点을 參考로 하면 우리가 日本에 現物返還을 要求할 수 있는 所謂 掠奪品이란

一. 우리 領土 內에서 日本國으로 移轉한 것

二. a. 民族文化의 象徵이 될 物品은 單純한 移轉

b. 其他 物品은 國際法上 非合法的 移轉

三. 現在 그 物品이 日本國 內에 存在하고 다시 그 物品을 識別할 수 있는 것

이라 하고 그 移轉은 一九〇五年 十一月 十七日 以後의 것 全部이며 特히 二의 a는 그 年代를 不問하고 返還을 要求한다.

「參考」

SCAPIN	八八五號	一九四六年	四月 十九日
〃	一〇八三號	一九四六年	七月 二十五日
〃	一〇八二號	〃	〃
0041 〃	一六一號[66]	一九四七年	四月 十八日

66 SCAPIN 제161호가 아니라 제1615호 'Custody, Shipment, Storage and evaluation of Looted Property'로 추정됨.

〃	一六一五號[67]	一九四九年	十二月 十三日
〃	一六五二號	一九四七年	五月 二十二日[68]
			六月 十四日
			九月 十二日
			九月 十三日
			九月 十九日

敗戰國 內의 戰勝國 及 他國民의 財産 返還

A. 一九一九年 六月 二八日 對日講和條約

第二九七條에 戰爭 中에 있는 連合國 及 同盟國 及 그 國民의 財産, 福利, 利益은 原則的으로 原狀回復 (Restitution)을 規定하고 있다. (그 精神은 第二九八條에도 發表되어 있음.) 그러나 그 財産 (有體財産)으로 原狀回復이 不可能할 時 現存의 狀態로 現物 返還 (Restitution)을 한다. 그리고 戰勝國民은 自己의 財産權利 及 利益으로써 一九一四年 八月 一日 以後의 獨逸國 內에서 發生한 現物返還할 수 업는 一切의 損害에 關하여 賠償要求를 하여 모-든 要求는 單獨으로 各 個人이 行使하며 그 裁定은 混合仲裁裁判所 及 그 代理人이 定한다. 本 條에 있어서 同盟 及 連合國民의 財産, 權利, 利益의 原狀回復이라 함은 私有財産保證의 原則에서 發生한 것임으로 同盟 及 連合國 內에 있는 敗戰國民의 財産도 亦是 尊重해오고 있다. 그러나 戰勝國民의 財産回復의 直接要因으로는「戰時非常措處」(Exceptional war measures)나「移轉措處」(of transfer)를[69] 規定하고 있다.

0042 1. 戰時非常措處라 함은 本 款 附屬書 第三의 說明과 같이「敵人의 財産에 關한 또는 將次 加하려는 立法上, 行政上, 司法上 其他 一切의 措處를 말하며 그 所有權變更을 갖이고 오지 않는다 하드래도[70] 所有者의 處分權을 剝奪하는 結果를 주

---

67 SCAPIN 제1615호가 아니라 제1615/1호 'Custody and Storage of Looted Property'로 추정됨.

68 SCAPIN 제1652호는 1947년 5월 2일자 지령임.

69 '移轉措處'의 영문은 'measures of transfer'인데 'measures' 부분이 빈칸으로 처리되어 있음.

70 가지고 오지 않는다 해도

었든지 또 將次 줄 수 있는 一切의 行動이며 그 形式과 場所를 莫論하고 敵人의 財産 及 財産權에 加한 措置를 말한다.

2.「移轉措置」[71] 함은 敵人의 財産의 全部 또는 一部를 敵人의 所有者의 同意 없이 本人 以外의 사람에 移轉시킴으로써 本所有者에 直接 及 間接, 積極 及 消極의 損害를 주는 一切의 措置를 말한다.

3. 連合國 及 同盟國 國民이라 함은

中心되는 同盟 及 連合國 卽 白耳義, 보리비아, 페루샤, 中國, 큐-바, 希臘, 에쿠아돌, 과데마라, 하이치,[72] 헤자-스,[73] 혼쥬라스, 리베리야, 카라과,[74] 波蘭, 파나마, 베루-, 폴도칼,[75] 루-마니아, 셀부 구로아-드 스로벤, 첵고스로바기아, 울과이, 샴[76] 以上 二二個國을 合한 二十七個國 國民을 말한다. 그리고 事實上의 自治國이든 가나다,[77] 濠州, 南阿聯邦, 뉴-지랜드, 印度은[78] 英國으로서 各 自治領 代表를 調印시키었음으로 統合 三十二個國 國民이 된다. 特히 對獨講和條約에서 新生國家 첵고스로바기아, 波蘭의 國民 及 엘사스로렌스의 住民으로 佛國人이 될 者에 關하야 說明한다.

第六條에[79] 엘사스로렌스人(自然人 及 法人, 其他 全部)의 一九一八年 十一月 十一日 卽 休戰條約 締結 當時에 所有한 獨逸國 內에 所有하는 一切의 財産, 權

0043 利 及 利益은 엘사스로렌스人에게 還付하여야 한다. 그리고 다시 第七三條에서 一般 連合國 及 同盟國 國民과 同一의[80] 取扱할 것을 明示하였다. 첵고스로바기아 國民 及 波蘭 國民의 獨逸 內 所有財産에 關하서는 特別한 規定이 업고 第八六條, 第九二條에 各各 獨逸과의 다른 協定에서 定하도록 하였으며 다만 獨逸

---

71 '移轉措置' 뒤에 '라'가 누락됨. 앞 부분에서는 '移轉措處'라고 썼으나 여기서는 '移轉措置'라고 씀.

72 아이티(Haiti)

73 히자즈(Hejaz). 사우디아라비아의 서쪽 지역

74 온두라스(Honduras), 라이베리아(Liberia), 니카라과(Nicaragua)

75 페루(Peru), 포르투갈(Portugal)

76 시암(Siam). 타이의 옛 이름

77 캐나다(Canada)

78 印度는

79 조약 원문을 보면 이 내용은 '6조'가 아니라 '60조'임.

80 同一하게

內에 居住하는 첵고人, 波瀾人의 國籍 選擇 結果로 오는 退去와 財産 規定으로 第八五條, 第九一條에서 不動産의 保有 及 動産의 携行만을 規定하였음으로 이 兩國人의 獨逸 內 所有財産은 第二九六條, 第二九七條의 同盟 及 連合國 人의 財産, 權利 及 利益의 原狀回復 規定의 適用을 받지 않고 一般 獨逸 國內法에 準據하여 戰爭으로써 받은 被害의 補償도 업고 退去와 같이하는 動産移動에 關한 特殊稅 以外에 一切에 免稅도 업다.

勿論 이들의 財産은 戰時 中 戰時非常措置가 敵人의 規定下에 施行되지 않었다.

對오지리講和條約 第二四九條에도 上記와 同一한 規定이 있음.

0044 B. 一九四七年 二月 十日 對伊講和條約

第七十條의 規定에 있어 伊太利 內에 있는 連合國 及 그 國民의 一切의 法律上 權利 及 利益은 一九四〇年 六月 十日 卽 伊太利 參戰日 現在의 原狀回復(Restoration)을 하고 其他의 一切의 財産은 現物返還을 한다. (Restitution) 但 現物返還을 못할 때 또는 그 現物의 損害를 받었을 때는 그와 同한 物件을 買入하든지 또는 補償함에 必要한 金額의 三分之二를 伊太利貨로 支拂하여야 한다. 여기에서 主意할 点은

1. 連合國의 財産 補償이 本 條에 있어서는 다만「戰爭의 結果」(Do result of the war)라 하여 漠然한 点이 있다. 그러나 本 條約 草案 中 英國案 第八六條에는 이「戰爭의 結果」에 解釋을 加하여 (as used[81] this article, the phrase "as a result result[82] of the war" included the consequences of any action takeny[83] by the Italian Government or any action taken by any of the belligerents, any action taken under the armistice of Sept. 3, 1943, and any action or failure to act caused
0045 by the existence of a state of war)라 하여 伊太利 政府가 取한 一切의 行爲는 勿論 全 交戰國의 行爲(戰鬪行爲), 休戰 後의 一切의 行爲, 戰鬪狀態로써는 一切의 行爲와 失策 等을 指摘하였다. 그럼으로 一般國際法上 常識이 되였든 戰勝國 及

81 영어 원문에는 'used'와 'this' 사이에 'in'이 있음.

82 'result'가 반복되어 있는 것은 오기임.

83 'taken'의 오기

그 國民의 財産이 敗戰國 內에 있을 때 敗戰國이 「敵産管理」 卽 戰爭遂行上의 經濟措處로서 發生한 戰勝國 及 그 國民의 財産에 損害賠償이라 함은 通例에서 더 널리 規定하여 그 財産의 損害가 一切의 交戰關係 ─ 直接이냐 間接이냐 ─ 를 原因으로 한 全 交戰國家의 行爲 全部에 對한 損害賠償을 規定하고 있다. 그럼으로 聯合軍의 爆擊으로 損害를 바더슬 대라도[84] 勿論 여기에 規定되는 補償의 對象이 되는 것이다.

2. 여기서 말하는 「連合國 國民」(United nation nationals)이라 함은 一九四七年 二月 十日 對伊講和條約이 發效하는 날(美英蘇佛 四個國의 批准寄託日) 連合國의 國民인 個人 또는 또는 그 法令으로써 設立된 會社 組合을 말하며 다시 一九四三年 九月 三日 對伊休戰爭條約 時에도 連合國民이었을 것을 要求으로 하였다. 그리고 다시 附言하야 戰爭 中 伊太利가 그 法令에서 「敵」이라고 取扱한 者를 包含하려 하였다. 卽 伊太利로부터 「敵」이라 取扱 받지 않었든 者는 여기서 말하는 連合國民이 않이며[85] 그 反面 休戰 時나 本 條約 發效 時에 連合國民는 아니다. 外交斷絶國과 같이 戰爭 中 伊太利가 「敵」으로 取扱받은 國民는 本
0046 條에서 連合國民으로 取扱한다. 여기서 附言할 것은 事實上 降伏의 時日과 休戰條約 締結이 時間的으로 相違함으로 卽 파트리오[86]政權 樹立이 一九四三年 月 日[87]이고 休戰條約日은 一九四三年 九月 三日이다. 이 사의에서[88] 樞軸國民이나 或은 中立國民이 連合國民이 되엿을 때에는 戰爭 中에 伊太利가 敵이라고 取扱하지 않었드래도 本 條에서 連合國民이 되는 것이다.

3. 여기서 말하는 「財産」이라 함은 有體財産는 勿論 工業所有權, 著作權, 其他 無體財産權을 包含하며, 따라서 動産, 不動産 及 財産에 關한 一切의 權利 及 利益을 말하며 다시 連合國 及 그 國民의 所有든가 또는 連合國 領域에 登錄되었

---

84 받았을 때라도

85 아니며

86 이탈리아의 군인이자 정치인인 피에트로 바돌리오(Pietro Badoglio)를 말한다.

87 원문에는 월일이 공백으로 표시되어 있음. 피에트로 바돌리오는 1943년 7월 무솔리니가 실각하자 총리에 임명되어 반파시스트 정권을 수립하였음.

88 사이에서

든가 또는 連合國의 깃발을 걸고 航海하는 船舶으로 一九四〇年 六月 十日 以後 伊太利 官憲의 管理下에 이섰든지 또는 連合國人의 손에서 떠러지[89] 있든 것을 말한다. 特히 船舶에 關하여서는 이 講和條約 第十七條 屬書에 補償審訴 及 그 判決에 있어 伊太利에 態度를 有效라 認定함에도 不拘하고 本 條約의 規定에 있어서는 捕護審檢訴[90]에서 正當한 手續을 받었든 않받었든[91] 一切의 沒收를 無效로 하였으며 또 實行하였다.

또 이 財產의 可分 不可分을 莫論하고 連合國人의 所有 或은 權利의 一部에 限定되였든 것이며 그 利益의 比例에 따라 補償하고 다시 一九四三年 九月 三日 以後 戰爭으로써 發生하는 一切의 經費 負擔 또는 占領費 賠償으로써 伊太利 政府 及 官憲이 賦課시킨 一切의 例外的 課稅도 或은 免除한다.

C. 日本에 있는 連合國 及 國民의 財產

0047 一九四五年 九月 十三日 SCAPIN 第二六號로「連合國 及 樞軸國 財產 保護에 關한 件」이 發布되여 그 容은[92] 一九四一年 十二月 七日 卽 開戰日 現在로 連合國 及 그 國民의[93] 全部 또는 一部를 所有 또는 管理하든 一切의 財產 及 會計帳簿, 其他 記錄을 良好한 秩序의 狀態 及 條件下에서 日本政府가 保管하는 同時에 一週日 以內에 SCAPIN에 報告하기를 命令하였다. (參考. 一九四五年 日本 大藏省令 第八〇號, 第一〇一號, 第一〇二號로 全國 財產 保存에 關한 件 及 一九四六年 六月 日本 大藏省令 第一二〇號 外國人 出資 報告에 關한 件) 그 後 一九四六年 五月 六日 SCAPIN 九二六號「連合國人에게 그 所有 在日財產 返還手續에 關한 件」이 發布되여 그 內容이 현재 日本國 內에 居住하든지 또는 日本에 歸還하는 連合國人 個人의 請求가 있을 때 日本政府는 一定한 手續을 거쳐 一九四七年 十二月 七日 現狀으로 回歸케 命令

---

89 떨어져

90 영어 원문에 'prize court'라고 기록되어 있어 '捕獲審檢訴(포획심검소)'의 오기로 추정됨.

91 받았든 안 받았든

92 '內' 앞에 '容'이 누락됨. 內容은

93 '國民이'의 오기

한 것이며 特히 原所有者가 現物返還 바덨도 하드래[94] 其間 發生한 積極 消極에 關한 補償要求는 따로 할 수 있다 하였다. (同 第三項) 여기에 準하여 一九四六年 五月 三十一日 日本政府는 勅令 第二九四號에「連合國 財産返還에 關한 件」(그 後 一九四七年 十二月 八日 勅令 第四六號로 若干 改正), 一九四一年 十二月 二三日「敵産管理法」法律 第九九號 及 同 施行令 (勅令 第一一七九號) 及 施行細則(大藏省令 第七六〇號) 第一條 規定 財産의 返還을 規定하였다.

卽 以上을 要約하면 SCAP가 日本國 內에 있는 連合國 及 그 國民의 財産, 權利 及 利益은 一九四一年 十二月 七日 現在로 原狀回復을 要求하여 現在 原所有者가 日本
0048 에 居住하여도 그 原所有者가 返還을 要求할 時는 講和條約을 기다리지 않고 그 原狀回復을 實行하고 있으며 其他는 原所有者가 返還要求를 할 때까지 日本政府가 良好한 條件下에 保存하도록 하였다. 卽 講和條約까지의 暫定措處를 命令하였을 뿐이며 原狀回復이 不可能할 時 또는 其他 損害에 關한 補償의 方法을 하나도 規定치 않고 全部가 講和條約에서 決定되는 듯하다.

여기서

1. 連合國이라 함은 一九四五年 一月 三十一日 SCAPIN 第二一七號에서 規定한 連合國이라 함은 卽 一九四二年 一月 一日 連合國宣言에 署名한 國家 及 今次 大戰에 上記 諸國과 連合한 國家를 指摘하였다. 그러나 그 後 一九四七年 八月 四日 SCAPIN 第一七五七號 及 一九四八年 六月 二十一日 SCAPIN 第一九一二號에서 國際連合 加盟國을 全部 連合國이라 定義하였고 그 後 本 項의 連合國 及 그 國民의 財産, 權利 及 利益 保護에 다른 覺書가 없는 故로 現在에 있어서 連合國이라 함은 國際連合에 加盟國 六〇個國 全部를 말한다. (大韓民國 國民은 여기서 特殊地位國人이라 規定되였다.)
2. 財産이라 함은 貨幣, 小切手,[95] 手形,[96] 地金, 銀行預金, 貯蓄計定, 一切의 債金, 受債 또는 債務, 普通의 銀行家, 仲買人, 投資商社가 取扱하는 金融上의 有價證

94 받았다 하더라도
95 小切手(소절수): 수표
96 手形(수형): 어음

0049 券, 預證, 社債, 株券, 債券, 利札,[97] 銀行領收證, 抵當證書, 質札證券,[98] 留置權證書, 其他 擔保의 性質이 있는 權利의 證書, 倉庫證券, 船荷證券, 信託證券, 賣渡證, 其他 原券, 所有權 또는 債務의 證據, 貨物賣品, 商品, 動産, 手持在庫品, 船舶, 船舶의 積荷, 不動産抵當, 買賣同意書, 土地契約, 不動産 及 여기에 關한 一切의 權利債, 地權, 地代, □□去來,[99] 流通證券, □□手形,[100] 板權使用料, 帳簿上의 貸借計定, 鑑定書, 特許權, 商標權, 著作權 또 特許權 及 商標權, 著作權에 關係되는 契約書, 許可書, 保險證券, 貴重品保管函 及 그 在中品, 年金, 共同計算計定, 其他 一切의 契約 等이라 하였다. (SCAPIN 第九二六號 第二項) 그리고 이 財産, 權利 及 利益의 原狀回復이 一九四一年 十二月 七日을 標準으로 한 点과 日本政府의 一九四六年 勅令 第二四九號의 意圖로 보아 日本의 「敵産管理法」의 施行이 原狀回復의 要因이 되는 것이며 이 点에 있어서 一九三七年 七月 七日 以後 一九四一年 十二月 七日까지의 財産 及 敵産의 規定을 받지 않는 財産은 이 規定 外에 있는 듯하다.

---

97 利札(이찰): 일본어로 리사츠, 쿠폰이라고도 하며 분기별 이자채권을 표시하는 유가증권

98 質札證券(질찰증권): 전당포에서 물건을 주는 사람에게 주는 증권으로 물건을 맡긴 사람의 이름, 금액, 물품의 이름 등을 적은 것이다.

99 SCAPIN 제926호 영어 원문에 따르면 'options'에 해당되는 용어임.

100 SCAPIN 제926호 영어 원문에 따르면 'trade acceptance'에 해당되는 용어임.

0050 ## 五. 韓國 또는 韓國人의 在日財産權에 關한 基本問題

問題되는 韓國 또는 韓國人의 財産이라 함은 旧 朝鮮總督府 機關, 그 代理機關 或은 特殊法人 또는 公益法人 又는 韓國人으로서 一九四五年 八月 九日 或은 九月 二日 現在 또는 그 前에 直接 或은 間接으로나 또는 全部 或은 部分的으로 所有 又는 日本에 不當 取得된 財産 또는 管理였던 在日財産을 말함이며 또 斯種 財産의 內容을 物權, 債權 等一般財産權과 無體財産은 包含하기로 한다.

聯合國 日本 管理下에 있어서 韓國 또는 韓國人의 財産權 問題는 가장 特殊한 事情에 있다고 할 수 있는 바 그 中에서 聯合軍最高司令部의 斯種 財産權 取扱에 對한 樣式에 딸아서[101] — 勿論 本 代表部의 見解와 若干 다른 点도 있으나 後日에 此를 批評하기로 하고 그 法的根據를 若干 考察하려고 한다.

一般 講和條約에 있어서 斯種 財産權은 그 所有者가 勝利國人, 敗戰國人 또는 中立國人 如何에 딸아 그 取扱을 달리 하고 있는 바 韓國 또는 韓國人의 財産權도 韓國人이 國際法上에 있시시의 地位에 딸아서 그것에 適合한 取扱을 받는 것은 勿論이다.

그럼으로 本 問題에 關聯되는 限에 있어서 于先 聯合軍最高司令部 管理政策下에서
0051 確認되고 있는 韓國 또는 韓國人의 法的地位를 檢討한 後에 在日財産權에 이르려고 한다.

韓國은 一九一〇年 八月 二十九日 韓日合併條約 締結 後에 國際法上 그 主權이 消滅되였느냐 또는 停止되였는야의 問題를[102] 不拘하고 가장 現實的으로는 一九四三年 十一月 二十七日 「카이로宣言, 一九四五年 七月 二十六日 「포쓰탐宣言」에 依해서 聯合國 側으로붙어[103] 韓國 人民에게 正義의 政治와 法律上의 均等을 回復케 함으로써 自由獨立의 政治的 基礎를 樹立하였는대,[104] 한편 在日韓國人에 對해서는 一九四五年 十月 四日에 「解放國民」으로 規定하여 政治的 또는 宗敎的 자유에 對한 制限을 撤廢하고 同時에 一九四六年 二月 十九日에는 日本 司法權에 依한 刑事判決에 對한

---

101 따라서. 원문의 '딸아'는 모두 '따라'의 의미임.

102 問題에도

103 으로부터. 원문의 '~붙어'는 모두 '부터'의 의미임.

104 樹立하였는데

再審全權을 附與하는 等 韓國人의 基本的 人權을 保護하게 되었고 그 後 一九四八年 六月 二日에는 不遠間 韓國에 正統政府가 樹立될 것을 像想하여 韓國을 特殊國 取扱을 하게 되였다. 此 特殊國이라 함은 第二次大戰에 創建한 國家를 말함이다. 그 地位는 勝利國 地位도 아니고 敗戰國 地位도 아닌 一種의 中立國에 近似한 特殊國 地位이다. 一九四八年 八月 十五日 大韓民國政府가 正當하게 樹立되고 美國을 비롯한 五拾餘個國으로붙어 國家 承認을 얻음으로써 國際法上의 主權을 獲得 또는 回復하게 됨에 딸아서 韓國의 在外使節團이 設置되었던 바 一九四八年 十二月 二十七日 頃에는 駐日韓國代表部도 設置되였다.

0052 前記 特殊法上의 또는 聯合國 間에 있어서의 現實的, 法的 地位는 單純한 法律上으로써 確立된 것이 아니고 解放 後 五個年間 法的 意義를 띈 政治的 事實이 漸次 充足됨에 딸아서 獲得하게 된 것이며 韓國 內外의 政治的 融和性과 背反性 所謂 二重的 關係는 韓國의 法的 地位에 對해서 特殊하고 微妙한 性格을 띠우게 된 바 如斯한 韓國의 法的 地位는 果然 韓國 또는 韓國人의 在日財産權 取扱에 가장 法定的, 法的 意義와 效果를 附與하고 있고 또는 있을 것이라고 思料된다. 一般國際法의 慣例 또는 規則에 依하면 戰時 中 戰國은 相互間의 國內에 所在하는 敵國 또는 敵國人 財産은 押收 또는 沒收 當하는 것이 通例이다. 그러므로 第二次大戰 中 日本 所有는 一九四一年 敵産管理法 (法律 九九號) 및 敵産으로서 特別管理下에 두어 賣却 또는 處分하였던 것이다. 聯合國 또는 聯合國人의 財産도 亦是 前記와 如히 處分하였던 바 終戰 以後 講和條約에 있어서 戰時 中의 處理에 對한 事後措置가 問題되는 바이다. 聯合國의 對日管理政策에 依하면 斯種 財産權 問題에 關하여는 大略 (一) 聯合國 또는 그 國民, (二) 敗戰國 또는 그 國民, (三) 中立國 또는 그 國民 或은 其他 利害關係國 또는 그 國民 以上의 세 種目에 依하여 取扱하고 있는 바 聯合國또는 그 國民의 所有이었던 在日財産은 原所有者에게 返還措置를 取扱하였고 또 하고 있으며 中立國 또는 그 國民의 것을 戰時 中 何等 特別한 損害를 받음이 없었으므로 聯合國 側에서 此를 處分할 수[105] 없으며 戰時 中 또는 前後를 通해서 一般國際法에 依해서 保護를 받고 있다.

---

105 원문에는 '쑤'라고 표기되어 있음. 이 자료집에서는 가독성을 위해 '쑤'를 '수'로 수정하였음.

0053 그러나 이에 反하여 日本 또는 日本人의 海外財産은 聯合國의 日本에 對한 請求權 範圍 內에서 自由롭게 處分하였고 또 處分하기로 認定되었다.

例컨대 終戰 後 在韓財産에 對하여 全部 押收 또는 沒收 當한 것은 此를 意味한다.

斯種 方針은 第二次大戰 對伊講和條約에 뿐만 안이라 第一次大戰 後의 講和條約에서도 볼 수 있다. 聯合國 管理政策에 있어서는 韓國人의 財産權에 關하여 特히 그 權主體에 關한 種目은 何等 明示한 바 없으나 앞에 記述한 바와 같이 大韓民國을 獨立國家로 認定하고 中立國家에 近似한 特殊國 地位를 附與하고 있다는 것을 根據로 삼고 本 代表部가 斯種 財産權에 關하여 聯合軍 最高司令部와 交換한 外交交涉의 內容을 資料로 하여 本件의 基本性格을 摘出코저 한다.

一般學說에 依하면 財産의 結合的 要素를 權利主體에 求하는 바 本 代表部가 取扱한 韓國 또는 韓國人의 在日財産을 그 所有者別로 區別하면 다음과 같다.

一. 韓國人 또는 韓國人 團體의 在日財産

一九四五年 八月 九日 또는 九月 二日 現在 또는 그 前에 韓國人 또는 韓國人 團體 或은 會社가 所有하였던 一般財産權은 維持되었고 同時에 戰時 中에 制限을 받고 있었던 無體財産權도 回復되었다. 一九五〇年 一月 二〇日 戰時 中 韓國人 被動員者(軍人, 軍屬, 徵用工 또는 官公吏)의 未清算分도 支拂하기로 되었고, 또 戰歿者의 것도 計定되었다.

0054 한□□□□하였던[106] 會社 所有의 在日財産에 關하여는 一九四九年 一月 十八日 指令에 依하여 清算하고 있는 바 가장 注目되는 것은 此 會社의 日本人 利權이 一割 以下로 되는 境遇에는 此 財産은 韓國人으로 返還하고 日本人의 利權이 一割 以上으로 되는 境遇에는 在日財産 또는 在日支店의 財産으로써 在韓本社의 負債를 갚은 後 그 殘餘 財産은 韓國人 株主도 그 均等하게 그 利益을 받게 될 것이다. 한편 在韓國人 法定 地位는 아직 未確定 中에 있으나 歸國者의 資格을 얻는 同時에 在韓同胞와 같은 地位를 갖게 됨으로 그 携帶財産에 關하여 特別取扱을 받게 되었다. 卽 一九四六

106 판독이 어려우나 맥락상 '한국에 소재하였던'으로 추정됨.

年 五月 七日 指令에 依해서 制限을 받게 되었으나 一九四九年 一月 十八日 또는 一九五〇年 五月 八日부터 一般外國人의 携帶品 以外에 移事荷物 職業用具도 搬出하게 되었다.

二. 旧 朝鮮總督府에 隷屬된 機關으로 直接 또는 間接으로 管理되였든 團體 또는 會社, 法人의 在日財産

斯種 所有權은 一九五〇年 八月 十八日에 이르러 決定하기로 된 것이다. 一般法理上 團體의 組織法 內에서 保證하는 社員資格으로서의 享有權과 社員의 團體財産에 關한 物權的 持分權과는 區別할 수 있다면 旧 朝鮮總督府 時代에 있어 日本 民法 第三十四條에 依한 公益法人은 勿論이고 法人格 없는 社團의 組織法에 依하면 그 社團
0055 의 財産은 그 社員의 共有關係로 成立되는 것이 아니고 合有關係로 成立되는 것임으로 社員은 그 財産에 對하여 持分權을 請求할 수 없다. 딸아 이 在日財産 또는 資産의 構成은 日本人 社員의 것을 認定할 수 없는 以上 그 組織法의 規定을 充分히 解決할 境遇에는 그 財産은 韓國 側으로 返還하는 것이 正當하다고 思料한다. 如此 社員權의 存在樣式은 그 團體의 性質上 그 團體의 目的으로 말미암아 制限된 것인 바, 한 거름 나아가서 보면 財産의 結合的 要素를 그 團體의 目的만 公益性에 두고저 한 立法趣旨에서 나온 것이다.

三. 特殊法人의 在日財産

斯種 財産은 그 狡猾한 金融的 操作으로서 日本帝國主義 政策에 直接 協力한 機關의 것이였음으로 一九四五年 九月 三十日 植民地銀行과 戰時 施設 機關 閉鎖에 關한 指令에 依해서 旧 東洋拓殖株式會社, 旧 朝鮮信託株式會社, 旧 朝鮮金融組合聯合會, 朝鮮米輸入協會, 旧 朝鮮銀行, 旧 朝鮮殖産銀行 等을 全部 閉鎖싷히고[107] 그 資産은 清算한 後에 韓國賠償要求에 充當코저 保管하고 있다. 一九五〇年 十月 現在

107 閉鎖시키고

로 前記 各 機關의 淸算狀況을 보건대 一般的으로 貸附에 對한 回收成績이 좋이[108] 않은 바 各 機關의 淸算 後의 殘餘資産은 다음과 같다.

(一) 東洋拓殖株式會社 但 十一月 現在

0056 殘餘資産 壹仟五百九拾七万 壹仟七百四拾貳 円 五拾 錢 (日貨)

(二) 朝鮮信託株式會社

殘餘資産 百參拾壹万 九仟八拾 円 七拾六 錢也 (日貨)

(三) 朝鮮金融組合聯合會

負債金 壹億 参仟九百五拾七万 九仟七百拾四 円 九拾 錢也 (日貨)

(四) 朝鮮殖産銀行

殘餘資産 九仟五佰九拾八万 貳仟拾参 円 七拾 錢也 (日貨)

(五) 朝鮮銀行

殘餘資産 拾億 八仟貳佰四拾壹万 五仟百四拾七 円 参拾五 錢也 (日貨)

(六) 朝鮮米輸入協會

負債金 四百拾参万 参仟八拾参 円 貳拾貳 錢也 (日貨)

四. 不當取得 또는 不法遺管된 在日財産

斯種 財産은 歷史的 文化遺産도 抱含할 수 있으나 本 代表部가 實際 取扱한 것은 船
舶인 바 一九四三年 八月 九日 現在에 韓國 水路에 있었던 船舶—그 船籍 如何를 不
問하고—은 法令 第三十三號에 依해서 韓國으로 歸屬되었슴에도 不拘하고 同年 八
0057 月 九日 以後에 今日까지 不法으로 日本 水路에 入船한 九十一隻에 對해서 韓國政
府가 返還 要求하였으나 結局 立證가[109] 充分하지 않으므로 三十九隻만 韓國으로 返
還되였다. 聯合軍 最高司令部의 本件 歸屬 決定에 있어서 注目할 바는 船籍主義原則
에 依한 것이 아니고 그 所在地主義原則에 依한 것이다. 一般學理上 船舶을 英法에
는 動産으로 取扱하거나 大陸法에는 不動産으로 取扱하거나의 差異가 있으나 登記

108 좋지

109 立證이

하는 것은 同一하며 한편 登記의 法的 效果에 비추어 斯種 船舶의 歸屬은 船籍主義 原則에 依해서 決定하는 것이 妥當하다고 思料하고 또 第二次大戰 後 對伊講和條約에도 그 例가 있었슴으로 一九四九年 六月 十三日 第一回 船舶會議에서 本 代表部는 船籍主義原則을 主張하였던 것이다. 當時 聯合軍 最高司令部 當局은 日本人 利權이 一割 以下로 되는 該當 船舶會社의 船舶은 全部 韓國으로 返還하겠다는 妥協案을 提示한 바 있섰는대

此는 對日講和條約에 있어서「트리매쓰트 自由國」[110]에 所在한 本社에 所屬하는 船舶은 全部 (트리매쓰트 自由國)으로 歸屬식킨 것과는 크다른 距離가 있다고 思料된다.

五. 旧 朝鮮總督府 關係 所有 在日財産

斯種 財産은 韓國에 있서서는 法令 第三十三號에 依해서 韓國으로 歸屬되였으나 在日財産에 對하여도 그 所有權이 確認되느냐 아니 되느냐의 問題는 그 性質上 聯合國의 對日賠償政策 如何에 달였다고 思料된다.

0058 追證 韓國의 對日確定債權

斯種 財産權은 그 成立된 事情에 비추나 日本 敗戰과 關係없이 確定된 債權임으로 對日講和條約 締結 成立 前에도 能히 要求할 수 있는 바, 그 내용을 後記와 如히 追記한다.

(一) 日系 通貨

1. 日本銀行券 少額紙幣 및 日系 通貨

(二) 日系有價證券

1. 日本國債

2. 日本公債

3. 日本政府 保險證券

---

110 대이강화조약 제33조 '선박의 등록' 부분에 언급된 이탈리아의 항구도시인 'Port of Trieste'를 가리키는 것으로 추정됨.

4. 日本 一般證券

5. 中國 滿洲國 內 日系 公債 及 株式

6. 其他 流通證券

(三) 上海 貨

1. 上海 佛貨

(四) 保險金, 恩給, 其他 未收金

0059 1. 保險金

2. 恩給

3. 其他 未收金

(五) 遞信關係 特別計定

1. 爲替貯金[111] 及 歲入歲出金 總豫算에 依한 韓國取扱計定

2. 貸借 決濟 基準日 以後 太平洋司令官 布告令 第三號에 依한 韓國 取得金

3. 朝鮮簡易生命保險 年金 關係 韓國 取得金

4. 郵便收入

5. 電信收入

6. 電話收入

7. 雜收

8. 萬國郵便聯合회 總理局 維持費

앞에 旣述한 바와 같이 韓國 또는 韓國人의 財産權 取扱에 있어서 注目할 바는 日本 또는 日本人의 海外財産權은 制限 또는 否認된 것에 對하여 韓國人의 在日財産은 積極的으로 그 私有財産權이 保護되고 있다는 点에 있어서는 敗戰國 地位와는 大端히 差異가 있으며 同時에 第二次大戰 中 戰時 國際上聯合國 國民의 財産으로 認定된
0060 日字卽 一九四一年 十二月 七日 現在로 韓國은 國際法上의 權利能力이 없었고 또 日本은 韓國人의 財産은 敵産으로 取扱하지 않었음으로 特別한 侵害는 받지 않었다는 点에 있어서는 中立國 地位와 同一하다. 그러나 日本 帝國主義的 經濟 搾取와 壓

111 爲替(위체): '換(환)'의 의미로, 멀리 있는 채권자에게 현금 대신에 어음, 수표, 증서 따위를 보내어 결제하는 방식을 말한다.

迫에서부터 解放하게 되어 그 正當한 財産權을 回復 또는 取得하였을 뿐 안이라 一割 以下 日本人 利權과 競合하는 會社의 財産은 韓國으로 歸屬 点에 있어서는 中立國 地位와는 다르며 또 한편 聯合國 地位와 近似하다고 思料된다. 要컨대 韓國 또는 韓國人의 在日財産權의 取扱樣式과 그 根據는 韓國의 特殊性에 따르는 經濟的 解放을 意味하는 同時에 韓國의 特殊國 地位에 따라서 實現되였고 또 될 것이라고 할 수 있다.

(一九五〇年 十一月 十五日)

[參考]

一. 聯合軍總司令部 覺書

聯合國과 友好關係에 있는 諸國 及 그 國民의 財産 保護에 關한 覺書

一九四五年 九月 二二日 SCAPIN 第三九號

金融去來 統制에 關한 覺書

一九四五年 九月 二二日 SCAPIN 第四五號

解散團體에 所屬한 財産 處分에 關한 覺書

一九四八年 三月 一日 SCAPIN 第一八六八號

一九四八年 十二月 三十日SCAPIN 第一八六八號/I

0061 一九四九年 三月 二十五日 SCAPIN 第一八六八號/II

一九四九年 七月 二二日 SCAPIN 第一八六八號/III

一九四九年 八月 二六日SCAPIN 第一八六八號/IV

外國 爲替 及 資産關係事項 報告에 關한 覺書

一九四五年 一〇月 六日 SCAPIN 第九六號

一九四八年 一月 二五日 SCAPIN 第九六號/I

外國 爲替 及 資産引渡에 關한 覺書

一九四六年 十一月 二十九日 SCAPIN 第一三六八號

日本國 外 在住者가 所有 또는 管理하는 在日財産 去來에 關한 覺書

一九四五年 十一月 十四日 SCAPIN 第二八〇號

仝 上

一九四七年 八月 二十八日 □□□□□ 一九四七年 八月 五日

◎ 旧 日本占領地에 本社를 갖는 會社 及 個人의 日本國 內 所有財産 處分에 關한 覺書

一九四九年 一月 十八日 SCAPIN 第一九六五號

一九四九年 三月 八日 SCAPIN 第一九六五號/I

一九四九年 六月 一日 SCAPIN 第一九六五號/II

一九四九年 八月 二日 SCAPIN 第一九六五號/III

0062 一. 聯合國 及 그 國民 所有 在日財産 保金强化에 關한 覺書

一九四六年 十一月 三〇日 SCAPIN 第一三七〇號/II[112]

一九四九年 七月 一八日 SCAPIN 第一三七〇號/I

一九四八年 四月 二二日 SCAPIN 第一八八〇號

二. MGIK法令[113]

日本 陸海軍 財産에 關한 件

一九四五年 九月 二八日 法令 第四號

法律 效果 存廢에 關한 件

一九四五年 十月 九日 法令 第一一號

一九四五年 十一月 二日 法令 第二一號

韓國內에 있는 日本人 財産權 取得에 關한 件

一九四五年 十二月 六日 法令 第三三號

三. 大韓民國法令

憲法 第一〇〇條 其他

四. 旧 制令

朝鮮에 있는 法令의 效力에 關한 件

一九一〇年 八月 二九日 制令 第一號

---

112 1946년 11월 30일자 SCAPIN의 호수는 '1370/1'이나 '1370/2'가 아닌 '1370'임.

113 MGIK는 'Military Government in Korea'의 약자로, MGIK법령은 군정법령을 말한다.

0063 五. 日本政府

旧 日本政府 占領地域에 本店을 갖은 會社의 本邦 內에 있는 財産

一九四九年 八月 一日 日本政令 第二九一號

整理에 關한 政令[114]

法務府令, 外務省令, 大藏省令, 厚生省令, 農林省令, 通商産業省令 運輸省令

一九四九年 八月 一日 日本政令 各 第一號

六. 第一次大戰 後

對獨講和條約 第二九六條, 第二九七條

對오지리講和條約 第二四九條, 第二六六條(休戰條約 後의 稅金)

對항가리講和條約 第二三二條 以下

第二次大戰 後

對伊講和條約 第七八條

[參考]

制令

먼저도 말한 바와 같이 制令은 無權代理의 命令임으로 無效다. 그러나 여기서 明白히 하려는 것은 制令 中 追認한 部分의 法的 效力이 日本法令과 抵觸 時의 解釋 及
0064 援用에 錯誤가 생기기 쉬운 까닭에 이 兩者의 關係를 明白히 하려 한다. 制令이 無權代理의 命令인 故로 이것을 追認하는 正當한 權利者는 大韓民國이다. 그럼으로 大韓民國이 大韓民國의 利益을 爲하야 追認함으로써 法의 效果를 持함으로 法規 範圍의 淵源은 大韓民國에 있음으로 日本法令과는 그 形式의 如何를 莫論하고 全혀 다른 法體系下에 있다. 다시 制令이 日本의 軍事大權者인 大元師의 委任命令이라 하야 包括的 日本法令□□□□다고 主張한다 하드래도 軍政官의 命令인 制令과 日本의 法律과는 □□이 다르다. 卽 具體的으로 全然 相違해서 全然 別個의 法規□□力을 갖는 것은 MGIK의 體系 時 美軍政長官의 命令이라도 MGIK法令과 美國法令이 同一한 體系라고 할 수 없고 SCAP□指令으로□□□□日□□ 法令이 美法令과 同一한 體系

114 旧 日本政府 占領地域에 本店을 갖은 會社의 本邦 內에 있는 財産의 整理에 關한 政令

라고 할 수 없는 것이다. 이와 같이 明瞭히 制令과 日本法令과 判異함에도 不拘하고 SCAP 覺書 及 方針이 制令과 日本法令의 衝突에 있어 同一 體系로 생각하는 傾向이 있으며 特히 船舶問題에 있어 所在地主義 問題가 난 것도 이런 点에 起因한 것이다. □에 있어 所在地主義 問題가 난 것도 이런 点에 起因한 것이다.[115]

115 동일 구절이 반복된 것은 오기로 보임.

六. 確定債權

確定債權에 關□하는[116] 法的 理論에 論議될 点은 적다. 다만 債權 發生 時와 現在 請求 時 사이에 日本의 貨幣價値 變動이 많으므로 이 点의 調整 方法을 아래와 같이 規定한다.

債權 發生 時와 請求 時의 一般 生活必需品 物價指數의 比率을 主로 하고 다시 日本 法令의 給與, 設立 財産의 平價, 稅源 再評價 等의 規約을 參酌하여 請求額을 定한다. 그리고 勿論 法廷利子를 可算한다. 確定債權의 淸算은 對日講和條約 前에 完結

0065 함이 모-든 点에 있어 有利함으로 여기에 當하야 駐日代表部와 SCAP 사이에 이런 어그리-멘트를 喚起하도록 한다.

116 판독이 어려우나 맥락상 '關聯하는'으로 추정됨.

七. 其他 特殊한 請求權

A.

一九四五年 八月 九日 以後 韓國 國內에서 日本 官吏의 不正行爲로써 發生한 損害, 韓日合邦條約 自體가 無效라는 大前提를 承認했다고 해도 獨立한 請求權으로써 日本의 폿담宣言[117] 受諾 後의 不法行爲로서 發生한 損害는 補償받어야 한다.

卽 一九四五年 八月 九日 以後 日本 官吏의 統制 內에서 作爲 及 不作爲로서 發生한 一切의 損害(積極的 損害 及 消極的 損害)는 폿담宣言 第八 及 카이로宣言 中「日本國은 暴力 及 貪慾으로 日本國이 略取한 一切의 地域에서 驅逐 當하여야 한다.」라는 條件을 受諾함으로서 負荷된 善意의 管理者의 義務 履行의 責任에서 發生하는 總額 責任이다.

다시 이 問題에 關하야 一九四五年 八月 九日 以後가 안니고 一九四五年 九月 二日 GHQ의 一般命令 第一號 第十二項 及 仝 九月 三日 命 第二號 第一部 上의 六 及 第四部「資源」에서 海外 日本 官吏의 義務를 規定하였음으로 一九四五年 九月 二日 以後의 責任이 □□□한다는 異論도 있으나 般道義的 立場이다. 다시 官吏 及 官公署의 經費는 韓國 國民의 稅金이다. 韓國이 獨立한다는 宣言을 受諾한 後에 韓國 國民의 稅金인 一般 及 特別會計에 損害를 준 것은 當然히 不法이다. 그럼으로 그 機能 停止의 命令 如何를 莫論하고 日本 降伏의 意思表示한 일 以後□ 責任□□□□라고 믿는다.

[參考]

0066 一九四五年 九月 二日 GHQ 一般命令 第一號

一九四五年 九月 三日 GHQ 命令 第二號

一九四五年 九月 七日 太平洋美陸軍司令官令 第三號

一九四五年 九月 二二日[118] SCAPIN 第四四號

---

117 포츠담 宣言

118 원문 판독이 어려우나 SCAPIN 제44호는 1945년 9월 22일임.

一九四六年 十月 十二日　SCAPIN 第一二七號

一九四六年 十一月 二六　SCAPIN 第三四八號

一九四五年 十二月 六日　MGIK 法令 第三三號

一九四六年 五月 七日　SCAPIN 第九二七號

一九四七年 二月 十日　對伊講和條約 第□附屬書 第三, 第四附屬書[119] 第二, 第六

B. 恩給

戰爭의 結果로 國籍의 地位가 變更된 者(文官 及 武官)의 前 國籍國으로써 받은 恩給 及 支給期日 未到來의 恩給 受領權에 關하여 第一次大戰 後와 第二次大戰 後의 動□이 다르다.

第一次大戰 後에는 對오지리講和條約 第二一六條 及 對항가리講和條約 第二四九條[120] □에서 原則的으로 旧 國籍國家의 文官恩給 또는 軍人恩給金의 受領者로서 條約에 依하여 前 國籍國 外의 國民으로 規定되든지 또는 다른 國民이 된 者는 自己 恩給金을 旧 國籍國 政府에 請求權을 脫却했고[121] 例外로 對獨講和條約 第六十二條의 앨사스 로-렌스에 關하여서는 「獨逸國政府는 一九一八年 十一月 十一日 앨사스
0067 로-렌스 地方 權利를 取得하고 그 支出이 獨逸帝國의 豫算에서 負擔하고 있던 軍人 及 非軍人의 一切의 恩給費를 負擔□□□□□[122] 對獨講和條約 第六十二條에서 佛蘭西 國民이던 앨사스 로-렌스人 恩給 支拂責任을 獨逸政府가 負擔하□□□□□

119 '제4부속서'로 판독되나 대이강화조약(Treaty of Peace with Italy) 원문의 제4부속서에는 제6항이 존재하지 않음. 작성자가 로마자 'VI'를 로마자 'IV'로 오독한 듯함. 제6부속서 제6항에는 시민권 관련 내용이 있음.

120 대헝가리강화조약(Treaty of Trianon) 영어 원문을 참조했을 때, 249조로 추정됨.

121 대오스트리아강화조약(Treaty of Peace with Austria) 제216조의 내용은 다음과 같음. "The Government of Austria shall be under no liability in respect of civil or military pensions granted to nationals of the former Austrian Empire who have been recognized as nationals of other States or who become so under the provisions of the present Treaty."

122 대독강화조약(Treaty of Versailles) 제62조에 의하면 은급비 부담을 약속하였다는 내용임. 대독강화조약 제62조는 다음과 같음. "The German Government undertakes to bear the expense of all civil and military pensions which had been earned in Alsace. Lorraine on date of November 11, 1918, and the maintenance of which was a charge on the budget of the German Empire.

□[123] 포렌드國 及 체크스로바기아國에 關하여서는 各 第九十二條,[124] 第八十六條[125] 에서「領土 割讓 □□割의 結果로서 오는 一切의 問題로서 本 條約에 依하야 決□이 不確實한 点은 後日 □□ 이것을 決定한다.」하야 關係國 間의 協約에 一任한 形式을 取하였다.

그러나 第二次大戰의 對伊講和條約에서는 私有財産 及 請求權의 保護에 一步 前進하야 同 條約 第十附屬書의 第八項의 트리에스테 地域 及 第十四附屬書의 第八項의 其他 割讓地域 等에 있어「伊太利國은 本 條約으로 繼承國 國籍을 取得한 者가 伊太利國의 國家, 市, 其他 地方□□□府[126]에 勤勞함으로써 本 條約 □□□日까지 받던 文官 及 軍人의 恩給 또는 支拂期日 未到來의 恩給 受領權의 支拂을 繼續하여 責任져야 한다. 이 責任 遂行의 方法을 確定하는 協約은 따로 繼承國과 伊太利 間에 締結하여야 한다.」고 規定하야 第一次大戰 後보다 個人財産權 保護를 크게 하고 있다.

따라서 韓國人으로서 日本政府에 要求할 수 있는 恩給에 關하여서도 以上과 같은 見地에서 要請할 것이다.

---

123 대독강화조약 제62조에 의하면 독일정부가 부담한다는 내용임.

124 "Further agreements will regulate all questions arising out of the cession of the above territory which are not regulated by the present Treaty."

125 "Subsequent agreements will decide all questions not decided by the present Treaty which may arise in consequence of the cession of the said territory."

126 대이강화조약 제14부속서 제8항에는 'other local government authorities(기타 지방정부당국)'으로 되어 있음. 대이강화조약 제14부속서 제8항은 다음과 같음. "Italy shall continue to be liable for the payment of civil or military pensions earned, as of the coming into force of the present Treaty, for service under the Italian State, municipal or other local government authorities, by persons who under the Treaty acquire the nationality of the Successor State, including pension rights not yet matured. Arrangements shall be concluded between the Successor State and Italy providing for the method by which this liability shall be discharged."

八. 在日韓僑의 國籍 及 居住權 (抄)

現在 日本國 內에 約 六十万의 韓僑가 居住하고 있으니 이 旣得權은 자못 큰 것이다. 그 旣得權 保護에는 國際的 見地에서 깊히 考慮할 必要가 있다.

0068 ## (一) 在日韓僑의 法的 地位

在日韓僑는 勿論 大韓民國 國民이다. 卽 大韓民國의 國籍을 갖었다고 主張할 수 있는 것이다.
이것은 日本 學者가 어떤 理論을 부치려 하여도 움직일 수 업는 事實이다. 그러나 在日韓僑의 法的 地位의 效果에 있어서 여러 가지 難問題가 山積하고 있다. 첫째로 SCAP□□□ 覺書에 있어서 美英法의 現實的, 具體的 妥當이 一定한 系統的이고 劃一的인 大陸法思想이 □□□□ 一般 學者에 完全한 理解와 採用을 遲延시키고 있다. 卽 SCAP 覺書에는 在日韓僑를 連合國人이라고 하였고 一九四七年 五月 十五日 SCAPIN 第一六七九號 非日本人(Non-Japanese)이라고도 하였고, 다시 一九四八年 六月 二十一日 SCAPIN 第一九一二號(同一한 것으로 一九四七年 八月 四日 SCAPIN 第一七五七號)에서 特殊地位國(Special Status Nations)이라 規定하야 오지리, 세이론,[127] 흰랜드, 伊太利, 라트비야, 루마니아, 불가리아, 에스토니아, 항가리, 리스토니아, 항가리 十一個國과 같이 取扱하고 있다.[128]
그리고 特殊地位國이라 함은 連合國, 中立國, 敵國, 또 앨바니아國과 같이 地位 未定國 □□□□를 指稱한다 하였다. 이것은 SCAP의 覺書에 「連合國이란 國際加盟國家를 말한다.」
이 覺書에 依하여 在日韓僑의 □括的 立場은 鮮明하였으나 韓僑에 關한 一般 覺書

127 실론(Ceylon). 스리랑카의 옛 이름

128 SCAPIN 원문과 차이가 있다. 원문에 특수지위국(Special Status Nations)으로 언급된 나라는 총 12개국으로 다음과 같다. 1. Austria, 2. Bulgaria, 3. Ceylon, 4. Estonia, 5. Finland, 6. Hungary, 7. Italy, 8. Korea, 9. Latvia, 10. Lithuania, 11. Roumania, 12. Siam(Thailand). 이를 근거로 할 때 '리스토니아'는 '리투아니아'의 오기로 보이며, '항가리'는 중복 기록되었고, '샴(시안)'은 누락된 것으로 추정된다.

는 具體的으로 大韓民國 國民이라 規定한 것이 많다.

그 다음 日本政府의 態度를 보면 一九四六年 一月 二十九日 SCAPIN 第六七七號의 「若干 地域의 政治上, 行政上 日本에서 分離함에 關한 覺書」에 依한 選擧法 改에 있
0069 어 選擧參與權은 衆議院, 參議院 及 地方自治法 等에 「戶籍法 適用者에 限한다.」라는 規定이다. 外國人登錄令에 「朝鮮人은 當分間 外國人으로 한다.」 하고 더 한層 奇異한 것은 一九四九年 三月 十五日 政令 第五十一號의 「外國人 財産取得에 關한 政令」 第二條 一의 但書에는 「一九四五年 九月 二日」에 日本國籍을 갖고 또한 그날 以後 繼續하야 이 政令의 施行地域에 居住하는 者」라 하야 在日韓僑를 指摘하고 있다. 卽 在日韓僑는 一九四五年 九月 二日까지는 日本國籍을 갖었고 또 이 國籍의 離脫은 大韓民國의 樹立이나 駐日代表部의 國籍證明書(國民登錄) 交付 如何를 莫論하고 講和條約 發效 時까지 未確定이라는 態度를 主張하고(國民登錄 實施 後인 一九四九年 十二月 一日의 外國人登錄令 改正 時에도 亦是 「當分間」이란 用語의 變更이 없다.) 있으며 그 反面 一九五〇年 七月 一日 改正日本國籍法에서 歸化條件에는 韓僑의 歸化 制限을 目的으로 한 特異한 一項目(第四條의 第四號)를 規定하고 있으니 日本政府의 意圖는 在日韓僑의 追放은 國際條例에 通念 「國籍選擇과 退去問題」에 規定하여 講和條約 時에 國籍選擇을 主張하여 最惡의 境遇일지라도 居住移轉(退去)의 效果만을 어더려[129] 하는 것에 不過하다.

셋째로 駐日代表部의 態度는 完全한 一貫性을 갖지 못하고 있다. 最初에는 自動的으로 國籍 回復한 全 居留民을 連合國民으로서의 地位 獲得에 努力하였으나 그 前提條件인 國際行政客體인 僑民에 對하여 政治的, 法律的으로 在外國民 保護의 權限이 確固치 않었다가 一九四九年 六月 「在日外國民登錄令」의 施行으로 漸次 好轉하고 있다.

國民登錄의 有無가 韓國國籍의 有無을 根本的으로 左右하는 것이 아니라 임이[130] 韓國國籍의 機能을 復舊한 韓僑의 第三者에 對한 證憑書인 同時에 居住許可의 默認을
0070 標示하는 것임으로 對日講和條約 前에 이 登錄의 完遂 期하고 있다. 駐日代表部는

129 얻으려
130 이미

對內的으로는 別問題이다. 對外的으로는 本國에 戶籍을 갖은 者 及 그의 妻 또는 大韓民國이 되려는 國籍回復 可能者는 全部 大韓民國 國民로서 保護한다.

(二) 被征服 被併合 國家의 獨立과 旧 支配國 內에 去留하던 그 國民의 居住移轉에 關한 問題

被征服 被併合 國家의 國家主權 回復이라 하드래도 그 解放國家 自體의 歷史的 事實과 支配國家와의 感情 또는 政治的 理由로 旧 支配國 內에 있던 自己 國民의 居住權 問題가 區區하다.

比律賓[131]의 獨立은 政治的, 歷史的 意味에 있어서 베네쉐라, 에쿠아돌 獨立 (一八一九年)은 西班牙[132]의 居留民이 極少하였든 故로 엘(一九三七年), 뻴마[133](一九三七年), 印度 及 파키스탄(一九四七年)의 獨立은 英國의 政策에 있어서 旧 支配國 內에 居住하던 居留民의 居住移轉 問題가 없었다. 特히 上記 各國의 獨立은 平和裏의 主權回復이며 또한 軍事的, 政治的으로 같은 步調를 갖고 있었다. 그 다음 一九〇〇年의 파라과이, 一八二四年의 뻬루-, 一八二五年의 보리비아 等의 分離獨立은 戰爭의 結果로 된 獨立이다. 旧 支配國에 居留民의 數가 殆無하였던 故로 여기의 研究對象은 되지 않는다.

(또 一九四七年 二月 十日 엘바니아 獨立이 있으나 이것은 國際承認이 적었고 그 期間이 짭아서[134] 國際秩序 安定에 이르지 않었음으로 여기서 問題치 안는다.)

넷째로 一九一九年 六月 二十八日의 포-렌드 獨立, 一九一九年 九月 十日 유고스랍
0071 獨立, 一九一九年 九月 十日 체코스로바키아 獨立이 있다.

a. 포-렌드國

포-렌드는 獨逸의 敗北으로서 獨立하였으며 對獨講和條約에도 條約參加國이 되였다.

131 필리핀(Philippines)
132 스페인(Spain)
133 버마(Burma). 미얀마의 옛 이름
134 짧아서

포-렌드 國民이 될 사람으로 獨逸國 內에 居住하고 있는 사람은「獨逸 國民으로서」라는 規定下에서 國籍選擇權을 行使케 하였고 포-렌드 獨立回復에 따라 自動的 國籍回復의 效果를 附與하지 않었다. (同 九十一條 第三項 第二) 그리고 포렌드 國籍을 選擇한 者는「그 權利 行使한 날부터 十二個月 以內에 포-렌드로 住所를 移轉할 수 있음」라 한 것은 이 條約의 特殊한 規定이었다. 그러나 그 後 獨逸과의 다른 協定에서「移轉하여야 함」의 結果가 되였다. 또 獨逸과 같은 立場에 있던 오지리國도 一九一九年 九月 十日 平和條約에서 國籍選擇權을 附與하야 그 權利 行使한 者의 住所 移轉을 十二個月 以內로 하였다.

b. 유-고스랍國(셀부 구로아-드 스로베-누國)

一九一九年 九月 十日 對오지리講和條約에서 오지리國 內에 居住하며 오지리 住民 資格을 갖은 者로 셀부 구로아-드 스로베-누의 各 語를 使用하며 유-그스랍 國民이 되고 싶허하는 者에게 國籍選擇權을 주었고 前者와 같이 權利 行使한 날부터 十二個月 以內에 居住 移轉을 시켰다. (第八十條)(一九一九年 十一月 二十七日 對불가리아講和條約 第四十條) 또 一九四七年 二月 十日 對伊講和條約 第二十條에도 위의 兩者와 같은 規定이 있으나 居住移轉에 關하여서는「伊太利 政府 그 移轉을 要求할 수 있다.」하여 上記 兩者보다 緩和되였다.

0072 c. 체코스로바키아國

一九一九年 九月 十日 對오지리講和條約 第八〇條, 一九二〇年 六月 四日 對항가리平和條約 第六十四條에 依하야 上記 各國과 같으나 다만 居住移轉은「반드시 移轉하여야 한다.」하였다.

卽 上記 前□를 보면 支配國의 國籍을 갖었던 或은 住民資格을 갖었든 者는 自國及 外國이 主權回復이 되였을 때라도 一旦 支配國 國民의 資格으로서 여기에 따라 居住移轉이 그 國籍選擇의 結果로 施行되고 있다.

(三) 在日韓僑의 國籍問題와 居住移轉 問題

在日韓僑는 最初부터 最後까지, 卽 어느 瞬間일지라도 日本國籍을 취득□□□□□□□□[135] 旅券 及 海外에 있어 日本 外交權下에 있을 때에도 一括시 保護籍 程度다) 하면 그 機能만을 三十六年間 停止 當하였다가 日本 敗戰으로 自動的으로 그 機能을 發揮하였음으로 在日韓僑에 關해서는 國籍選擇 云云 그 法的 根據가 薄弱하다. 어떤 者는 一九四六年 三月 六日 SCAPIN으로 在日韓僑 登錄에서 歸國의 意思를 抛棄하였음으로 日本에 永住할 意思, 卽 日本 國民이 되겠다는 意思 標示로의 日本國籍者라 하였으나 居住와 國籍取得의 因果關係를 다만 歸還을 速히 못하겠다고 意思表示에 必要 以上의 重點을 둔다는 것은 理論的 矛盾이다. 特히 一九四六年 以後 歸國하지 않은 理由의 하나에는 携行할 수 있는 財産의 制限이 甚하였던 탓이 많다.

0073 在日韓僑의 居住移轉을 要望하는 것은 日本政府의 一貫한 생각이다. 卽 政治的 意圖에서 發生한 退去希望을 國際法上으로 妥當化 하기 爲하여 여러 가지 努力을 하고 있는 日本의 現狀에 비추워 이 問題는 國籍選擇을 固執하며 最惡의 境遇일지라도 相互主義를 主張하여 一般 外國人의 生活無能力者, 犯罪者, 其他 防共陣營 强化에 자미롭지 못한 者 等等의 他律的 歸國을 要請할 것이라 생각한다. 도한[136] SCAP의 一部 態度도 이런 点을 示唆하고 있다. 우에서도 若干의 條約 先例를 簡單히 說明하였으나 아즉 在日韓僑의 많은 立場, 特히 그 數의 多量과 五個年이란 張久한 占領期限란 特殊한 事情下에서 講和條約에 對한 先例가 없음으로 大韓民國으로써는 □□□□의 居住自由權 獲得을 主張함에 새로운 先例를 作成할 것이다. 그러한 意味에서 우리는 內的으로 國民登錄의 完遂에 努力하며, 다시 日本法令인 「外國人登錄令」의 運營에 「大韓民國 國籍」에 確認을 至急시키도록 一便 犯罪者, 生活能力 없는 者, 其他의 本國送還라는 國際道義를 지킴으로써 一般僑胞의 居住權을 保護하도록 한다.

卽 條約 先例와 國際法 理論으로서는 相互主義 以外로 自己 國民을 外國에 居住식키는 自由가 없음으로 이 点은 「積極的으로 解決」치 않으면 困難하다. 特히 韓國의

135 판독 불가이나 내용상 '일본국적을 취득한 적이 없다.'는 뜻으로 추정됨.

136 또한

全 領土에서 日人을 退去시킨 카이로宣言의 實踐이 完了한 点과 一九四五年 八月 十五日 以後 在日韓僑의 一時 興奮과 그 後의 一部 赤色分子의 反社會的 行動이 日人은 勿論 SCAP 自體에까지 그다지 좋은 印象을 주지 못하였음으로 對日講和條約中에 在日韓僑의 居住自由權을 確定하지 못하면 韓僑의 立場은 더욱 困難한 狀態에 이르기 쉽다.

(四) 參考

0074 A. 領土割讓의 先例가 本 項에 있어 至極히 適合한 參考는 아니다. 一般 移轉問題의 參考로 領土變更 卽 割讓地 또는 分離獨立地로서 居住移轉(退去) 事務는 免除하거나 또는 아무 規定도 없는 條約 先例는 다음과 같다.

一六六二年	베틀條約[137] (伊·瑞西[138] 間)	第三條
一九[139]		
一八四六年	몬테비되오條約 (西班牙·울과이 間)	第八條
一八四八年	米·멕시코 平和條約	第九條
一八七五年	樺太[140]·千島[141] 交換條約	第五條
一八七七年	산발텔미[142] 還付議定書 (佛·瑞典[143] 間)	第二條
一八九八年	파리-平和條約 (米·西班牙 間)	第九條
一九〇四年	英·佛 間 條約	第七條
一九〇五年	포-스마스條約 (日露 間)	第一〇條
一九〇九年	間島에 關한 條約 (日淸 間)	第三條
一九一九年	벨사이유條約	第九十一條

137 '베틀조약'이 무엇을 지칭하는지는 알 수 없음.

138 스위스(Suisse)

139 '一九'는 의미를 알 수 없음.

140 사할린(Sakhalin)

141 지시마. 쿠릴(Kuril)을 말함.

142 생바르텔레미(Saint Barthélemy)

143 스웨덴(Sweden)

一九二二年	上部 세레자[144] 地方에 關한 條約	第三十三條
一九四七年	對伊平和條約	第三〇, 三六條

0075 B. 現在 日本 內에 居住하는 外國人의 數 (一九四八年 七月 三十日 現在)[145]

安南[146]	二人	아라비아	三人
알건친[147]	二十人	알메니아	四人
濠州	五十二人	오지리	三五八人
白耳義[148]	三十一人	부라질	一三六人
불가리아	二人	뻴마	四人
가나다	五六七人	세이른[149]	一人
智利[150]	一人	越南[151]	二〇人
中國	二〇, 四二一人	큐-바	七人
첵코	二七人	丁抹[152]	二四人
埃及	四人	英國	四七三人
에스토니아	一人	台湾	一四, 五五八人
法國[153]	三四六人	佛印[154]	一〇人
獨逸	七二八人	기리샤	一八人
과데마라	六人	和蘭[155]	二三一人
0076 항가리	四四人	印度	一三二人

144 실레지아(Silesia). 유럽 중부의 지방
145 이하에 등장하는 국가에 중복이 있으나 이는 당시 국경과 국적 표기 방식에 따랐기 때문으로 보임.
146 베트남(Vietnam)
147 아르헨티나(Argentina)
148 벨기에(Belgium)
149 실론(Ceylon). 스리랑카의 옛 이름
150 칠레(Chile)
151 베트남(Vietnam)
152 덴마크(Denmark)
153 프랑스(France)
154 프랑스령 인도차이나(L'Indochine française)

	인도네시아	一七三人	이란	五人
	이락[156]	四人	아이렌드	三二人
	伊太利	一九八人	韓國	五九一, 四一〇人
	레바논	一人	리토와니아	二人
	룩센부륵	七人	세레-[157]	一〇人
	멕시코	三一人	뉴-지렌드	三人
	놀웨-	六人	파나마	一一人
	페루	一一五人	比律賓	二八六人
	포렌드	五五人	폴트갈	一七四人
	루마니아	三人	살바돌[158]	一人
	샴[159]	五二人	西班牙	一二五人
	스웨-덴	四三人	瑞典	八一人
	시리아	一八人	토르코[160]	三二八人
	비루마[161]	一二人	우르과이	四人
0077	米國	二, 三六四人	쏘聯	三三八人
	白系로시아[162]	三四三人	유-고	一二人
	無國籍	五七九人	計	六三五, 一四二人

C. 在日韓僑로 日本政府의 生活補助金을 받는 貧困者

D. 在日韓僑로 失職者 (一九五〇年 三月 現在)

---

155 네덜란드(Netherlands)
156 이라크(Iraq)
157 세라이(Serres) 그리스 중앙 마케도니아 지방에 있는 세라이주의 주도
158 엘살바도르(El Salvador)
159 시암(Siam). 타이의 옛 이름
160 터키(Turkey)
161 버마(Burma). 미얀마의 옛 이름
162 벨라루스(Belarus).

E. 在日韓僑 犯罪數 (一九五〇年 三月 現在)

	(男)	(女)	計
未決收監者	二, 三五六名	六七名	二, 四二三名
旣決收監者	七, 一〇一名	三二名	七, 一三三名
總計	九, 五五六名		

F. 在日韓僑 企業者 (一九五〇年 三月 現在)

五〇萬円 以下	五三,三七一,五三三,二一七 總額 - 一□□□
五〇萬円 - 一,〇〇〇萬円	四,四七三人
一,〇〇〇萬円 以上	一九九人
計	五九,〇二三人

九. 領土問題

0078 間島 地方은 우리 領土이다. 이 領土權에 對한 韓清 間의 紛爭은 오래 繼續되였으며 特히 一八九一年 四月 兩國 勘界使가 會寧에서 會談 中 清偏 江 支流 西頭水를 國境으로 要求한 일도 있으나 元末 西曆 一七一二年 建立의 白頭山의 韓清定界碑에 「西爲鴨綠 東爲土門 故於 分水嶺上 勸石爲記」라 하여 圖滿江 上流의 土門江이 國境인 것을 明示하였고 다시 『北輿要選』에는 「中間講形忽窄土岸對立如門稱指之也 」[163]라 하여 土門江의 形狀을 記錄하여 있으므로 土門이라 함은 嶺吧爾哈[164]에서 出發한 土門子, 五虎頂子, 老頭講,[165] 局子街로 흘러 葦子河 下流와 合流하여 頭滿江에 合水하는 江을 말함이 歷然하다.

그런데 이 間島에 關한 領土問題를 一九〇九年 九月 四日 日人 伊集院彦吉[166]과 清使 梁敦彦 全權이 北京에서 締結한 所謂 「間島에 關한 協約」에서 石乙水를 國境 劃定한다는 聲明을 發表하였으니 이것은 有史以來 他國의 領土를 自己 마음대로 劃定한 例가 없다. 이 間島에 關한 協約에는 仝日仝時에 締結된 「滿洲 五案件에 關한 協約」에서 日本이 取得할 新法 鐵道를 爲하여 大石橋 營口支線, 京奉線 延長 等의 鐵道 利權과 撫順 及 煙台 炭鑛 採掘權 獲得의 代償으로 우리 領土를 賣却한 盜取行爲이다. 우리는 對日講和條約에서 이 失地를 回復하여 如斯한 不法條約의 無效를 宣言한다.

0079 b. 其他 邊境島岐

---

163 원문과 약간 차이가 있음. 『北輿要選(북여요선)』의 해당 부분은 다음과 같음. "中間溝形忽窄土岸對立如門自古稱土門者指此"(중간에 溝渠 모양으로 갑자기 좁아지며 흙으로 된 언덕이 마주 서서 문과 같다 하여 예부터 土門이라고 호칭된 것은 이 때문이라 합니다.)

164 '哈爾巴嶺(합이파령)'의 오기로 추정됨.

165 '老頭溝(노두구)'의 오기로 추정됨.

166 伊集院彦吉(이주인 히코키치, 1864~1924): 메이지, 다이쇼 시대 외교관. 부산 영사, 텐진 총영사 등을 역임했고 제2차 야마모토 내각의 외상이었음.

一〇. 對日講和條約의 政治項「韓國章」及 附屬書 (草案)

略

一一. 中心되는 連合國과 韓國 間의 條約 (草案)

略

間島에 關한 協約 附屬 地圖

(一九〇九年 九月 四日 北京에서 調印)

此圖所繪地方南以圖們江東

以嘎呀河西北地以紅線爲界

內准韓民與華民雜居墾

地特□□□

한일회담 자료총서 1

한국외교문서

대일배상요구조서

초판 1쇄 인쇄 2021년 6월 20일
초판 1쇄 발행 2021년 6월 30일

엮은이 동북아역사재단
감수자 조윤수, 김영미, 이훈
펴낸이 이영호
펴낸곳 동북아역사재단

등록 제312-2004-050호(2004년 10월 18일)
주소 서울시 서대문구 통일로 81 NH농협생명빌딩
전화 02-2012-6065
팩스 02-2012-6189
홈페이지 www.nahf.or.kr
표지디자인 역사공간
제작·인쇄 역사공간

ISBN 978-89-6187-642-1 94910
978-89-6187-641-4 (세트)